JN201032

Q&A 火災・地震保険に関する法律と実務

保険価額・補償範囲・自然災害・
特約・免責事由・相続・告知義務・
代位・時効・評価基準

金子 玄・神戸 靖一郎 著

日本加除出版株式会社

は し が き

　昨今，我が国では，平成23年に発生した東日本大震災をはじめ，平成28年に発生した熊本地震，毎年のように発生する大型台風による風水災など，極めて深刻な被害をもたらす自然災害が頻発している。大手損害保険会社4社は，これらの災害により保険金支払が増えたことを受け，令和元年10月から，4年振りに，火災保険料を5％から9％引き上げるに至った。

　また，平成28年に発生した糸魚川大規模火災に象徴されるように，火災による甚大な被害についても従前以上に強い関心が向けられるようになっている。

　火災保険及び地震保険を中心として取り扱う実務書は他にあまり見当たらないところ，幸い，この度，これらに関して纏める機会を得た。本書は，火災保険及び地震保険に関して，家計分野を中心に，主要な論点を網羅する形で設問を設定し，実務上の取扱いを意識しつつ，保険法，火災保険標準約款，地震保険標準約款，大手損保会社の約款，判例等を交えて，Q&A形式で解説したものである。

　本書がこれらに対する理解を深め，かつ，保険会社担当者，実務家等の業務の一助となれば，望外の喜びである。

　令和元年11月

　　　　　　　　　　　　　　　　　　　　　　　金子　　玄
　　　　　　　　　　　　　　　　　　　　　　　神戸靖一郎

凡　例

1　本書中，法令名などの表記については，原則として省略を避けたが，括弧内においては以下の略号を用いた。

【法令など】

民	民法	会社	会社法
改正民	民法（平成 29 年 6 月 2 日法律第 44 号による改正，令和 2 年 4 月 1 日施行）	民訴	民事訴訟法
		消費契約	消費者契約法
		地震保険	地震保険に関する法律
		地震保険令	地震保険に関する法律施行令
保険	保険法		
保険業	保険業法	大震	大規模地震対策特別措置法
保険業令	保険業法施行令	品確	住宅の品質確保の促進等に関する法律
保険業規	保険業法施行規則		
商	商法		

【先例・裁判例】

・最一小判平 18・6・1 民集 60 巻 5 号 1887 頁

→最高裁判所第一小法廷判決平成 18 年 6 月 1 日最高裁判所民事判例集第 60 巻第 5 号 1887 頁

・仙台高秋田支判平 4・8・31 判時 1499 号 142 頁

→仙台高等裁判所秋田支部平成 4 年 8 月 31 日判決，判例時報 1499 号 142 頁

2　出典等の表記につき，以下の略号を用いた。

大民集	大審院民事判例集	ジュリ	ジュリスト
民集	最高裁判所民事判例集	判時	判例時報
民録	大審院民事判決録	金判	金融商事判例
下民	下級裁判所民事裁判例集	交民	交通事故民事裁判例集
判タ	判例タイムズ	判例百選	保険法判例百選（別冊ジュリスト 202 号）

『鈴木』　鈴木辰紀『火災保険研究』（成文堂，増補版，1978）

『アルマ』　山下友信，竹濱修，洲崎博史，山本哲生『保険法第 3 版補訂版（有斐閣アルマ）』（有斐閣，2015）

『大森』　大森忠夫『保険法［補訂版］』（有斐閣，1985）

『山下（旧）』　山下友信『保険法』（有斐閣，2005）

『坂口』　坂口光男『保険法』（文眞堂，補訂版，2012）

『江頭』　江頭憲治郎『商取引法』（弘文堂，第 8 版，2018）

『鈴木棚田』　鈴木讓一，棚田良平『火災保険概論』（海文堂，1978）

『注釈住宅火災』　田辺康平，坂口光男編著『注釈住宅火災保険普通保険約
　　款』（中央経済社，1995）

『ポイントレクチャー』　甘利公人，福田弥夫，遠藤聡『ポイントレクチャー
　　保険法第 2 版』（有斐閣，2017）

『潘』　潘阿憲『保険法概説［第 2 版］』（中央経済社，2018）

『山下（上)』　山下友信『保険法（上）』（有斐閣，2018）

『論点体系 1』　山下友信，永沢徹編著『論点体系　保険法 1』（第一法規，
　　2014）

『保険相談』　茨城県弁護士会編『弁護士のための保険相談 Q & A』（ぎょう
　　せい，2017）

『火災保険』　公益財団法人損害保険事業総合研究所編『火災保険論〈2018 年
　　版〉』（損害保険事業総合研究所，2018）

『群馬』　群馬弁護士会編『火災の法律実務』（ぎょうせい，1996）

『東京海上』　東京海上火災保険株式会社編『損害保険実務講座 5 火災保険』
　　（有斐閣，1992 年）

『改正債権法』　日本弁護士連合会『実務解説改正債務法』（弘文堂，2017）

『日本の地震保険』　損害保険料率算出機構『日本の地震保険（2019 年 4
　月版)』（損害保険料率算出機構，第 9 版，2019）

【約款等】

火災約款　　損害保険料率算出機構「火災保険標準約款」（住宅総合保険普
　　通保険約款）

地震約款　　損害保険料率算出機構「地震保険標準約款」（地震約款）

SJNK 約款　　損保ジャパン日本興亜約款「個人用火災総合保険普通保険約
　　款」（2019 年 10 月改定）

東海約款　　東京海上日動火災保険約款「住まいの保険普通保険約款」（2019
　　年 10 月 1 日以降始期用）

監督指針　　保険会社向けの総合的な監督指針

目　次

第2編　地震保険

第**3**編　火災・地震保険に共通するポイント

付　録

第1編

火 災 保 険

第1章
火災保険の種類，定義

Q1 火災保険の存在意義とは。私たちはなぜ火災保険に加入する必要があるか。

A 出火原因が自分・天災である場合は損害賠償を受けることができず，火元が第三者である場合も損害賠償請求を行うことが困難だからである。

解説

　建物が火災被害を被ったとき，出火原因が建物所有者自身や天災である場合，当然，第三者に対して損害賠償を請求することはできない。

　出火原因が第三者によるものであれば損害賠償請求が可能な場合もあるが，実際上，困難であることがほとんどである。その理由はいくつか存在するが，通常は「失火ノ責任ニ関スル法律」（明治32年法律第40号。以下，「失火責任法」という。）の存在から説明される。失火責任法は，特別法として，民法709条に優先的に適用される。1条しかない短い法律なので，全文を引用する。

失火ノ責任ニ関スル法律（失火責任法）

　民法第709条ノ規定ハ失火ノ場合ニハ之ヲ適用セス但シ失火者ニ重大ナル過失アリタルトキハ此ノ限ニ在ラス

　つまり，失火を原因とする不法行為については，加害者に重過失がない限り，損害賠償請求権が認められない。仮に，加害者に重過失がある場合でも，火災は多数の被害を出すことがあり，富裕層であっても全ての損害賠償を行うことは容易ではない。

　また，平成30年消防白書によれば，平成29年の出火原因の第1位は放火であり，放火の疑いを含めると全出火件数39,373件中5,833件，14.8パーセントを占めている。放火犯には故意が認められるので，被害者は，民法709条に基づき損害賠償請求を行うことができる（しかし，あまり放火犯に資力は期待できない。）。

　火災以外の保険事故を考えてても，爆発・爆裂は失火に当たらないので，失火責任法の適用はないが，加害者に損害賠償を行う資力があるかどうかは運次第である。落雷は天変地異なので，第三者に損害賠償を請求できない。住宅総合保険等の保険事故である風災等も同様である。

　このように火災等による損害については，火災保険に加入しなければ十分な損害填補を受けることは難しい。火災保険の保険料は車両保険料に比して，保険金に対する保険料の割合が低廉であるため，加入のメリットは大きい。

　経済面でいえば，住宅ローン等を組む場合，火災保険の加入が条件とされる。これは，住宅ローンに際し設定される建物に対する抵当権の担保価値が火災によって毀損するリスクに対応するものである。

　もちろん，火災保険契約の保険料には保険会社の経費及び利潤（付加保険料）を含むことから，多数の建物を所有し，危険を分散することが可能な主体であれば，火災保険加入の必要はない（保険に加入せず企業等が自ら又は子会社において保険料相当額を積み立てることを自家保険という。）。しかし，特に，家計分野において，所有者が自ら危険の分散を図ることは不可能に近いので，火災による損害をてん補する現実的な手段は，唯一，火災保険契約への加入だと考えられる。

Q_2　保険法の強行規定と任意規定とは。

　保険法には片面的強行規定のみ明記されており，その他の条項は，任意規定と絶対的強行規定が混在している。

▌解　説

　法律の規定のうち，当事者間の合意がある場合でも変更できない条項を強行規定又は強行法規といい，合意により変更できるものを任意規定又は任意法規という。保険は保険会社と加入者との間の私的な契約にすぎず，保険業法上，保険者・保険約款には規制があるのだから，全面的に当事者間の合意によって契約内容を決められるようにしてもよいようにも思えるが，保険契約の公的性質や専門的知識に乏しい契約者保護の観点から，全ての条項を任意規定としていない。この点に，保険法の存在意義がある。

　強行規定（法規）には，変更を全く認めない絶対的強行規定（法規）と当事者の一方に有利な変更は認め，不利な変更を禁止する片面的強行規定（法規）がある。改正前商法の時代は，「公益ないし公の秩序のものを除いて，任意規定であると解するのが従来の判例（大判大5・11・21民録22輯2105頁など）・通説」とされていたが（『坂口』23頁），保険法では，より柔軟に，絶対的・任意的の区別に加えて，契約者・被保険者に有利な内容であれば条文の変更を認め，不利な内容に限って条文の変更を認めないという片面的強行法規が設けられている。

　保険法で，片面的強行法規が設けられたのはよいのだが，それ以外の絶対的強行規定と任意規定の区別は条文に明記されておらず，解釈に委ねられているので，整理が必要となる。村田敏一「絶対的強行規定・片面的強行規定・任意規定—新保険法の構造分析の視点—」（保険学雑誌602号129頁）を参考に，損害保険に関連する保険法の各条項について，絶対的強行法規と片面的強行法規の一覧を以下に示す。

〈表1　保険法の各条項における保険法の構造〉

	保険法の各条項
絶対的強行法規（解釈）	3条，5条1項，22条，28条4項，29条2項，34条，95条，96条
片面的強行法規（規定）	4条，5条2項，8条，9条本文，10条，11条，15条，21条1項・3項，24条，25条，28条1項～3項，29条1項，30条，31条，32条

　注意すべきなのは，故意免責を定める保険法17条が片面的強行規定とされていないため，強行法規性が解釈問題となる点である。概ね，学説・裁判例共に，保険法17条は任意規定と解されている結果，保険約款の規定の仕方次第で，故意免責を認めないことも，故意の主張立証責任を保険金請求者に負担させることも可能となっている。ただし，故意免責を認めない，つまり保険金詐欺であっても保険給付を行うという損害保険契約が現実的かは疑問である。

　以上のとおり，保険法になって多数の片面的強行法規が規定されたわけであるが，それ以外の規定は任意規定であり，保険約款によって多数の修正を受けている。そのため，保険金請求事件において保険法の出番はあまりなく，保険約款を見ていかないと要件事実もよく分からないため，保険約款の入手が必須となる。なお，本書の表記上，保険法と約款が同じ規定である場合は，約款ではなく保険法を引用することがある。

　前述のとおり，任意規定については，保険約款で修正を行える。もっとも「保険会社向けの総合的な監督指針」Ⅳ-1-17は，「保険法においては，保険契約者等を保護するために保険契約者等に不利な約款内容を無効とする片面的強行規定が設けられており，当該規定を潜脱するような約款内容となっていないかどうか以下の点に留意して審査を行うこととする。」として，次の事項を挙げている。

保険会社向けの総合的な監督指針

　Ⅳ-1-17　保険法対応

（中略）

(1) 告知義務違反による解除

① 告知制度が保険契約者等からの自発的申告義務から保険会社が告知を求めたものについての質問応答義務になったことを踏まえた約款規定となっているか。

② 保険媒介者による告知妨害又は不告知教唆があった場合は，保険会社は保険契約を解除できないことを約款に明確に規定しているか。

ただし，当該規定については，保険媒介者による告知妨害又は不告知教唆がなかったとしても保険契約者又は被保険者が告知事項について事実の告知をせず，又は不実の告知をしたと認められるときは適用されないことに留意する。

(2) 保険給付の履行期

① 保険給付の履行期については，損害調査手続等の保険給付手続等に必要となる合理的な期間を踏まえて，一定の期限内に支払うとする基本的な履行期を約款に定めているか。

なお，その際，現行約款に規定している基本的な履行期（例えば，生命保険契約5日，損害保険契約及び傷害疾病定額保険契約30日）を不当に遅滞するものとなっていないか。

② また，基本的な履行期の例外とする期限を定めるときは，保険類型ごとに保険給付のために行う公的機関や医療機関等への確認等，必要となる確認事項が明確に定められているとともに，その期限が客観的にみて合理的な日数をもって定められているか。

なお，基本的な履行期の例外とする期限を適用する場合には，保険金を請求した者に対し，保険給付のために行う確認事項及び必要となる日数を通知することとしているか。

③ 保険給付事由が発生し，保険契約者等から通知を受けた場合には，「Ⅱ-4-4-2　保険金等支払管理態勢」の(2)⑤を踏まえ，保険契約者等に対し，保険金等請求手続の明確な説明及び保険金等請求書類の迅速な交付が行われるような態勢が整備されているか。

(3) 重大事由による解除

　重大事由による解除の規定においては，解除権が濫用されることのないよう，保険契約者等の故意による保険給付事由の発生（保険法第30条第1号，第57条第1号及び第86条第1号）及び保険金受取人等の保険給付請求の詐欺（同法第30条第2号，第57条第2号及び第86条第2号）以外の事項を定めようとする場合は，当該内容に比肩するような重大な事由であることが明確にされているか。

 火災保険契約とは。

　「火災をもって保険事故とする損害保険契約」をいう（『大森』203頁）。

解説

1　保険契約の定義

　火災保険契約を問う前提として，保険法2条1号の保険契約の定義から確認してみたい。

　保険契約とは，「保険契約，共済契約その他いかなる名称であるかを問わず，当事者の一方が一定の事由が生じたことを条件として財産上の給付（生命保険契約及び傷害疾病定額保険契約にあっては，金銭の支払に限る。以下「保険給付」という。）を行うことを約し，相手方がこれに対して当該一定の事由の発生の可能性に応じたものとして保険料（共済掛金を含む。以下同じ。）を支払うことを約する契約」をいう（保険2条1号）。この定義から明らかとなる点をいくつか述べる。

　①「保険契約，共済契約その他いかなる名称であるかを問わず」とあるのは，

保険・共済いずれも保険契約として取り扱う趣旨である。

② 「当事者の一方が一定の事由が生じたことを条件として財産上の給付を行う」とあるのは，保険者が，保険事故の発生・不発生を条件として，保険金・共済金を支払う趣旨である。

③ 「財産上の給付」とあるのは，保険金だけでなく現物給付を認める趣旨である。火災保険では，例えば，東京海上日動火災保険（以下「東京海上日動」という。）は，「トータルアシスト住まいの保険」の盗難時再発防止費用補償特約付帯のサービスとして，緊急時助かるアシスト利用規約に基づくカギのトラブル対応サービス及び水回りのトラブル対応サービスを提供しているが，前者のサービスの一つは「カギを紛失した場合」に「専門会社による緊急開錠を行います。」とあるので，保険料の対価として，鍵の開錠サービスという現物給付又は事実上の現物給付を提供しているといえる。

④ 「相手方」とは，保険契約者のことである。

⑤ 「これに対して」とあるのは，双務契約性を意味している。

⑥ 「当該一定の事由の発生の可能性に応じたものとして保険料を支払う」とあるのは，「大数の法則・共同的備蓄の形成をも含めた保険制度を前提とする契約である旨を示していると解するべきである。」（『江頭』423頁）。

⑦ 「約する契約」とあるのは，諾成契約性を意味している。

2　損害保険

　保険契約のうち損害保険契約は，保険法上，「保険者が一定の偶然の事故によって生ずることのある損害をてん補することを約するものをいう。」（保険2条6号）と定義されている。損害保険には，自動車保険，船舶保険等があるが，火災を保険事故とするのが狭義の火災保険である。火災のみを保険事故とする火災保険はストレートファイヤーというが（落雷・爆発・破裂を含む場合もある。），現在では，火災，落雷，爆発・破裂等のほか，台風等の自然災害まで保険事故を拡張した火災総合保険が主流となっている。

　以上から契約の分類として，火災保険契約は，有償，双務，諾成契約である。諾成契約であることから，口頭でも保険契約は成立し得るが，保険法6

条に基づきほぼ全ての事案で書面（保険証券）が交付されており，諾成契約と表現する意義はない。ただし，諾成契約である結果，保険証券が交付されない場合であっても（例えば，保険契約締結後，保険証券の交付前に保険事故が発生した場合），有効に保険契約は成立する。最二小判昭43・11・15判時541号70頁は，「原判決は，火災保険契約を締結するにあたつて，保険者は契約の成立と同時に保険料を徴収し，その領収書を交付する取扱いをしているのが通例であつて，被上告会社においても同様の取扱いをしていることが認められるから，上告人と被上告人間に上告人主張の火災保険契約が成立したと認定するためには，右の取扱いにそう相当な証拠が存在することが必要であるとしたものにすぎず，所論のように，保険契約は諾成契約ではなく，その成立について一定の方式を必要とする要式契約であり，または一定の給付を必要とする要物契約であると解したものでないことは，その判文に照らして明らかである。」と諾成契約である旨を判示しつつ，保険料の領収証が，火災保険契約成立の重要な証拠であることを指摘している。

　なお，消費者が加入する火災保険において契約書を作成することはなく，加入者が火災保険契約申込書を損害保険会社に差し入れると共に保険料を支払い，損害保険会社が保険契約の成立を認めると保険証券を交付する（保険6条）というのが基本である。代理店方式の加入方法について，三井住友海上保険のホームページ（2019年）には次のようにある（https://www.ms-ins.com/contact/new/flow.html）。

ご加入お手続の主な流れ（抄）

1 三井住友海上の代理店をお選びいただきます。

2 代理店よりお見積りの作成・提出，重要事項のご説明等をさせていただきます。

3 契約内容をご決定ください。

4 保険申込書を提出いただき，保険料をお支払いください。

5 保険証券のお受取

次に，保険証券の記載内容は，以下のとおりである。

保険法

（損害保険契約の締結時の書面交付）

第6条　保険者は，損害保険契約を締結したときは，遅滞なく，保険契約書に
　　対し，次に掲げる事項を記載した書面を交付しなければならない。

　一　保険者の氏名又は名称

　二　保険契約者の氏名又は名称

　三　被保険者の氏名又は名称その他の被保険者を特定するために必要な事項

　四　保険事故

　五　その期間内に発生した保険事故による損害をてん補するものとして損害
　　　保険契約で定める期間

　六　保険金額（保険給付の限度額として損害保険契約で定めるものをいう。
　　　以下この章において同じ。）又は保険金額の定めがないときはその旨

　七　保険の目的物（保険事故によって損害が生ずることのある物として損害
　　　保険契約で定めるものをいう。以下この章において同じ。）があるときは，
　　　これを特定するために必要な事項

　八　第9条ただし書に規定する約定保険価額があるときは，その約定保険価
　　　額

　九　保険料及びその支払の方法

　十　第29条第1項第1号の通知をすべき旨が定められているときは，その
　　　旨

　十一　損害保険契約を締結した年月日

　十二　書面を作成した年月日

　2　（略）

　また，有償・双務契約性については，保険者は保険事故の発生を条件とす
る保険金の支払義務を負担し，これに対し保険契約者は保険料の支払義務を
負担するという程度のことを意味している。従前の参考書では，保険金支払

債務が保険事故の発生を条件としていることから，この双務契約性について大々的な議論が行われていたが，「現在では，保険事故が発生すれば保険金を支払うという危険を負担することが保険者の給付であってこれが保険料と対価関係にあ」ると解されている（『アルマ』4頁）。

コラム

大数の法則と給付反対給付均等の原則及び収支相等の原則

　前記⑥の大数の法則は，損害保険においては，給付反対給付均等の原則及び収支相等の原則を意味する。損害保険契約は，個人単位では発生確率が小さいものの，多数人単位では一定確率で生ずるリスク（保険事故）を担保するために，損害保険会社が，多数の個人から保険料を集め，実際にリスク（保険事故）が生じた個人に対して保険金を支払うという仕組みなので，個々人の支払う保険料と保険金については次の関係が成り立つ。

$$保険料 ≒ 保険事故の発生確率 × 保険金 + 保険者の経費 + 保険者の利益$$

　この公式を給付反対給付均等の原則という。なお，右辺のうち保険金部分に対応する保険料を純保険料，経費・利潤に対応する保険料を付加保険料という。

　ここで若干，火災保険の保険料について説明する。前述のように，保険料は，純保険料と付加保険料により構成されているが，そのなかで，純保険料については，損害保険会社各社が，損害保険料率算出機構が算出した参考純率を使用して純保険料率を算出し，付加保険料率は各社それぞれが算出している。地震保険と同様，火災保険についても建物の構造及び所在地により保険料が異なる。住宅物件については，建物の構造は，M構造，T構造及びH構造に分かれ，所在地については，台風等の水害リスクと雪害リスクに応じて保険料が異なる。

　これを保険会社側から見ると，

> 保険料の総額≒保険金の支払総額＋保険者の経費＋保険者の利益

という関係が成り立つ。この公式を収支相等の原則という。

$\mathbf{Q}_4$　物保険と人保険の違いは。

A　「物保険と人保険は，保険事故の客体（保険事故が発生する対象）を基準とする分類であり，物保険とは保険事故の客体が物である保険をいい，人保険とは保険事故の客体が人である保険をいう。」（『アルマ』25頁）。

解　説

　火災保険は典型的な物保険である。もっとも，物保険・人保険という分類だと，賠償責任保険等が入らなくなるので，賠償責任保険を含め財産に関する契約を財産保険といい，人保険と対比することがある。

　損害保険・生命保険・傷害疾病保険の各定義は保険法にあるとおりであるが，どの参考書にもその分類は論理的ではないと指摘がある。損害保険契約は，「保険者が一定の偶然の事故によって生ずることのある損害をてん補することを約するもの」をいう（保険2条6号）。つまり，保険事故による損害をてん補する保険であるのに対し（標語的には，「損害保険の本質は損害てん補（あるいは実損てん補）にあるので」等という。），生命保険契約は「保険者が人の生存又は死亡に関し一定の保険給付を行うことを約するもの（傷害疾病定額保険契約に該当するものを除く。）」（保険2条8号）をいうので，損害保険は保険金の支払方法の分類であり，生命保険は保険の客体に着目した分類とな

る。なお，損害保険の支払方法である損害てん補型に対置されるのは，予め決められた保険金を支払うという定額保険型である。傷害疾病保険は，損害保険型（つまり損害てん補型）と定額保険型があり，損害保険型は損害保険に分類されるが（保険2条7号），定額保険型は損害保険でも生命保険でもない保険として位置付けられている（支払方法は損害てん補型ではないが，保険事故は人の生存又は死亡に関するものでもない。）。なぜ，このような分類となっているかといえば，伝統的に，生命保険会社と損害保険会社との間にはすみ分けがあった名残にすぎない。

　保険業法上も，

保険業法

（免許）

第3条　保険業は，内閣総理大臣の免許を受けた者でなければ，行うことができない。

2　前項の免許は，生命保険業免許及び損害保険業免許の2種類とする。

3　生命保険業免許と損害保険業免許とは，同一の者が受けることはできない。

等と規定して，生命保険業と損害保険業との兼営禁止（ただし，子会社又は持ち株会社を通じての参入は可能である。）ルールを採用している。なお，生命保険を第1分野，損害保険を第2分野，傷害疾病定額保険は第3分野といい，第3分野は生命保険業・損害保険業いずれの保険会社も販売することが可能となっている。生損保いずれもが販売できる傷害疾病保険について，保険業法3条4項2号・5項2号に定義がある。

保険業法3条4項2号

二　次に掲げる事由に関し，一定額の保険金を支払うこと又はこれらによって
　生ずることのある当該人の損害をてん補することを約し，保険料を収受する
　保険
　　イ　人が疾病にかかったこと。
　　ロ　傷害を受けたこと又は疾病にかかったことを原因とする人の状態
　　ハ　傷害を受けたことを直接の原因とする人の死亡
　　ニ　イ又はロに掲げるものに類するものとして内閣府令で定めるもの（人
　　　の死亡を除く。）
　　ホ　イ，ロ又はニに掲げるものに関し，治療（治療に類する行為として内
　　　閣府令で定めるものを含む。）を受けたこと。

　上記イからハには，疾病にかかったことを直接の原因とする人の死亡が列
記されていない。そのため，疾病による死亡を保険事故とする定額保険は，
保険業法3条4項1号により生命保険業でなければ販売できない（ただし，
海外旅行中の疾病による死亡は損害保険業でも販売できる。）。この点が，第3分野に
関する生損保の違いとなる。

　以上を大まかに分類すると，次表のとおりとなる。

〈表2　保険の対象と保険の種類〉

保険の対象	保険事故	支払方法	保険契約	分野
人	人の生死	定額	生命保険	第1分野
	傷害疾病	定額	傷害疾病定額保険	第3分野
	同上	損害てん補	傷害疾病損害保険	第2分野
物・財産	一定の偶然の事故	損害てん補	損害保険	第2分野
	同上	定額	なし	なし

　なお，以上の表にあるとおり，保険法上，物・財産保険の定額保険はない。
ただし，費用保険は，保険事故によって発生する費用という損害をてん補す

る損害保険であるが，ここでいう費用については厳密な立証を要せず一定額の費用が発生したものとして取り扱う費用保険もあるので，保険の対象を物・財産とする定額保険的要素が強い。

Q_5　保険者・保険契約者・被保険者とは。

 保険契約の当事者のうち保険給付義務を負担するのが保険者，保険料支払義務を負担するのが保険契約者，保険事故による損害を受ける者が被保険者である。

▌解　説

　保険者とは，「保険契約の当事者のうち，保険給付を行う義務を負う者をいう。」（保険2条2号）。火災保険では，火災保険契約を引き受ける損害保険会社・共済のことである。

　保険契約者とは，「保険契約の当事者のうち，保険料を支払う義務を負う者をいう。」（保険2条3号）。

　被保険者とは，損害保険契約においては，「損害保険契約によりてん補することとされる損害を受ける者」をいう（保険2条4号イ）。火災保険では建物の所有者，自動車総合保険では運転者等である。

　建物の火災保険では，保険契約者（約款では「契約者」と略す。）と被保険者は通常一致する。こうした「被保険者＝保険契約者」である損害保険契約を自己のためにする損害保険契約といい，被保険者と保険契約者が一致しない損害保険を第三者のためにする損害保険という。例えば，家財の火災保険では，各家財の所有者が被保険者になるので，夫が契約者であったとしても，妻の家財に関しては妻が被保険者，長男の家財に関しては長男が被保険者となり，両者に関しては第三者のためにする損害保険となる。また，自動車総

合保険でも，契約者と被保険者が一致しないことはよくある。例えば，夫名義で自動車保険の申込みをしたが，妻がよく自動車を使うので記名被保険者は妻とした，しかし，夫と妻なので，記名被保険者の配偶者として夫も被保険者になるという具合である。

　保険法８条は，第三者のためにする損害保険契約を「被保険者が損害保険契約の当事者以外の者である」損害保険契約と定義している。その法的性質は，民法537条１項の第三者のためにする契約と解されている（『江頭』426頁）。第三者のためにする契約であるとすると，第三者が契約の利益を享受するためには，利益を享受する旨の意思表示を要するが（民537条２項（改正後（令和２年４月１日施行）３項）），保険法８条はこれを修正し，「当該被保険者は，当然に当該損害保険契約の利益を享受する。」としている。

　その他，生命保険・傷害疾病定額保険では，保険給付を受ける者である保険金受取人（保険２条５号）という概念もあるが，「損害保険契約では，保険者に対し損害のてん補を請求できるのは，被保険利益の帰属主体である被保険者だけであり，それ以外に保険金受取人という概念は存在しない。」（『潘』9頁）。

　ただし，損害保険金請求権は，相続や債権者代位（民423条）の対象となり得るので，「損害保険金請求権者＝被保険者」とは限らない。

 保険料を振り込んだ損害保険代理店が破産してしまったが，振込先の保険料専用口座の普通預金は誰に帰属するか。

 代理店に帰属する。

解　説

1　保険募集の主体

　保険募集とは，保険業法上，「保険契約の締結の代理又は媒介を行うこと」と定義されている（保険業2条26項）。

　損害保険募集の主体としては，原則として，損害保険募集人，少額短期保険募集人，保険仲立人である（保険業275条1項2号〜4号・2条20項）。なお，銀行は，これらの登録をすることによって保険募集を行うことができる（保険業275条2項）。

　損害保険募集人とは，損害保険会社の役員・使用人，損害保険代理店もしくはその役員・使用人であり（保険業2条20項），所属保険会社のために保険契約の締結の代理又は媒介を行う（保険業275条1項2号）。損害保険代理店は内閣総理大臣の登録を受けなければならず（保険業276条），実務上代理店を営むために日本損害保険協会の試験による一定の資格を取得する必要もある。なお，損害保険代理店は，複数の保険会社の委託を受けて，複数の保険会社のために代理，媒介を行うことができる（乗合代理店。ただし，保険者の許諾は必要（商28条1項1号，会社17条1項1号））。

　保険仲立人（通称「保険ブローカー」）とは，保険者と保険契約者の間の契約締結を媒介することを業とする独立の商人をいう（保険業2条25項）。契約締結の媒介を行うという点で媒介代理商に類似するが，不特定多数の顧客から委託を受けて（準委任）媒介を行うという点でこれとは異なる。したがって，保険仲立人は顧客に対して最適の保険契約が締結できるように最善のアドバイスをする義務を負い（誠実義務。民656条・644条，保険業299条参照），実務上保険仲立人は保険会社から報酬の支払を受けることから，顧客の求めに応じて手数料や報酬額などを開示しなければならないとされるほか（保険業297条），顧客に商号，権限，損害賠償に関する事項等を書面で明示しなければならないとされている（保険業294条4項）。

2　損害保険募集人の権限

　損害保険募集人の権限の範囲は，保険者と募集人との契約によって決定される。保険申込者には，募集人の権限が不明確であるおそれがあること

から，募集人は契約締結の代理権を持つのか，契約締結の媒介のみをするのかを顧客に明示しなければならないとされている（保険業294条3項2号）。実務上，損害保険の募集を行う損害保険代理店には，契約締結の代理権，告知受領権，保険料領収権が与えられていることが通常である。

3　損害保険募集人と保険者の損害賠償責任

損害保険募集人が保険募集において保険契約者に与えた損害につき，保険者も損害賠償責任を負うものとされている（保険業283条1項）。保険代理店は代理商であり，使用人ではないので，民法の原則に従えば保険者は代理店の不法行為につき当然に使用者責任を負わない（民715条）ので，上記責任は保険者に使用者責任に類似する不法行為責任を負わせたものと解されている。

また，保険者が募集人に代わり，保険契約者に対して損害賠償責任を果たした場合は，当該募集人に対する求償権を取得するが（保険業283条4項），当該求償権の性質は，期限の定めのない債務であると解されている（設問に関連する裁判例として東京地判平28・12・15ウエストローがある。）。

4　保険料保管専用口座の帰属主体

実務上，代理店委託契約に基づき，契約締結の代理権を有する代理店は保険契約者から保険料の支払を受ける権限を有し，受領した保険料を一定期間代理店名義で開設した金融機関の保険料専用口座において保管し，代理店手数料を控除した後に保険会社に引き渡されている。

そこで，代理店が破産した場合にかかる専用口座が誰に帰属するかが問題とされる。

この点，判例は，専用口座の帰属主体は代理店であるとしている（最二小判平15・2・21民集57巻2号95頁）。その理由としては，① 専用口座は代理店が開設のための契約を締結しており，保険会社が代理店に対して代理人として同契約を締結させたという事情がないこと，② 口座開設後の口座の管理は全て代理店が行っていたこと，③ 代理店は保険会社の契約締結の代理人として保険料を収受するが，金銭の所有権は占有者に帰属する

という原則に従い保険料の所有権は代理店が有していたものであり，これを原資にしていた以上預金は代理店に帰属すること，等を挙げている。

【参考文献】『アルマ』52 頁〜 55 頁，122 頁〜 126 頁，『論点体系 1』32 頁〜 36 頁

 Q7 私の自宅がマグニチュード 7 の地震が発生した後に発生した火災によって全焼してしまった。自宅について火災保険契約は締結していたが，火災保険契約の申込書に印刷されている地震保険意思確認欄に何も考えずに押印したことから，私の締結した地震保険契約は付帯していない扱いとされてしまい，保険金を支払ってもらうことができない。

　私が火災保険契約の申込書に押印した際には，保険会社の代理店の社員から地震免責条項，地震保険の内容及び地震保険意思確認欄へ押印することの意味内容について何ら情報提供や説明を受けなかった。

　私は，保険会社側からの地震保険の内容等に関する情報提供や説明に不十分，不適切な点があったことを理由として慰謝料請求を行いたいと考えているが，かかる請求は認められるか。

 A 保険会社側からの情報提供に何らかの不十分，不適切な点があったとしても，特段の事情がない限り，慰謝料請求権の請求は認められない。

■ 解 説

1　保険募集主体等の説明義務・助言義務

　保険契約の内容の複雑さ，契約当事者の知識の多寡の違い，保険募集主体による不当な勧誘が行われる危険性等に鑑みれば，保険募集主体等の不

適切な勧誘から保険契約者を保護する必要性が極めて高い。

　そこで，保険業法では，保険募集主体に虚偽告知を禁止するとともに保険契約における重要事項の説明義務を課し（保険業300条1項1号），同号に違反した場合，罰則規定（保険業317条の2第7号）の適用を受けることとなる。また，保険募集主体は，保険募集主体の説明が顧客の意思決定に重要な影響を及ぼすことになるため，信義則上の説明義務も負い，かかる説明義務違反による保険募集人の不法行為については，保険業法283条1項により所属保険会社も損害賠償責任を負うこととなる。

2　地震保険契約締結の特殊性

　「地震保険に関する法律」（昭和41年法律第73号）等に基づき昭和41年から地震を原因とする火災等によって保険の目的物に生じた損害をてん補する地震保険の制度が実施されるに至り，同法及び損害保険会社の事業方法書等によれば，地震保険契約は，火災保険契約等の約定の損害保険契約を締結しようとする者が，同契約を締結するに当たり，地震保険を付帯しない旨の申出をしない限り，保険会社と保険契約者との間で保険金額と保険料についての合意がなされた上で締結されることとなった。

　そして，損害保険会社は，昭和52年から，火災保険等の申込書に地震保険意思確認欄を設け，火災保険契約の申込者が地震保険を付帯しない場合には当該意思確認欄に押印するという扱い（原則自動付帯）が定着した。

3　判例の紹介

　本問と同様の事例が問題となった阪神・淡路大震災に関する判例は，「地震保険に加入するか否かについての意思決定は，生命，身体等の人格的利益に関するものではなく，財産的利益に関するものであることにかんがみると，この意思決定に関し，仮に保険会社側からの情報の提供や説明に何らかの不十分，不適切な点があったとしても，特段の事情が存しない限り，これをもって慰謝料請求権の発生を肯認し得る違法行為と評価することはできない」と判示した（最三小判平15・12・9民集57巻11号1887頁，裁判所ウェブサイト。上記判例に関する詳細は，コラム「阪神大震災と判例」（221頁）

参照）。

　なお，判例は，先述した「特段の事情」につき明示していないが，例えば，保険会社側が，火災保険契約の申込者に対して，故意に虚偽の情報を伝え，あるいは，必要な情報を秘匿して，当該申込者を欺罔し，地震保険への加入を妨げたような場合が考えられる。

【参考文献】『アルマ』128 頁〜 130 頁，『論点体系 1』36 頁〜 40 頁，判タ 1143
　　号 243 頁〜 247 頁，判例百選 16 頁〜 17 頁

Q8 射倖契約性と利得禁止原則とは。

A 射倖契約性とは，偶然の事由によって金銭の給付が発生する性質の契約をいい，利得禁止原則とは，保険契約において被保険者は被った損害以上の利得を得ることを禁止することをいう。

■ 解 説

1　射倖契約性

　例えば丁半博打は，胴元がサイコロを二つ振り，参加者が偶数（丁）・奇数（半）いずれかに賭けて，予想が当たったら報酬を得るというゲームである。これは，一定の偶然の事故（例えば，サイコロの目が偶数という出来事）によって，一方の当事者（偶数（丁）に掛けていた者）に利得が生じ，他方の当事者（奇数（半）の出目に賭けていた者）に損失が生ずるものと整理できる。保険契約も保険事故（一定の偶然の事故）の発生に対して，保険料という「賭け金」を積み，予想どおり保険事故が発生したならば，保険金という「報酬」を受け取る点で丁半博打と変わりがない。

　こうした性質は，「保険契約は，契約当事者間の給付義務の発生不発生

（またはその大小いかん）が偶然な出来事によって左右されるという射倖契約の特質をもつ」（『アルマ』30頁）と表現されている。

　保険契約には射倖契約性があるために，必然的に保険金詐欺が生ずる。保険金という報酬を目当てに，故意に保険事故を発生させる（火災保険では放火等）のである。あるいは，保険事故の発生を防止できたのに，保険金がもらえるならばよいかと考えて，保険事故の発生防止に消極的な態度を取ることもある。こうした危険をモラル・ハザードといい，実務上，保険金詐欺が疑われる事案を疑義事案あるいはモラルリスク事案と呼称する。

2　利得禁止原則

　射倖契約性を防止する一つの方策として，実際に生じた損害以上の損害保険金を被保険者に対して支払うべきではないという原則を導くことができる。こうした損害保険金は実損てん補に限定されるべきで，被保険者に利得を生じさせてはならないという考えを利得禁止原則という。

Q9　保険事故とは。

保険事故とは，「損害保険契約によりてん補することとされる損害を生ずることのある偶然の事故として当該損害保険契約で定めるもの」をいう（保険５条１項括弧書き）。

■　解説

　保険事故とは，当該保険で補償の対象となる事故の種類のことである。純粋な火災保険（いわゆるストレートファイヤー）では，文字通り，火災が保険事故になり，火災によって生じた損害がてん補される。その他，落雷等も保険事故となるし，住宅総合保険では水災等も保険事故となる。水災が保険事故

となる火災保険に加入していれば，水災によって生じた損害は損害保険の支払対象となるが，加入していなければ当然損害保険金の支払はない。

　ここでいう「偶然の事故」の「偶然」とは，「契約成立時に事故の発生・不発生が未だ確定していないことをいう（最一小判平18・6・1民集60巻5号1887頁）。したがって，契約締結時に既に発生している事実又は不発生が確定している事実を保険事故とする損害保険契約は，成立しないのが原則である」（『江頭』433頁）。既に発生している事実又は不発生が確定している事実を保険事故とする保険金請求をアフター・ロスといい，実務上はアフロス事故と呼ぶ。保険金詐欺の典型的な手口とされている。

　なお，上記の定義からは必ずしも明らかではないが，一般に，保険事故は保険の目的物に直接生じなければならない。

　例えば，隣の家に落雷があり，その落雷によって直接自宅の壁が焦げた場合，保険の目的であると考えることができるので，保険事故によって保険の対象に直接生じ，その結果として損害が生じたといえる。これに対し，遠隔地で落雷が発生した結果，電力供給に障害が生じ，自宅のサーバーが故障したという場合，落雷自体は保険の対象に直接生じていないので，保険事故としての落雷には当たらないとされている（Q 31参照）。

Q10　普通保険約款と特約の関係とは。

A　普通保険約款が一般法，特約が特別法の関係にある。

解　説

　「普通保険約款とは，保険者があらかじめ作成した保険契約の内容となるべき契約条項をいう。」（『坂口』24頁）。実務上は，「普約」と呼ぶことがある。

　一般に，保険契約は，保険者が極めて多数の保険契約者との間で締結する契約であるため，契約内容の全てをオーダーメイドで詰めることは不可能であることから，あらかじめ作成している保険約款以外の内容による保険契約を締結することは原則としてない（企業向けでは存在する。）。こうした契約を附合契約という（『アルマ』36頁）。

　約款の当事者拘束性については，大判大4・12・24民録21輯2182頁が，「当事者双方カ特ニ普通保険約款ニ依ラサル旨ノ意思ヲ表示セスシテ契約シタルトキハ反証ナキ限リ其約款ニ依ルノ意思ヲ以テ契約シタルモノト推定ス」と判示している。

　普通保険約款は附合契約に用いられるという性質上，保険者側が一方的に作成するものであり，かつ，その内容は一読了解とは到底言い難いため（だからこそ，本書のような実務解説書の存在意義がある。），契約者保護に欠ける条項を潜り込ませることも比較的容易である（経験上，自動車保険の人身傷害保険条項に顕著である。）。そのため，保険法で片面的強行法規が複数定められると共に（加えて，解釈に委ねられているものの複数の絶対的強行法規が存在し），実際に保険契約に適用するためには，内閣総理大臣（実質的には監督官庁である金融庁）の認可が必要となっている。その審査に当たっては，「普通保険約款及び特約の記載事項については，保険契約者等の保護の観点から，明確かつ平易で，簡素なものとなっているかに留意することとする。」とされている（「保険会社向けの総合的な監督指針」Ⅳ-1-1）。

　保険業法施行規則9条は，次の内容を普通保険約款に盛り込むことを求めている。

保険業法施行規則

（普通保険約款の記載事項）

第9条　（略）

　一　保険金の支払事由

　二　保険契約の無効原因

　三　保険者としての保険契約に基づく義務を免れるべき事由

四　保険者としての義務の範囲を定める方法及び履行の時期

五　保険契約者又は被保険者が保険約款に基づく義務の不履行のために受け
るべき不利益

六　保険契約の全部又は一部の解除の原因及び当該解除の場合における当事
者の有する権利及び義務

七　契約者配当（法第114条第1項に規定する契約者配当をいう。以下この
章から第5章まで及び第12章において同じ。）又は社員に対する剰余金の
分配を受ける権利を有する者がいる場合においては，その権利の範囲

保険会社は同一の保険分野で複数の保険商品を売り出しているが，商品設
計上の工夫として，同一の保険分野の保険商品の普通保険約款は共通とし，
保険商品の特長となる部分やオプションを特約（特別保険約款）に盛り込むと
いう手法を取ることが多い。

特約とは，「普通保険約款の規定を変更・補充・排除するために用いられ
る約款をいう。」（『坂口』24頁）。普通保険約款と特約とは，一般法・特別法
の関係になるので，特約が存在する場合は普通保険約款に優先して適用され
る。

普通保険約款は，保険業法123条で変更には内閣総理大臣の認可が必要に
なる（「保険会社は，第4条第2項第2号から第4号までに掲げる書類に定めた事項（保
険契約者等の保護に欠けるおそれが少ないものとして内閣府令で定める事項を除く。）を
変更しようとするときは，内閣総理大臣の認可を受けなければならない。」。この4条2項
3号が普通保険約款。）が，特約は変更に認可が不要であり，事業方法書に記載
すれば足りる（保険業4条2項2号，保険業規8条1項6号）。ただし，認可のな
い約款も保険法の片面的・絶対的強行法規に反しない限り原則として有効で
ある（最一小判昭45・12・24民集24巻13号2187頁）。

論点としては，まず普通保険約款が曖昧・不明確である場合の解釈方法が
ある。契約者に有利にも不利にも取れるような約款の解釈については，「保
険者に不利に，保険契約者に有利に解釈すべきである（作成者不利の原
則）。」とされている（『坂口』27頁，Q12参照）。

次に，約款の改定があったとしても，その効力は過去の保険契約に及ばな

いことは当然である。もっとも，約款の改定によって，契約者に有利な取扱いを行うことになったので，保険者が過去の契約に遡って契約者を有利に取り扱うことはある。

　約款は，通常，ご契約のしおりという冊子に掲載されているが，多くの保険会社では WEB 上で公開されている。

Q11 約款とは別に契約に際して交付される重要事項説明書の法的位置付けとは。

A 保険業法 100 条の 2，保険業法施行規則 53 条 1 項 4 号に基づき作成される。

解　説

　保険業法 100 条の 2，保険業法施行規則 53 条 1 項 4 号に基づき，保険会社は，保険契約者及び被保険者に対して，「保険契約の内容その他保険契約者等に参考となるべき情報につき，保険契約の内容のうち重要な事項を記載した書面の交付その他適切な方法により，説明を行うことを確保するための措置」をとるべき義務がある。また，保険会社は，保険契約締結・募集時に，保険契約の内容その他保険契約者等に参考となるべき情報の提供義務があり（保険業 294 条 1 項），また，重要事項不告知禁止等の禁止行為がある（保険業 300 条 1 項）。これらの義務に基づき，保険会社向けの総合的な監督指針Ⅱ-4-2-2 (2) において，情報提供を書面により行う場合（なお，少なくとも家計分野ではほぼ例外なく書面による情報提供が行われている。）は，① 契約概要（顧客が保険商品の内容を理解するために必要な情報）及び ② 注意喚起情報（顧客に対して注意喚起すべき情報）を盛り込むべき旨の規定がある。上記指針は項目を列挙した抽象的内容であるため，より具体的なガイドラインが日本損害保険協会により策定されている（契約概要・注意喚起情報（重要事項）に関するガイドライン

（2017 年 4 月改定））。

　これらの規定に基づき，保険契約者に交付されるのが上記重要事項説明書である。

　以上のとおり，重要事項説明書は，情報提供のために交付されるものなので，その内容が直ちに保険契約の内容となるものではない。もっとも信義則上，保険者が重要事項説明書・パンフレットに反する主張を行うことは許されないと解するべきであるため，約款解釈の重要な手掛かりになると位置付けることができる。

Q12　作成者不利の原則とは。

A　「保険約款の意味が不明確である場合には，約款作成者，すなわち，保険者に不利に，保険契約者に有利に解釈すべき」との原則をいう（『坂口』27 頁）。

解 説

　作成者不利の原則は保険法・約款に明文のあるものではないが，講学上，こうした原則が唱えられることがある。その理由は，「普通保険約款は保険者が作成したものであり，保険者の作成した普通保険約款の不明確な規定を保険者に不利に解釈することは，衡平の観念に反するからである。」（『坂口』27 頁）。

　同様の意見は，傷害保険の故意免責の主張立証責任に関する最二小判平 13・4・20 民集 55 巻 3 号 682 頁の亀山継夫補足意見に，「本件約款の合理的解釈としては，法廷意見のいうとおり，保険金請求者の側において偶発的な事故であることの主張立証責任を負うべきものと解するのが相当である。しかしながら，本件約款が，保険契約と保険事故一般に関する知識と経験に

おいて圧倒的に優位に立つ保険者側において一方的に作成された上，保険契約者側に提供される性質のものであることを考えると，約款の解釈に疑義がある場合には，作成者の責任を重視して解釈する方が当事者間の衡平に資するとの考えもあり得よう。そして，かねてから本件のように被保険者の死亡が自殺によるものか否かが不明な場合の主張立証責任の所在について判例学説上解釈が分かれ，そのため紛争を生じていることは，保険者側は十分認識していたはずであり，保険者側において，疑義のないような条項を作成し，保険契約者側に提供することは決して困難なこととは考えられないのであるから，一般人の誤解を招きやすい約款規定をそのまま放置してきた点は問題であるというべきである。もちろん，このような約款がこれまで使用されてきた背景には，解釈上の疑義が明確に解消されないため，かえって改正が困難であったという事情があるのかもしれないが，本判決によって疑義が解消された後もなおこのような状況が改善されないとすれば，法廷意見の法理を適用することが信義則ないし当事者間の衡平の理念に照らして適切を欠くと判断すべき場合も出てくると考えるものである。」と記載がある。

ただし，続けて，亀山継夫補足意見は，曖昧な文言である点については本判決によって疑義が解消されたと述べている。実務においても，当該約款は改正されず，むしろ，最判に承認されたものとして，使われ続けている（そして，裁判例でも有効性が認められ続けている。）。

こうした現状を踏まえると，作成者不利の原則は，解釈の指針としての抽象的な意味にとどまり，具体的な問題解決に役立つ基準ではない。

Q13 火災保険と火災共済の違いとは。

 根拠法，運営母体，監督官庁及び補償内容が違うだけである。

解 説

　かつて，共済には旧商法の保険規定の適用がなかったため，旧商法の準用等を主張する学説があったが，保険法が共済にも保険法の適用のあることを明示したので（保険2条1号に「保険契約，共済契約その他いかなる名称であるかを問わず」とあるのがその趣旨である。），火災保険については，保険と共済に，法律上の違いはなくなっている。

　共済には，根拠法のある制度共済（保険業2条1項）と根拠法の無い無認可共済（保険業法の規制対象外となる適用除外団体，保険業2条，保険業令1条の3）がある（いずれも保険業法の適用はない。）。制度共済の根拠法とは，例えば，JA共済の保険者である全国共済農業協同組合連合会については農業協同組合法のことである。

　火災共済は，根拠法に基づいて設立されているJA共済，全労済，CO・OP共済等の非営利団体が保険者であるのに対し，火災保険の保険者は営利を目的とする株式会社である。ただし，この点が保険料にどれほどの相違をもたらしているのかは定かでない。

　監督官庁は，損害保険会社については金融庁であるが，制度共済については当該根拠法の所轄官庁である。

　保険商品としては，火災共済が住宅火災保険をメインとしているのに対し，火災保険は住宅総合保険（オールリスク保険）がメインである。違いは，台風等の風水害を含むか含まないかで，共済では，風水害は自然災害共済という商品になる。もっとも，全労済の火災共済では風水害等の共済金があり，さらに自然災害共済に加入すれば住宅総合保険と遜色ない補償となっているなど，保険商品上の違いも薄れてきている。

Q14 火災保険の種類はどのようなものがあるか。

A 住宅火災保険，火災総合保険（オールリスク保険）等がある。

▌解 説

　まず，火災保険とは，「当事者の一方が，静止状態にある，すなわち場所的移転を伴わない建物又は動産に偶然の火災事故が発生することによって，相手方に生じた損害を塡補すること約し，相手方がその報酬として保険料を支払うことを約することによって効力を生ずる保険契約である」（『鈴木棚田』44 頁）。より簡潔な定義は，「火災をもって保険事故とする損害保険契約」をいう（『大森』203 頁）。動産であっても場所的移転を伴う自動車，飛行機，船舶等を本件の目的とする保険については，自動車保険，航空保険，船舶保険，運送保険等の保険商品が存在するため，火災保険とは呼ばない。

　以上の定義の通り，元々の火災保険は，その名称のとおり，保険事故を火災に限っていた。これをストレートファイヤーという。しかし，現在，火災保険では，補償対象となる保険事故を火災に限らず，地震以外の自然災害も保険事故に含むようになっている。すなわち，昭和 34 年 9 月 26 日の伊勢湾台風を契機として火災以外の風水害等に担保範囲を拡大した住宅総合保険が認可され，その後，不測かつ突発的な事故によって保険の対象について生じた損害をも補償対象とするオールリスク保険が認可されている。したがって，もはや「火災保険」という名称は保険商品の性質を正しく表していない（共済保険の場合は，火災関係は火災共済，自然災害関係は自然災害共済と別商品になっているので明確である。）。例えば，一般財団法人郵政福祉が，日本郵政グループ社員に対して販売している「災害保険」の方が保険商品の性質を端的に表している。

　以上は，火災保険の保険事故による分類であるが，被保険者が消費者か，事業者かによって，家計分野と企業分野に保険商品は分かれている。家計分

野の火災保険としては，保険事故によって，住宅火災保険，住宅総合保険及びオールリスク保険がある。また，最近では，セゾン自動車火災保険等が組立型火災保険を販売し，住宅火災保険を基本として，保険契約者において希望する保険事故を選択することができるようになっている。これに対し，企業分野の火災保険としては，普通火災保険，店舗総合保険等がある。なお，家計分野と異なり，必ずしも保険事故による分類というものではない。また，店舗総合保険は，本来は，小規模店舗や，店舗併用住宅を対象としている保険商品であるが，実際は，大規模店舗等についても付保されている。

　なお，各社は，火災保険の分類名とは別に，保険商品に販売用の名称を付けている。これをペットネームというが，例えば，本件で度々参照する東京海上日動火災保険約款（東海約款）は，火災保険の分類としては住宅総合保険であり，そのペットネームはトータルアシスト住まいの保険である。損保ジャパン日本興亜約款（SJNK約款）もその分類は住宅総合保険（約款上は，個人用火災総合保険と名乗っている。）であるが，ペットネームは，保険の対象が建物の商品を THE すまいの保険，家財の商品を THE 家財の保険としている。

　また，ペットネームを表示する場合でも，商品の正式名称が分かるようにする必要があるので注意を要する（一般社団法人日本損害保険協会「募集文書等の表示に係るガイドライン」（2018 年 6 月）13 頁）。

Q15 事業者向けの火災保険には，どのような種類の保険があるのか。

A 普通火災保険としては，適用する物件ごとに，① 一般物件用，② 工場物件用，③ 倉庫物件用，の 3 種類の火災保険普通保険約款が規定されている。また，広大な敷地内にいくつもの建物が所在しているような場合には，これらの複数の保険の対象を一つに包括すべく，特殊包括契約に関する特約が付帯されることもある（具体的には，① 1 敷地内を対象とするブラン

ケット契約，② 複数敷地内を対象とするマルチロケーション契約がある。）。さらに，商品・製品・仕掛品・原料など変動する在庫品を対象として合理的に火災保険を付保するため，火災通知保険（略称：デクラ）が利用されることもある。

■ 解　説

1　総論

　家計分野（一般の住宅あるいは小規模な事業者向け）においては，多数のほぼ均質なリスクを対象としていることから，火災保険の内容についてもほぼ均一的な扱いとすることが可能であるが，企業分野においては，家計分野に比較し，個々の契約ごとのリスクの変動が大きく，均一的な扱いが困難である。そこで，企業分野においては，火災保険普通保険約款をベースとして，様々な特約を付帯することによって，個々の契約の内容に応じた修正を行う必要があり，より柔軟な扱いが行われている。

2　普通火災保険

(1) 一般物件用

　住宅火災保険と補償内容はほぼ同様であるが，① 比例払により損害保険金を支払う，② 建物を保険の対象とする場合でも，門，塀，垣，付属建物については，明記しない限り保険の対象に含まない，③ 風・雹・雪災について，仮設建物（例えば，海の家など）やゴルフネット，屋外所在の商品・製品等に生じた損害は補償対象とならない，等の点に違いがある。その他，物件種別の違いによる，免責条項の内容，臨時費用保険金及び損害防止費用の限度額，収費付帯費用保険金の有無等にも違いがある。

(2) 工場物件用

　一般物件用とは，① 風・雹・雪災の除外物件が一部異なる，② 雑危険（盗難を除く。）による損害を補償する，点に違いがある。

(3) 倉庫物件用

　他の物件用と比較し，補償される危険は火災，落雷，破裂・爆発のみであり，また，補償される費用は臨時費用及び残存物取片づけ費用のみ（ただし，損害防止費用及び権利保全行使費用については他の物件用と同様に支払われる。）

であり，補償される内容が制限されている。

　倉庫物件の保険対象が倉庫業者の営業用倉庫建物及びその保管貨物であり，保管貨物については荷主が倉庫業者に貨物を預ける際の寄託契約の内容は倉庫寄託約款に基づくことになり，当該約款では，通常，自然災害による損害は免責とされているからである。

　ただし，倉庫業の中でも，トランクルームの場合には，トランクルームサービス約款に基づく寄託契約が行われ，通常の倉庫寄託約款と異なり，水濡れやねずみ食い等の損害についても補償する損害保険の付帯（トランクルーム拡張補償特約）が要求されている。

　なお，保管貨物の契約については，通常は，倉庫特約が付帯されており，具体的な方式として，保管期間1か月の「倉庫特約・甲号，乙号，丙号」の第1方式と，保管期間1年間の第2方式があるが，主流は後者である。

① 特殊包括契約

　本来，保険契約を締結する場合には，保険の対象を特定し，当該対象の価値に応じた保険金額を建物ごとに設定するのが原則であるが，広大な敷地内に複数の建物が所在しているような場合には，事務処理が非常に煩雑となり，また，敷地内において建物のスクラップ＆ビルドが随時行われることもあるため付保漏れが生じかねない。

　そこで，このように対象が大規模に渡る場合には，これらの対象を包括して一つの契約とすべく，特殊保険契約に関する特約が付帯されることもある。具体的には，① 1敷地内を対象とするブランケット契約（特殊包括契約），② 複数敷地内を対象とするマルチロケーション契約（複数敷地内特殊包括契約）がある。

② 火災通知保険（略称：デクラ（「Declaration」の略より））

　火災通知保険は，商品・製品・仕掛品・原料など変動する在庫品を対象として合理的に火災保険を付保するために開発された契約方式の特約である。

　火災通知保険の特徴としては，① 保険金額を定める代わりに，支払保険金制限額（以下「制限額」という。）を設定することにより，制限額を限度として実損を支払う，② 契約時に制限額に応じた暫定保険料（年間保険料

の4分の3）を領収し，契約終了時に通知された在庫価額（平均値）に基づく確定保険料との差額を精算することにより，合理的な保険料負担が可能となる，点に特徴が認められる。

　火災通知保険の契約方法には基本方式のほか様々な方式があるが，基本方式は制限額が1構内5000万円以上（2構内1億円以上）の場合に利用できる。通知方法は，日報・週報・旬報・半月報・月報（要割増）から選択される。なお，期の途中で在庫価額が制限額を超える場合は，制限額を増額する，あるいは増加金額について別途短期契約をする等の方法で対応することになる。

【参考文献】『火災保険』123頁〜132頁

第2章
保険の目的物

Q16　火災保険の目的物になるのは，どのような物か。

A　火災保険の目的物は，建物又は動産である。

▎解　説

　保険の目的物とは，「保険事故によって損害が生ずることのある物として損害保険契約で定めるもの」をいう（保険6条1項7号括弧書き）。「損害保険契約の締結時に契約上特定される」（『江頭』435頁）。火災保険においては建物・家財等がこれに当たる。約款では，保険の目的物ではなく，保険の対象というが，意味は同じである。本書では，保険の目的物，保険の対象いずれも用いる。

　保険の目的物の定義から明らかなように，保険事故と保険の目的物の間には，保険事故に「よって」保険の目的物に損害が発生しなければならない。火災を例に取ると，火災によって直接的に物が焼損する場合と，火災の高熱，煙等によって間接的に物に変質等が生ずる場合とがあり，いずれも火災と損害の間に因果関係がある限り，損害てん補の対象となる。前者を「火災の損害」，後者を「火災による損害」という（『鈴木棚田』69頁）。「火災の損害」について因果関係が否定されることは想定しにくいが，「火災による損害」については因果関係を即断できない事例もある。

　因果関係の判断について，通説は，相当因果関係説をとっている。したがって，社会通念上，保険事故によって損害が発生したという関係にあると認められるのが相当か否かという甚だ頼りのない基準により判断すること

なる。

　なお，保険の目的物と類似の用語に，損害保険契約の目的があり（保険3条の表題），「損害保険契約は，金銭に見積もることができる利益に限り，その目的とすることができる。」旨規定している。これは，講学上，被保険利益と呼称するので，本書でもこれに従うこととし，保険の目的という用語は原則として使用しないことにする。

Q17　他人の建物に火災保険を掛けることはできるか。

 被保険利益がないので，原則として付保できない。

■　解　説

　保険法3条は，損害保険契約の目的との見出しの下，「損害保険契約は，金銭に見積もることができる利益に限り，その目的とすることができる。」と規定している。ここでいう「利益」を一般に被保険利益という。

　さて，被保険利益とは，「保険事故が発生することによって被保険者が損害を被るおそれのある利益，あるいは，保険事故が発生しない時に被保険者が有する利益をいう。」（『坂口』123頁）と定義づけられている。保険法上，被保険者が「損害保険契約によりてん補することとされる損害を受ける者」と定義されているのはこの趣旨である（保険2条4号イ）。損害保険契約に被保険利益が必要な理由は，その射倖契約性にある（Q8参照）。他人の自宅に自由に火災保険を設定できるとすると，放火が増えることは間違いがない。あるいは近所で火災が起きても消火に協力しないことも考えられる。これに対し，自分が所有している建物にしか火災保険が設定できないのであればこのような事態が生じにくい。また，被保険利益が被保険者にあるのであれば，

被保険者が保険事故によって生じた損害を損害保険金によっててん補しているだけなので，被保険者には利得が生じない。

被保険利益は，次の要件を具備することが求められる（『群馬』323頁等）。

① 金銭に見積もることができること

「保険者のなしうるものは金銭の支払いその他の経済上の給付に限られるから，これにより相殺填補されるべき保険事故の発生による被保険者の損失も経済的損失に限られるべきだからである。したがって精神的あるいは感情的利益は被保険利益となりえない。また，経済上の利害関係であれば足り，必ずしもそれが法律上の利害関係である必要は存しない。」（『群馬』323頁）。

② 被保険利益は，適法なものであること

③ 確定できるものであること

「したがって，将来の収穫物，運送中の物品の到達地における価値増加の額又は運送することによって取得すべき運送賃等，将来生ずる利益も，被保険利益とすることができる。これに対して単に関係者が主観的に存在すると信じるに止まるような利害関係（例えば親の遺髪についての愛情利益等）では被保険利益たりえない。」（『群馬』324頁）。

④ 具体的に被保険利益が特定されるべきこと

同一の保険目的物について複数の被保険利益が存在し得ることから（所有利益と担保利益等），保険契約締結時に具体的に被保険利益が特定されるべきであり，「保険の目的のみが定められて，その被保険利益の種類が明らかでない場合には，特別な事情のない限り，その所有者としての利害関係を，しかもその所有者が所有者として有する一般的利害関係を被保険利益としたものと解釈すべきである。」（『群馬』324頁）。

⑤ 被保険者が確定されるべきこと

被保険利益は，被保険者と密接不可分であるので，被保険利益が具体的に特定されると同時に被保険者も確定されることになる，もっとも，被保険者は，例えば，保険目的物の他所有者等と抽象的に確定するべきことも可能である，などと議論されるが，これらの要件が実務上問題となることはほぼなく，重要なのは，被保険利益の種類及び機能である。

『鈴木棚田』67 頁は，被保険利益の種類を次のとおり整理している。

所有者利益 —— その物が罹災することによって，その人が所有者としての損
　失を被るという関係における利益

収益利益 —— 罹災のためその物からの収益が得られなくなることによって，
　その人が損失を被るという関係における利益（例えば工場所有者は工場設備に
　ついてこの被保険利益を有する）

担保権者利益 —— 担保物が罹災した場合に，その人が被担保債権の弁済を得
　られなくなるため損失を被るという関係における利益

責任利益 —— その人の過失等のために，その物について損害が生じた場合に，
　その人他の者に対して損害賠償責任等を負うことにより損失を被るという関
　係における利益（例えば他人の物の賃借人や保管者が，賃借物や保管物について
　有する被保険利益）

費用利益 —— その物の罹災の場合に，物自体の損害とは別に，その人がなん
　らかの費用（例えば臨時に増加する生計費，営業費等）の支出を要すること
　により，損失を被るという関係における利益

　なお，所有者利益は所有利益ともいい，担保権者利益は担保利益ともいう。

　被保険利益の機能は，① 重複保険の判断基準になることと，② 被保険利
益の評価額，すなわち保険価額が損害保険金の上限となることである（『鈴木
棚田』67 頁）。① は，保険の目的物が同じ建物であっても，所有者，賃借人，
抵当権者の被保険利益は上記のとおり異なるので，各被保険利益に係る損害
保険は，重複保険とならない。② は，新価保険等では修正されており，ま
た，費用利益については，実際に支出した費用とは無関係に定額の費用保険
金が支払われるため，損害てん補からは離れている。

　最後に，被保険利益という概念によって，他人の建物に火災保険を設定す
ることはできないことになるが，これは夫婦であっても同じと考えてよいか
という問題がある。夫が妻の建物に，逆に妻が夫の建物に火災保険契約を設
定することができるのかという論点について，説はいろいろあるが，被保険

利益を肯定するのが大勢である。最も説得力があるのは，夫婦共有財産については，夫婦いずれにも火災保険を設定する被保険利益があり，夫婦共有財産でないとしても離婚による財産分与・相続で引き当てとなり得る財産であるから，敢えて被保険利益を否定する必要はないということである。なお，実務上，所有者以外の火災保険申込みしか受け付けていないが，例えば，夫に無断で妻が火災保険に申し込んだ場合等に問題となり得る。ただし，自宅に関しては，火災保険の申込みを日常家事債務に含むとして代理権を認めることができる（民761条）。

Q18 建物が二重譲渡された場合の被保険利益とは。

登記を取得した譲受人が被保険利益を得る。

解説

民法177条によって，先に登記を取得した譲受人が他の譲受人に所有権の取得を対抗することができる。したがって，先に登記を取得した譲受人の火災保険は有効である。それでは，登記を取得できなかった譲受人の火災保険はどうなるかといえば，被保険利益がない結果として，火災保険契約は無効となる（最一小判昭36・3・16民集15巻3号512頁）。

19 譲渡担保の被保険利益とは。

 譲渡担保権設定者が被保険利益を得る。

| 解 説 |

　譲渡担保とは，その名のとおり，貸金等の担保として，債務者が所有不動産等を債権者に譲渡するものである。通常，貸金等について債務者が弁済を行った場合，担保目的物は再度，債務者に譲渡される。譲渡担保の被保険利益を考えてみると，譲渡担保の法的性質について，通説は，担保的構成をとるものと考えられる。したがって，担保目的物の所有権は，依然として譲渡担保設定者にあるので，譲渡担保権設定者を被保険者とする火災保険契約は有効である。担保的構成によれば譲渡担保権者（債権者）は所有者ではないので被保険利益を有しないようにも思えるが，譲渡担保権は担保目的物の担保価値を把握しており，被保険利益を認めることができるので，譲渡担保権者を被保険者とする火災保険契約を無効とする理由もない。したがって，譲渡担保権設定者・譲渡担保権者いずれも被保険利益を有する（最二小判平5・2・26民集47巻2号1653頁）。問題は，両者の保険金額が保険価額を超過している場合の処理であるが，前掲最判は，保険金額の割合で保険者が割合的に保険金の支払義務を負担するとしているが，『江頭』437頁は，「各保険者の負担については，担保権者の保険金が全額先に支払われるべしと解する説（上柳克郎「譲渡担保と保険」三宅一夫先生追悼・保険法の現代的課題〔法律文化社・1993〕）を支持したい。」としている。

Q20 所有権留保物件の被保険利益とは。

「所有権留保物件の所有者利益の被保険者は売主と定めるのが実務の取扱いである。」（『江頭』437頁）と解されている。

解　説

　所有権留保とは，売買契約において，売主が買主に対し目的物を引き渡すが，代金の完済まで，目的物の所有権移転を留保することである。イメージしやすいのが自動車をローンで購入する場合で，売主がディーラー，買主がユーザーとして，ユーザーがカーローンを組んだとすると，自動車検査証上，所有者欄にはディーラー又はローン会社が記載され，使用者欄にユーザーが記載される。ユーザーは自由に自動車を使用することができるが，所有者ではないので転売できないし，ローンを延滞した場合はディーラー又はローン会社に対して自動車を引き渡さなければならない。ディーラー又はローン会社は，自動車の引渡しを受けるだけで，第三者に売却できる。このように所有権留保は，形式的に所有権は売主に帰属するが，その昨日は売買代金の担保であるので，実質的な所有者は買主である。そのため，目的物の所有者利益の被保険者が売主であるのか，買主であるのかが問題となる。

　この問題については，所有権留保の法的構成について，法形式を重視し，目的物の所有権は売主に帰属すると構成する所有的構成と担保という機能を重視し，所有権は買主に移転するが，売主は目的物に対して売買代金を被担保債権とする担保権を有すると構成する担保的構成の対立がある。所有者利益の帰属もこの議論に連動すると思われるが，留保目的物の滅失等による損害賠償請求権は所有者に帰属するとされているので，これと平仄を合わせれば，所有権利益の被保険者は売主と解することになる。

$\mathbf{Q}_{21}$ 保険価額とは。

 保険の目的物の評価額のことである。

■ 解　説

　保険価額には二つの定義がある。一つは，にあるように，保険の目的物の価額（保険9条）である。火災保険では，保険の目的物である建物の評価額を意味する。もう一つは，被保険利益の評価額である。被保険利益とは，Q 17でも述べたが，金銭に見積もるべき経済的利害関係をいう。損害保険の本質は，保険事故によって生じる損害填補にあることから，損害保険会社は，保険料を収受し，その対価として，保険事故によって損害を被る者（被保険者）に対して，当該損害を填補する損害保険金を支払うことになる（保険2条6号）。したがって，損害保険金を受け取る被保険者には，保険事故によって生ずる損害について経済的利害関係がなければならない。この利害関係を講学上，被保険利益という。したがって，全くの第三者は，所有権その他の経済的利害関係を有していない家屋について，被保険利益を有していないので，火災保険を付保することはできない。これを認めてしまうと，賭博になってしまうからであるし，放火等が増えることも容易に想像ができるだろう。もっとも，被保険利益は，同一の保険の目的物に複数成立し得る。銀行ローンの抵当権が付された家屋を考えてみると，家屋の所有者は当然被保険利益を有しているが，抵当権者である銀行も家屋が焼失してしまうと担保目的物がなくなり担保価値を失うという意味で被保険利益を有していることになる。

　また，保険の目的物について経済的利害関係があったとしても，被保険利益以上の損害保険を付保することはできない。被保険者であっても利得が生じるとモラルリスク，つまり，保険金詐欺が増えるからである。こうした被保険者に被保険利益以上の利得の取得を許さないとの原則を利得禁止の原則

という。利得が生じるかどうかというのは，被保険利益の評価額である保険価額が基準となり，保険価額以上に損害保険金を支払うことは，利得禁止原則から許容されないことになる。このように，損害保険契約の本質が損害填補にあるという理由から，保険価額の概念が導かれることになる。

　通常，火災保険の被保険者は，建物所有者であるから，その被保険利益の価額＝保険の目的物の価額＝建物の評価額で一致する。もっとも，被保険利益は，担保権者にも認めることができるので，担保権者にとっての被保険利益は，把握している担保価値が上限となるため，ここでの被保険利益の価額は，建物の評価額と一致しない。そのため，保険価額の議論に当たっては，被保険利益の価額を議論しているのか，保険の目的物の価額を議論しているのかについて注意を要する。

　このように，保険法9条の保険価額の定義は，保険の目的物の価額を把握する所有者を被保険者とする場合にしか当てはまらない。こうした，「物の所有者利益を被保険利益とする保険」を物保険というが（『江頭』438頁），「保険法において「保険価額」の語が用いられている規定（保険9条・10条・18条2項・19条・24条）は，適用対象として物保険しか想定していない規定である」と解されている（『江頭』438頁）。

　保険価額に関連して，一部保険，全部保険，超過保険がある。保険価額が基準となり，保険金額が保険価額よりも少ないのが一部保険，多いのが超過保険，同じなのが全部保険である。

　保険法18条1項は，保険価額の算定について，損害保険契約によりてん補すべき損害の額は，その損害が生じた場所及び時における価額によって算定する，と規定している。これをそのまま適用すると，特に，戸建てで顕著であるが，我が国では，建物の価値をあまり尊重しないので，建物の時価は，新築から一直線に低下し，15年から20年で無価値となり，やがて取壊し費用の分マイナスとなる。保険価額は損害保険金の上限額であるので，20年経つと建物の火災保険金は0円となってしまうが，これでは火災保険をかける意味がない。保険契約者が火災保険をかけるのは，万が一建物が焼損した場合は，建物を建て直したいからである。つまり，再調達価額を保険価額とする必要がある。こうした必要性に応じ，火災保険では，再調達価格を保険

価額とする新価保険が存在する。保険法18条2項が，約定保険価額がある
ときは，てん補損害額は当該約定保険価額によって算定する，と規定するの
はこの趣旨である。もっとも，再調達価額を超えて保険価額を約定できると
すれば利得禁止原則から許容できない。そこで，同項ただし書は，約定保険
価額が保険価額を著しく超えるときは，てん補損害額は，保険価額によって
算定するという規定を置いて，利得禁止原則の観点から，約定保険価額に歯
止めをかけている。

　もっとも，再調達価額であってもインフレによって，保険金額を超過して
しまうことがある。保険金額は支払保険金の上限額となるので，新価保険で
あっても建て直しができない場合はある。

　一部保険とは，保険金額が保険価額（約定保険価額があるときは当該約定保険価額）に満たないことをいう（保険19条）。保険法上，一部保険については比例
てん補原則が採用されており，そのまま適用すると非常に問題がある。保険
法19条は，「保険者が行うべき保険給付の額は，当該保険金額の当該保険価
額に対する割合をてん補損害額に乗じて得た額とする。」と規定しているの
で，

> 損害保険金＝てん補損害額×（保険金額／保険価額）

と算定することになる。

　例えば，保険金額が1000万円，保険価額が2000万円の建物火災保険があ
り，全損になったとすると，

> 損害保険金＝2000万円×（1000万円／2000万円）＝2000万円×50パーセント
> ＝1000万円

となる。これに対し，同じ事例で，修理費1500万円の分損となったとする
と，

> 損害保険金＝1500万円×（1000万円／2000万円）＝1500万円×50パーセント

＝750 万円

となる。全損であれば保険金額全額が支払われるのであるが，分損の場合は，保険金額が比例払となり，修理費は保険金額を超えているにもかかわらず，保険金額満額を受け取れないという事態が生ずる。保険契約者は保険金額以上の損害が発生しているのであるから，保険金額の支払に関する期待に反する。

　一部保険がめったに生じないのであれば比例てん補原則でよいのであるが，意外に一部保険は生じ得る。一部保険の基準時は損害発生時と解されるが（『江頭』440 頁），まずは，保険契約者の知識不足又は節約志向で保険価額よりも保険金額を低く設定する場合がある。また，インフレで建物価格が上がり保険金額よりも保険価額が高くなってしまう事態が生じ得る（経年劣化で建物の価格は下がるので，いずれは「保険金額＞保険価額」となるとしても。）。

　保険法の一部保険の比例てん補原則を回避しようとすれば，保険価額と保険金額を一致させるのが簡明である。しかし，これでは保険料の払い過ぎという問題が生ずる。すなわち，マンション等は，戸建てと比べ，難焼性が顕著であり，全損になる確率は明らかに低い。特に，タワーマンション等で全損となった事態は，わが国では今のところ存在しない。こうした事情があるのに，保険価額と保険金額を一致するように保険契約を締結すると，明らかに無意味なリスクを担保していることになる。

　以上の問題の回避方法は，① 評価済保険，② 実損てん補払，③ 価額協定保険である。

　① 評価済保険は，保険法 9 条ただし書（ただし，保険価額について約定した一定の価額（以下この章において「約定保険価額」という。）があるときは，この限りでない。）に基づき，本来，損害発生時に評価される保険価額を保険契約時に確定させてしまうものである。これにより保険価額は保険契約締結時以降に変動することはないので，約定保険価額と同額の保険金額を設定することにより，超過保険・一部保険という事態は生じないことになる。

　② 実損てん補払は，損害保険料率算出機構の住宅総合約款では，保険金

額が保険価額の80パーセントに相当する額以上の時は保険金額を限度として損害額の全部を支払うとしている。このように実損てん補払の発動要件として付保割合を条件としているものを付保割合条件付実損てん補払という。比例てん補原則では，分損の場合，保険金額が保険価額の80パーセント未満であれば，比例による損害保険金しか支払われないところ，80パーセント以上であれば分損であっても保険金額を上限として，てん補損害額の100パーセントが支払われ，かつ，保険価額全額に保険金額を設定しなくてもよいので，保険料を節約することができる。

③ 価額協定保険は，火災保険に関していえば，SJNK約款の新価・実損払は，建物については評価済保険とし，家財については「罹災時再評価」を標榜している（「罹災時再評価」とは，保険価額は損害発生時に算定するという趣旨のため，家財については評価済保険ではない。）。ただし，約款上，評価済保険であっても約定保険価額未満の保険金額の設定を認めているので，一部保険の事態は生ずるが，比例払を修正し，実損てん補払としている。

　以上は，約款において次のように表現されている。

SJNK 約款２章２条(1)

　当会社は，〈補償内容・損害保険金一覧表〉のうち，保険証券記載の事故の区分欄に「○」の記載がある損害保険金について，〈補償内容・損害保険金一覧表〉およびこの普通保険約款に従い支払います。（「×」の記載がある損害保険金については，支払いません。）

〈表3　損害保険金の支払額〉

損害保険金の支払額	
建　物	家　財
A．当会社が保険金を支払うべき損害の額は，下表のとおりとします。 **区分**：（A）建物を復旧できない場合 → **損害の額**：協定再調達価額 （B）（A）以外の場合 → 建物の協定再調達価額を限度として，次の算式により算出された額。 $\boxed{復旧費用}-\boxed{復旧に伴って生じた残存物がある場合は，その価額}$ B．当会社が支払う損害保険金の額は，次の算式により算出した額とします。ただし，建物の保険金額を限度とします。 **区分**：（A）建物を復旧できない場合または建物損害の額が協定再調達価額に達した場合 → **損害保険金**：協定再調達価額 （B）（A）以外の場合 → $\boxed{損害の額}-\boxed{保険証券記載の自己負担額}$ C．建物のみが保険の対象である場合は，④のオ．の通貨等，預貯金証書等の盗難は補償されません。	A．当会社が保険金を支払うべき損害の額は，下記によって定めます。 （A）家財の再調達価額を限度として，次の算式により算出した額とします。 $\boxed{復旧費用}-\boxed{復旧に伴って生じた残存物がある場合は，その価額}=\boxed{損害の額}$ （B）④のエ．およびオ．に規定する盗難によって生じた損害については，再調達価額によって定めます。ただし，印紙および切手の損害の額については，その料額によって定めます。 （C）（A）および（B）にかかわらず，明記物件の場合は，その時価額によって定めます。 B．当会社が支払う損害保険金の額は，下記によって定めます。 （A）家財の保険金額を限度として，次の算式により算出した額とします。 $\boxed{損害の額}-\boxed{保険証券記載の自己負担額}=\boxed{損害保険金}$ （B）（A）の算式において，明記物件の盗難の場合は，当会社が支払う損害保険金の額は，1回の事故につき，1個または1組ごとに100万円または家財の保険金額のいずれか低い額を限度とします。 （C）（A）および（B）にかかわらず，通貨等，預貯金証書等の盗難の場合は，当会社が支払う損害保険金の額は，1回の事故につき，1敷地内ごとに，下表の金額を限度として，損害の額を支払います。 **事故の種類**：通貨等，印紙，切手，乗車券等の盗難 → **限度額**：20万円 **事故の種類**：預貯金証書の盗難 → **限度額**：200万円または家財の保険金額のいずれか低い額

49

　建物列 A．は「当会社が保険金を支払うべき損害の額」とあるので，てん補損害額の趣旨である。損害保険の本質は損害てん補にあるので，利得禁止原則から，保険法 18 条 1 項のとおり，その損害が生じた地及び時における価額によって算定するのが原則であるが，保険法 18 条 2 項本文のとおり「約定保険価額があるときは，てん補損害額は，当該約定保険価額によって算定する。」ものとしている。SJNK 約款では，「協定再調達価額」（保険 9 条ただし書の「約定保険価額」の趣旨）があるので，協定再調達価額を基準として，全損の場合は協定再調達価額がてん補損害額となり，分損の場合は協定再調達価額を限度として，復旧費用から復旧に伴って生じた残存物の価額を控除した額がてん補損害額となる。

　もっとも，てん補損害額は，直ちに損害保険金となるのではない。まず，① 保険金額・保険価額が支払の上限額となることは当然として，② 一部保険の場合は比例払か実損払かにより計算方法が異なることになる。この点を定めるのが，建物列 B．で，建物の保険金額を限度として，

> （A）建物を復旧できない場合または建物損害の額が協定再調達価額に達した場合は，協定再調達価額

とし，

> （B）（A）以外の場合は，損害の額 − 保険証券記載の自己負担額

としている。

　（A）は，物理的全損又は経済的全損について，協定再調達価額が損害保険金の支払額になるという趣旨であり，（B）は，「てん補損害額 − 免責額」が損害保険金になるという趣旨である。評価済保険と実損払を組み合わせた損害保険金の算定方法になっていることが分かる。

Q22 保険の対象を建物とする場合，「畳，建具その他これらに類する物は，保険の対象に含まれる」とわざわざ規定しているのはなぜか。

A 建物は不動産であるのに対し，畳，建具等は動産であるため家財に含まれるようにも思えるからである。

解　説

　保険の対象は，保険契約の内容によって決まる。

　東海約款1章2条では，

東海約款1章2条

(1) この住まいの保険普通保険約款において，保険の対象とは，日本国内に所在する保険証券記載の建物をいいます。

とあるので，普通保険約款の保険の対象は建物であり，家財については家財補償特約を付さなければ補償の対象外となる。建物と家財では保険金額も別途に積算するので，建物内に収納される動産のうち建物に含むか否かの判断は重要となる。

　また，東海約款1章2条は，動産であるが建物に含むものについて，次のように規定している。

東海約款1章2条

（略）

(2)下表の物のうち，被保険者の所有するものは，特別の約定がないかぎり，保険の対象に含まれます。

①	畳，建具その他これらに類する物
②	電気，通信，ガス，給排水，衛生，消火，冷房，暖房，エレベーター，リフト等の設備のうち建物に付加したもの
③	浴槽，流し，ガス台，調理台，棚その他これらに類する物のうち建物に付加したもの
④	門，塀，垣（※1），外灯その他これらに類する土地に固着，固定された付属屋外設備装置（※2）であって敷地内に所在するもの
⑤	物置，車庫その他の付属建物
⑥	保険の対象である建物の基礎

（※1）垣には，生垣を含みます。
（※2）擁壁および土地の崩壊を防止するための構造物を含みません。

　上記に掲げられたものは従物又は付合物であるので，民法87条・民法242条を反映させて，被保険者の所有する物であれば，家財ではなく保険の対象となる建物に含むものとしたものである。

 保険の対象を建物とする場合，擁壁は保険の対象に含まれるか。垣根はどうか。

 擁壁は保険の対象にならないが，垣根は保険の対象となる。

■ **解 説**

　約款上の定義から確認していきたい。火災約款1条によれば，「建物」とは，「土地に定着し，屋根および柱または壁を有するものをいい，門，塀，

垣，タンク，サイロ，井戸，物干等の屋外設備・装置を除きます。」とある。ここでの例示にあるとおり，「屋外設備・装置」とは，「門，塀，垣，タンク，サイロ，井戸，物干等で建物に直接付属しないもの」である。したがって，擁壁・垣根はいずれも建物に含まないが，垣根は屋外設備・装置に含むことになる。

　他方で，火災約款4条(4)は，

火災約款4条(4)

　建物が保険の対象である場合に，次に掲げる物のうち，被保険者の所有するものは，特別の約定がないかぎり，保険の対象に含まれます。

　（略）

　④　門，塀もしくは垣または物置，車庫その他の付属建物

と規定しているので，垣根は，屋外設備・装置ではあるが，建物を保険の対象とする火災保険においては，保険の対象として取り扱われる。

　擁壁は，建物にも屋外設備・装置にも該当しないので，保険の対象とならない。東海約款ではさらに明確に，「屋外設備装置」には，「擁壁及び土地の崩壊を防止するための構造物を含みません。」と注記を置いている（東海約款1章2条（※2））。

　ただし，擁壁が崩れて建物に損傷が生じた場合は，当該建物について火災保険の支払の可否が議論されることになる。

　なお，火災約款では「垣」としかなく生垣を含むか疑義があり得るが，東海約款では「垣には，生垣を含みます。」と注記しており（東海約款1章2条（※1）），同様の解釈を採用してよい。

Q24 家財には何が含まれるか。

 家財とは，建物内に収容される生活の用に供する家具，衣服その他の生活に必要な動産をいう。

解　説

火災保険の保険の目的物には，建物と家財がある。それぞれ別個に保険の対象とすることができるので，建物と家財の区別は重要である。火災約款に家財の定義はないが，東海約款では，「建物内（※1）に収容される生活の用に供する家具，衣服その他の生活に必要な動産をいいます。」（東海約款家財補償特約2条①。（※1：建物内には軒下を含みます。））と定義している。SJNK約款もほぼ同趣旨である。

上記の定義から家財には，建物内に収容された自動車，通貨・有価証券，貴金属も含みそうであるが，商品設計上の理由から自動車，通貨・有価証券は保険の対象から除外する旨の規定があり（火災約款4条(2)），貴金属等の高価品は保険証券に名義されていない場合は保険の対象に含まない旨の規定がある（火災約款4条(3)）。

また，各社の約款によって，細かく家財に含むか含まないかの規定があるので，当該動産が家財に含むか否かは個別の適用約款次第である。

Q25 明記物件とは何か。

家財の火災保険において，明記物件とは，保険証券・契約申込書に明記しなければ保険の対象とならない物件をいう。

解 説

　火災保険の保険の対象は，建物と家財に分かれており，建物の火災保険に加入していても別途，家財を保険の対象としない限り家財は損害てん補の対象外となる（畳等建物の火災保険で約款に記載があれば支払対象となる動産もある。）。さらに，家財については，保険証券に明記しない限り，保険の対象とならない動産もある。これを明記物件という。例えば，火災約款4条(3)は，次のように規定している。

火災約款4条(3)

　次に掲げる物は，保険証券に明記されていない場合は，保険の対象に含まれません。
①　貴金属，宝玉および宝石ならびに書画，骨量，彫刻物その他の美術品で，
　　1個または1組の価額が30万円を超えるもの
②　稿本，設計書，図案，証書，帳簿その他これらに類する物

　明記物件の趣旨については，「貴金属や書画・骨董品などは，道徳的危険が生じやすかったり，高価品であり客観的な価値を算定することが困難であることなどから，火災保険契約締結時の書面に明記する必要がある。これは，契約当事者で保険の目的物としたかどうかの紛争が生ずる恐れがあるからである。」（『ポイントレクチャー』96頁）との説明がなされている。

　ただし，東海約款では，明記物件制度を廃止しており，貴金属・宝石等については，1事故当たり損害額100万円まで自動的に保険の対象となり（保険金額の増額も可能），稿本・設計書等についてはそもそも引き受けをしないものとしている。その趣旨を推測すれば，明記物件制度では，保険契約締結後にいちいち，高額貴金属等の申告を行わなければならず，骨董品等評価額が判然としない場合等では無責となる可能性があり，被保険者の負担が重く分かりにくいという点にあろうかと思う。

Q26 建物の構造によって，保険料は変わるか。

A 物件種別と構造級別によって保険料が異なる。

■ 解 説 ⟩

　損害保険料率算出機構が算定している参考純率（純保険料率）は，物件種別（住宅，一般物件，工場及び倉庫）ごとに計算されている。物件種別内でも建物の構造によって参考純率が異なる。これを構造級別制度というが，ここでは，住宅物件について説明したい。

◎　構造級別の意義

　　建物の構造によって耐火性が異なるため，木造家屋とコンクリート造のマンションで同じ保険料とすることは，均衡を欠く。そのため，建物の構造によって，保険料に差を付けるのが構造級別制度である。

　　構造級別制度は，平成22年1月から，M構造（マンション構造），T構造（耐火構造）及びH構造（その他の構造。非耐火構造の略）の3区分に整理されている（それまでは，ABCD構造。なお，店舗等一般物件は1～3級表記）。保険料はM構造がもっとも安く，H構造が最も高い。

〈構造級別の具体的内容〉
• M構造は共同住宅のうち ① コンクリート造，コンクリートブロック造り，レンガ造及び石造の建物，② 耐火建築物・耐火構造建築物である木造建物
• T構造は，共同住宅のうち ① 鉄骨造の建物，② 準耐火建築物・特定避難時間倒壊等防止建築物又は省令準耐火建物，一戸建てのうち，① コンクリート造及び鉄骨造の建物，② 耐火建築物・耐火構造建築物・準耐火建築物・特定避難時間倒壊等防止建築物又は省令準耐火建物

・H構造は，M・T構造に当たらない建物。

Q27 フランチャイズとは。

A フランチャイズとして設定された金額以上の損害でなければ損害保険金を支払わないという制度である。

■ 解　説

　火災約款2条(2)は，「当会社は，次のいずれかに該当する事故によって保険の対象が損害を受け，その損害の額が20万円以上となった場合には，その損害に対して，この約款に従い，損害保険金を支払います。……」（注は略）と規定している。この損害額が20万円以上でなければ損害保険金を支払わないという制度をフランチャイズという。その趣旨は，「一定規模以上の損害だけを補償の対象とすることにより，損害査定上，件数の圧縮とある程度不可避的に生じる小損害の排除を意図したものである。」（『火災保険』53頁）。

　車両保険等の免責金額との相違は，次のとおりである。

　免責金額は，被保険者の自己負担額のことなので，例えば，保険金額200万円，修理費15万円，免責金額10万円であれば，被保険者は10万円を自己負担し，5万円の保険金が支払われる。これに対しフランチャイズは，支払条件なので，保険金額200万円，修理費15万円，フランチャイズ20万円であれば，損害額が20万円以下なので保険金は0円となる。

第3章
補償範囲

第1節　保険事故の種類

Q_{28}　火災保険に加入しているが，どのような事故であれば，保険金は支払われるか。

　加入している火災保険の種類によって補償範囲は異なる。

■ 解 説 ▷

1　火災保険の保険事故

　　保険事故とは，「損害保険契約によりてん補することとされる損害を生ずることのある偶然の事故として当該損害保険契約で定めるもの」をいう（保険5条1項）。要するに，保険金の支払原因となる事故のことである。

　　様々な保険事故を補償する火災保険であれば補償は厚くなり保険料は上がり，補償を絞った火災保険であれば補償は薄いが保険料は下がる関係にある。

2　保険事故の種類

　　火災保険における保険事故には，以下がある。

　　　① 火災，落雷又は破裂若しくは爆発

　　　② 風災，雹災又は雪災

　　　③ 水災

　　　④ 盗難

⑤ 給排水設備事故の水濡れ等

⑥ 車両又は航空機の衝突等

⑦ 建物の外部からの物体の衝突等

⑧ 騒擾又は労働争議等

⑨ その他偶然な破損事故等

（注）　各損害保険会社の約款によって表現は異なる。

　家計分野についていえば，①と②を補償する住宅火災保険，①から⑧までを補償する住宅総合保険，①から⑨までを補償するオールリスク保険があるが，現在では，オールリスク保険が主流となっている。もっとも，オールリスク保険は補償範囲が広すぎ，契約者のニーズに合わないという問題がある。例えば，タワーマンションの高層階に居住している契約者の場合，⑥車両又は航空機の衝突等によって損害を被る可能性は皆無に近いため，無駄な補償のために割高な保険料を支払うことになるという不満があった。そのため，最近では，こうしたニーズに対応し，補償範囲を契約者が選択するタイプの保険商品が増えつつある。例えば，セゾン自動車火災保険の「自分でえらべる火災保険」は，①火災，落雷又は破裂若しくは爆発のみを基本補償とし，②から⑧まではオプション加入となっている。

第2節　火災，落雷又は破裂若しくは爆発

> **Q29** 自宅でタバコを吸っていたところ，火種が絨毯に落ちてしまい，焦げができた。火災保険で補償される火災によって生じた損害に含まれるか。

 単に絨毯が焦げただけでは，保険事故としての火災には含まれない。

解　説

　「火災」の定義が問題となるが，保険法，約款に定義規定は置かれていない。『大森』204頁は，「社会通念上いわゆる火事とみとめられる性質と規模とをもった火力の燃焼作用をいう」と定義しているが，これでは定義として曖昧だとして，「火災とは，一定の火床なく発生した火，又は火床を離れ自力で拡大しうる火（損害火）をいう。」との解釈も有力とされている（『注釈住宅火災』58頁）。こうした「火災」の意義については，『鈴木』57頁以下で詳細な検討がなされているが，コンセンサスがあると思われるのは，「火災」に当たるためには，火が保険の対象に燃え移る必要があることである。したがって，設問のようにタバコの火種が落ちて絨毯に焦げができただけでは，火災による損害には当たらない。同様に，「火を伴わぬ単なる焦損，発火の段階に至らない過度の醗酵や自然発熱，煤けや亀裂，燻りなどによる損害（これらの損害も火災と因果関係ある場合は勿論填補される），電気のショートに因る損害」（『鈴木』62頁），「ストーブの熱による家具の焦げ損，暖炉中に落ちた宝石の滅損，あるいはアイロン，たばこによる畳の焦げ損」（『東海海上』14頁）は，「火災」に当たらない。

　なお，過度の発酵又は自然発熱の結果，火災が生じた場合は，「火災」に該当することとなるが，こうした損害については免責規定が設けられている。例えば，火災約款3条(3)②は，次のように規定している。

火災約款3条(3)

　当会社は，次のいずれかに該当する損害および次のいずれかによって生じた損害（注）に対しては，保険金を支払いません。

　（略）

② 保険の対象の自然の消耗もしくは劣化または性質による変色，変質，さび，かび，腐敗，腐食，浸食，ひび割れ，剥がれ，肌落ち，発酵もしくは自然発熱の損害その他類似の損害

　（注）　前条の事故が生じた場合は，① から ③ までのいずれかに該当する損害に限ります。

　これに対し，燃え殻がカーテンに飛び火して燃え上がったという事例であれば，「火災」に当たることになる。

　争いがあるのは，保険の対象が建物である場合，隣家で火事が発生し，自宅に燃え移りはしなかったが建物の外壁が焦げたり，煙で変色しただけでも，火災によって生じた損害に当たるかである。

　通説は，前述のとおり，火が保険の対象に燃え移ることを要するとしているので，外壁の焦げ・変色では火災によって生じた損害には当たらないはずであるが，実務上，「火災」に該当するとして保険給付が行われる場合も少なくない。

　なお，なにゆえ，「火災」には絨毯等の火を伴わない焼け焦げを含まないのか，という点であるが，その根拠は，「火災」とは「火事」のことであり，社会通念上，「火事」に焼け焦げは含まないと解釈すべきだから，というだけの理由しかない。この点について，『鈴木棚田』4頁は「火災は経済主体に経済的損失を与えるかぎりにおいてのものとして理解されるべきである。そしてこの損失は，社会通念上，相当の大きさを有するものでなければならないため，単なるテーブルの焼け焦げなどによる経済的損失は，火災保険の対象とはならない。」と説明している。

Q30 地震が起きた。2キロ先で火の手が上がり，約2時間後に私の自宅も延焼してしまったが，火災保険の補償の対象になるか。

A 地震免責により火災保険の補償の対象とならない。ただし，地震火災費用保険金が支払わる。

▌解 説 ▐

　火災保険においては，地震若しくは噴火又はこれらによる津波によって生じた損害は免責となるが，地震火災費用保険金は有責となる。

　例えば，SJNK 約款2章4条(2)は，「当会社は，次の ① から ③ までのいずれかに該当する事由によって生じた損害または費用（注4）に対しては，保険金を支払いません。ただし，次の ② に該当する場合であっても前条 ② の地震火災費用保険金については，保険金を支払います。」，「② 地震もしくは噴火またはこれらによる津波」と規定して，地震免責と地震火災費用保険金の支払を明記している。

　なお，注4は，「① から ③ までのいずれかに該当する事由によって生じた損害または費用　① から ③ までの事由によって発生した第2条（損害保険金を支払う場合）および前条に掲げる事故が延焼または拡大して生じた損害または費用，および発生原因がいかなる場合でも第2条および前条に掲げる事故がこれらの事由によって延焼または拡大して生じた損害または費用を含みます。」とあるので，火災保険では，地震等による火災の延焼等により生じた損害又は費用も免責となる。

　その免責とする理由は，火災保険と地震保険の守備範囲を分けて，地震等を保険事故とする損害保険金は地震保険から支払うという制度設計とした点にある。

　上記の「よって」は，地震等と損害との間に相当因果関係が存在することと解されているので，2キロメートル・2時間という時間的，場所的間隔しかないのであれば，地震等と自宅の延焼との間に相当因果関係を認めることができ，火災保険は免責となる。

　ただし，前述のとおり，地震火災費用保険金は有責となる。地震火災費用保険金は，地震等による火災によって，建物が半焼以上，又は家財が全焼となったときに保険金額の5パーセントが支払われる（上限額を設定している保険商品もある。）。

Q₃₁ 3キロメートル離れた変電所に落雷があり，事務所のパソコンが異常過電圧で壊れた。火災保険で補償される落雷によって生じた損害に含まれるか。

　直撃又は近隣の落雷でなければ，落雷によって生じた損害には含まれない。

解　説

　約款に定義規定は置かれていないが，判例は，「落雷」により損害が生じた場合とは，「異常高電圧電流の通電など落雷のエネルギーによって直接に保険目的物に損害が生じた場合をいうものと解するのが相当である」（高松高判平28・1・15判時2287号57頁）と定義している。

　上記の定義では，「落雷のエネルギーによって直接に保険目的物に損害が生じ」ればいいので，落雷に火災が伴う必要はない（火災とは別個の保険事故として規定されている。）。また，保険目的物が建物である場合は，落雷が建物に直撃して損傷するケースだけでなく，隣家に落雷が落ちてそれによって建物が損傷するケースも補償の対象となる（『注釈住宅火災』58頁）。

　これに対し，本問のように，離れた場所の送電施設に落雷があり，異常過電圧・瞬低によって保険の目的物に損害が発生した場合は，「落雷のエネルギーによって直接に保険目的物に損害が生じた場合」とはいえないので，保険事故としての「落雷」には該当せず，これによる異常過電圧や瞬低によって生じた損害は補償対象にはならない。

　なお，上記高裁判決の原審（高知地判平 26・10・8 判時 2287 号 62 頁）は，送電施設の落雷による瞬低は，保険事故としての「落雷」に該当し，因果関係もあるとして，有責と判断した。保険事故は保険の目的物に生じなくてもよいとの理解の下，遠隔地であっても落雷は落雷なので保険事故に該当し，後は，保険事故と保険の目的物に生じた損害との間に相当因果関係があるか否かで判断したものである。

　保険事故としての「落雷」が保険の目的物に直接生じなければならないか否かは，約款から一義的に導かれるとは言い難いが，伝統的に，保険事故は保険の目的物に生じなければならないとされている。

　したがって，次のとおり遠隔地での落雷は，たとえ保険の目的物との損害について因果関係が認められるとしても，そもそも保険事故としての「落雷」には該当しないことになる。

　また，保険事故が保険の目的物に生じなくてはならない，とするとすぐ近所で落雷等が発生した場合も保険事故には該当しないことになりそうであるが，これでは契約者保護に欠ける。そのため，上記高裁判決は，「保険目的物を雷が直撃する場合はもちろん，直撃ではなくとも，例えば近傍の柱上トランス付近に落雷したため，引込線でつながっている保険目的物の内部を異常高電圧電流が通電した場合」にも「落雷」に該当すると判示して，保険事故の範囲を伝統的な見解よりもやや広めにとっている。

Q32 自宅前の道路でガス爆発があり，自宅玄関が壊れたが，補償の対象になるか。

 補償の対象になる。

■ 解 説 ▷

　東海約款1条（※1）では，破裂・爆発とは「気体または蒸気の急激な膨張を伴う破壊またはその現象をいいます。」と定義されている。なぜ，破裂・爆発というのか，単に爆発だけで良いのではないか，との疑問もないではないが，これは，かつて，爆発の定義について議論があったことのなごりである。若干触れると，爆発には広義と狭義があるとされ，広義の爆発には，狭義の爆発に加えて破裂を含むものと議論されていた。以下，『鈴木』79頁を引用すると，広義の爆発とは，「① 火薬，ガスなど本来爆発性を有するものの爆発，② ボイラーの様な本来爆発性物質でないものが火の急速な加熱により破裂する場合，③ いわゆる化学変化もしくは気圧変化によるものである。」。そして，狭義の爆発とは「火災同様一種の燃焼作用であり，ただ火災と違う点は燃焼の速度が甚だしく急速であり，かつ音響を伴うことである。」。

　かつては，火災のみが保険事故とされていた（破裂・爆発は特約により保険事故となる。）ため，破裂・爆発と火災との違い，あるいは火災から爆発が生じた場合又はその逆の場合等が火災に含むかどうかということが議論されていたが（大判昭2・5・31大民集6巻521頁等），現在では，火災及び破裂・爆発はいずれも火災保険の保険事故となるので，両者を峻別することの意味はない。

　論点として残っているのは，当該保険事故は，破裂・爆発が建物の内部で起きる場合に限定されるか，それとも，周辺で破裂・爆発が発生しそれによって建物に損害が発生した場合も含むかが問題となる。これは，保険事故は保険の目的物に生じなくてはならないか，という典型論点の類題である。

　『注釈住宅火災』59頁は，至近距離で破裂・爆発が発生した場合は，建物の内部で生じていなくても保険事故に含むと解している。この見解によれば，自宅前の道路は自宅の至近距離といえるので，爆発として補償対象になる。

　これに対し，遠隔地で破裂・爆発が生じた場合，補償対象となるのかであるが，落雷に関する高松高判平28・1・15判時2287号57頁（Q31参照）を踏まえると，消極に解することになろう。もっとも，遠隔地で破裂・爆発が発生し，その延焼によって自宅が焼損した場合等は，保険の目的物である自宅に火災が発生しているので，補償対象となることはもちろんである。

第3節　風災，雹災又は雪災

Q33 台風で窓の隙間から雨が建物内に染み込み，布団が汚損してしまったが，補償の対象になるか。

 いわゆる吹き込み事故は補償の対象にならない。

解説

　風災の定義は，「台風，旋風，竜巻，暴風等をいい，洪水，高潮を除きます（火災約款2条(2)注3）というものである。その趣旨は，「代表的な風災を列挙することにより，この約款で対象とする風災とは，異常気象に起因するものに限定する意図を表している。また，括弧書きは，台風の場合にこう水，高潮を伴うことが多く，これらが風災と混同され，本項で担保されるのではないかという誤解を招く恐れがあるため，念のため規定として設けられている。」（『東京海上』17頁）。設問は，台風で窓の隙間から雨が染みこんだというのだから，上記定義では，風災に該当しそうなものであるが，伝統的に，こうした事故（保険業界では，吹き込み事故という。）は，無責とされている。その趣旨で，火災約款には，「風，雨，雪，雹，砂塵その他これらに類するものの吹込みによって生じた損害については，建物の外側の部分（外壁，屋根，開口部等をいいます。）が①から③までの事故によって破損し，その破損部分から建物の内部に吹き込むことによって生じた損害に限ります。」との規定がある（火災約款2条(2)注1）。

　したがって，台風で屋根瓦が吹き飛び，雨漏りがすれば，建物の外側の部分が風災によって破損しているので有責となるが，単なる吹き込み事故は，無責となる。

Q34 大雪が降って，自宅の屋根から雪が滑り落ち，自宅駐車場の自家用車が潰れてしまったが，補償の対象になるか。

A 自家用車は火災保険の目的物にならないので，補償されない。

解　説

　火災約款2条(2)注4は，「豪雪の場合におけるその雪の重み，落下等による事故または雪崩をいい，融雪水の漏入もしくは凍結，融雪洪水または除雪作業による事故を除きます。」と定義している。ここでいう豪雪・雪崩の表現は，「異常気象に該当するものに対象を限定している」趣旨である（『東京海上』18頁）。また，「融雪水の漏入もしくは凍結，融雪洪水又は除雪作業による事故」については，水災で担保する趣旨である（建物外部からの物体の衝突によっても担保される可能性がある。）。

　自宅の屋根から雪が滑り落ち，自家用車が潰れたというのだから，雪災による損害に当たりそうにも思えるが，保険事故は，保険の目的物に生じなければならず，自家用車は火災保険の目的物にはならないので，補償対象外となる（ただし，自家用車に自動車総合保険を掛けている場合は，車両保険により補償される。）。

 Q35 雪で自宅が潰れたが，補償の対象になるか。

A 保険会社によっては，補償の対象になる。

解　説

　東海約款では，「雪災」とは，「降雪の場合におけるその雪の重み，落下等による事故または雪崩（なだれ）をいい，融雪水の漏入もしくは凍結，融雪洪水または除雪作業による事故を除きます。」と定義されている（東海約款１章１条(3)（※3））。この定義によれば，「雪災」には，日常的な雪によって自宅が潰れた場合も含むことになるので，東海約款では補償の対象となる。

　これに対し，火災約款２条(2)注４は，「豪雪の場合におけるその雪の重み，落下等による事故または雪崩（なだれ）をいい，融雪水の漏入もしくは凍結，融雪洪水または除雪作業による事故を除きます。」と定義している。これは，雪災を異常気象に限定する趣旨であるが，その適用に当たっては判断に迷うことが多い。「豪雪」を文字通り読めば，単なる雪であれば無責となるようにも思えるが，例えば，北海道では何でもない雪が宮崎県で降った場合であれば，宮崎県においては豪雪とも言える。店舗総合保険約款所定の「雪災」の意義が争われた事案がある（秋田地判平９・３・18判タ971号224頁）。奇しくも現在では雪災を「降雪」と広く定義している東京海上火災の事案であった。同社は，「「雪災」とは，異常な気象状況によって生じた雪による災害と解すべきであり，異常性のない日常的な雪によって万一被害が生じたとしても，保険金支払の対象とはならない。異常な気象状況とは，それぞれの地点で，月平均気温や月降水量が過去30年間あるいはそれ以上にわたって観測されなかったほど平均値から著しく偏った場合の天候，言い換えれば，30年以上経験しなかったほど稀で，極端な天候を意味する。」と主張した。なお，雪災の定義規定は置かれていなかった。判旨は，「「雪災」の定義については，店舗総合保険普通保険約款に明示されていないし，必要にして十分な定義づけをすることも困難であるから，結局のところ，社会通念及び保険の目的にしたがって判断するよりほかない。」，「店舗総合保険普通保険約款上，「雪災」を右のように限定する条項はなく，保険事故として，「風害」と並んで「豪雪，なだれ等の雪災」が明記されている本件保険契約において（原告でも，台風被害の場合には30年に１度の台風に限定するような解釈はとっていないであろう。），右約款の「雪災」の意味を右のように極めて限定して解さなければならない理由はない。」，「店舗総合保険普通保険約款の意味内容

は，約款に書かれた文字をみて，一般人がどう判断するか，言い換えれば社会通念を基準とすべきであり，このような見地から本件をみると，前記二1で認定した事実によれば，本件各鶏舎は，豪雪地帯対策特別措置法で豪雪地帯，特別豪雪地帯指定地域に指定されている山本郡山本町にあり，同地方でも7年ぶりの大雪によって，本件各鶏舎の屋根が落下したものであるから，社会通念からみて，本件事故は，店舗総合保険普通保険約款1条2項の「雪災」に当たるものと認めるのが相当である。」と認定している。

上記判旨を前提とすると，豪雪地帯対策特別措置法で豪雪地帯，特別豪雪地帯指定地域と指定されている地方であっても数年ぶりの大雪ということであれば「豪雪」に当たるということができるが，その他の事案で直ちに「豪雪」該当性を判断することは難しく，「同じ1mの積雪であっても北国では異常気象ではなく南国では異常気象というように判断できるため，通常の社会通念に従って判定すべきものと考えられる。また，実務上は，当該物件だけでなく多数の物件に損害が発生した場合に，その原因となった気象について異常気象と認定されることになろう。」（『東京海上』18頁）というところが妥当な見解と思われる。

Q36 水害保険金はどのような場合に支払われるか。

A 台風等による水災によって保険の対象に損害が生じた場合に支払われるが，その損害の状況によって支払条件が異なる。

解説

水害保険金の保険事故は，「台風，暴風雨，豪雨等による洪水・融雪洪水・高潮・土砂崩れ・落石等の水災」である（火災約款2条(6)）。ここでいう「台風」は，一般に，熱帯低気圧のうち「北西太平洋（赤道より北で東経180度

より西の領域）または南シナ海に存在し，なおかつ低気圧域内の最大風速（10
分間平均）がおよそ 17m/s（34 ノット，風力 8）以上のもの」をいう（気象庁
ホームページ「台風とは」）。実務上は，気象庁が番号を付した「台風○号」の
みを「台風」と認定する。これに対し，「暴風雨，豪雨等」については台風
のような認定制度がないので定義は曖昧であるが，気象庁の用語にしたがい，
「暴風雨」とは，「暴風に雨を伴うもの」（暴風は，暴風警報基準以上の風をいう。），
豪雨とは，「著しい災害が発生した顕著な大雨現象」と考えておけば足りる。
こうした表現としているのは，「代表的な水災を列挙することによって，異
常気象に伴う水災に限定」する趣旨である（『東京海上』24 頁）。なお，「洪
水・融雪洪水・高潮・土砂崩れ・落石等」と「，」ではなく，「・」で表現さ
れている理由は，「「，」を用いた場合には文理解釈上「台風，暴風雨，豪雨
等による…」が，「洪水」だけを修飾し，「融雪洪水，高潮，土砂崩れ」の発
生原因が限定されてないとの誤解が生じる可能性がありこれを避けるためで
ある。」とされている（『東京海上』24 頁。ただし，東海約款等では「・」ではなく
「，」が用いられている。）。

　以上は保険事故に関する規定であるが，さらに，火災約款 2 条(6)では，
次の支払条件を定めている（支払条件は保険商品によって異なる。）。

---

① 　保険の対象である建物または家財にそれぞれの保険価額の 30％以上の損
　　害が生じた場合
② 　保険の対象である建物または保険の対象である家財を収容する建物が，床
　　上浸水（注）を被った結果，保険の対象である建物または家財にそれぞれの
　　保険価額の 15％以上 30％未満の損害が生じた場合
③ 　① および ② に該当しない場合において，保険の対象である建物または保
　　険の対象である家財を収容する建物が，床上浸水（注）を被った結果，保険
　　の対象である建物または家財に損害が生じたとき
　　（注）　居住の用に供する部分の床を超える浸水をいいます。なお，「床」と
　　　　は，畳敷または板張等のものをいい，土間，たたきの類を除きます。

以上の損害区分に応じて，保険金は以下のとおり支払われる（火災約款 7

条）。これを縮小払という。

> ① の損害区分　保険金額×損害額÷保険価額× 70 ％
> ② の損害区分　保険金額× 10 ％（ 1 事故 200 万円上限）
> ③ の損害区分　保険金額× 5 ％（ 1 事故 100 万円上限）
> 　※保険金額＞保険価額の場合は，保険金額とあるのは保険価額とする。
> 　※②③の合計額は 1 事故 200 万円上限

第4節　盗難

 Q37 盗難とは。

A 盗難とは，強盗，窃盗又はこれらの未遂をいう。

▌解 説

　火災総合保険では盗難が保険事故となる。

　盗難によって補償されるのは，盗難によって保険の対象について生じた盗取，損傷又は汚損である。盗取は盗まれることであるが，損傷は，住居侵入時に窓ガラスを割られたりすること，汚損は土足で侵入されて絨毯・畳等が汚れることを意味し，建物にも生ずることを想定している。損傷・汚損については，強盗・窃盗が未遂であった場合も補償の対象となる。

　盗難については，固有の免責事由がいくつかある。例えば SJNK 約款 2 章 4 条(1)では，次の事由が定められている。

SJNK 約款 2 章 4 条(1)（抜粋）

> （略）
> ④ 保険の対象である家財の置き忘れまたは紛失
> ⑤ 保険の対象である家財が保険証券記載の建物（保険の対象である家財を収容している付属建物を含みます。）外にある間に生じた事故
> ⑦ 第2条（損害保険金を支払う場合）(1)の①から③までの事故，同条(1)④のア.からウ.までの事故または前条②の事故の際における保険の対象の盗難

　④の置き忘れ又は紛失については，窃盗によって失われている可能性があるので（特に居外の紛失），保険の対象「家財」，保険事故「盗難」により補償の対象としてもよさそうであるが，置き忘れ又は紛失は，保険事故の特定が難しく，被保険者の重過失が認められるケースも多いことから，免責としたものである。⑤の家財が建物外にある間に生じた事故も同じように，建物外の家財は盗難が生じる危険が高いため免責としたものである。

　⑦は，保険事故が，火災，落雷，破裂・爆発，風災，雹災，雪災，水災，外部からの物体の落下，飛来，水濡れ，騒擾，地震若しくは噴火又はこれらによる津波を直接又は間接の原因とする火災の際に保険の対象（主に家財）の盗難，すなわち，いわゆる火事場泥棒を免責とするものである。火事場泥棒は，有責でも良いように思えるが，伝統的に，火災等の混乱による異常な危険状態における盗難は，保険料率算定の基礎としていないため，免責としている。

　その他の注意点としては，以下がある。

- 火災保険金の支払前に盗難品が回収された場合は，盗取による損害が発生していないものとみなされる（火災約款32条(2)）。
- 盗難を保険事故とする火災保険金が支払われた場合，盗難品の所有権その他の物権は，火災保険金の保険価額に対する割合に応じて，保険会社に帰属する（火災約款32条(3)）。ただし，被保険者は，当該火災保険金相当額を保険会社に支払うことで，所有権その他の物権を取り戻すことができる（火災

約款 32 条(4))。

Q38 マンションの上階の部屋のベランダから水漏れがあり，階下の私の部屋に漏水が生じたが，補償対象になるか。

A 火災総合保険の場合は，補償対象になる。

 解 説

火災約款2条(3)は，

「当会社は，次のいずれかに該当する事故によって保険の対象について生じた損害に対して，この約款に従い，損害保険金を支払います。

〈中略〉

② 次のいずれかに該当する事故に伴う漏水，放水または溢水（注1）による水濡れ。ただし，(2)もしくは(6)の事故による損害または給排水設備（注2）自体に生じた損害を除きます。

ア．給排水設備（注2）に生じた事故

イ．被保険者以外の者が占有する戸室で生じた事故」

と規定している（注の内容は**資料1**参照）。本件では，マンションの上階の部屋から水漏れが「イ．被保険者以外の者が占有する戸室で生じた事故」に該当するかが問題となる。

まず，ベランダが「被保険者以外の者が占有する戸室」に該当するか。こ

の「戸室」の定義について，戸室に上階の専有部分を含むこと，共用部分は含まないことは明らかであるが，ベランダ等の専用使用部分を含むのかは解釈の余地がある。なお，専有部分とは，「区分所有権の目的たる建物の部分」（建物の区分所有等に関する法律2条3項）をいい，概ねマンションの住戸部分に当たる。共用部分は，専有部分以外の建物の部分等をいい，玄関，廊下，エレベーター等が当たる。専用使用部分は，共用部分ではあるが，特定の者が専ら使用できる部分をいい，ベランダ，メーターボックス等が当たる。

戸室について，SJNK 約款は，「被保険者以外の者が占有する室内のほか，空家，ベランダまたはルーフバルコニー等の占有スペースを含みます。」と明確に定義している（SJNK 約款別表「被保険者以外の者が占有する戸室」）。マンションの居住者は，専用部分とベランダなどの専用使用部分とを一体として使用するので，SJNK 約款の定義が相当であり，火災約款でも同様に解してよい。したがって，マンションの上階のベランダからの水漏れは，専有部分又は専用使用部分からの水漏れであれば，保険事故として有責となる。

また，「被保険者以外の者が占有する戸室で生じた事故」に関し，上階居室の経年劣化起因の漏水を含むか，経年劣化自体は「事故」ではないようにも思えるため問題となることがある。まず，ここでの保険事故は，戸室で生じた事故に伴う漏水等の水漏れである。そのため，「居室で生じた事故」の「事故」とは，保険事故の原因となった出来事・一定の事実という趣旨となる。そうすると，経年劣化も保険事故の原因となる出来事ではあるので，「居室で生じた事故」に含むと解するのが相当である。なお，保険の対象の経年劣化起因の損害は免責となるが（火災約款3条(3)① 保険の対象の欠陥，② 保険の対象の自然の消耗等），上階居室は保険の対象ではないので，その経年劣化起因の水漏れ事故について，免責条項の適用はない。

なお，上階からの水漏れの被害者は，その原因箇所が専有部分・専用使用部分であれば上階居室の占有者・所有者，共用部分であれば管理組合に対して，民法717条に基づき，損害賠償請求の可能なケースが多い。被保険者は，自らの火災保険会社・加害者のいずれに請求してもよいが，損害保険の本質は損害てん補であるため，一方から損害額全額のてん補を受ければ，損害額を超えて他方に請求することはできない。

第6節　建物の外部からの物体の衝突等

Q39　建物の外部からの物体の衝突というのはどのようなケースを想定しているか。

　「航空機の墜落，車両の飛び込み，クレーンの倒壊，ボールや小石の投げ込みなど」を指す（『火災保険』48頁）。

解　説

　火災約款2条(3)①は，「外部からの物体の落下，飛来」という保険事故について，「建物の外部からの物体の落下，飛来，衝突，接触もしくは倒壊または建物内部での車両もしくはその積載物の衝突もしくは接触によって保険の対象が損害を受けた場合。ただし，雨，雪，あられ，砂塵，粉塵，煤煙その他これらに類する物の落下もしくは飛来，土砂崩れまたは(2)もしくは(6)の事故による損害を除きます。」と定義している。したがって，典型的なケースは，戸建ての門扉や垣根に自動車が衝突したり，建物に飛行機が落ちてきたりした場合等である。突風で屋根瓦・看板が飛んできて建物が損傷した場合については，若干，約款の解読が必要である。上記定義から，事故（風災，雹災，雪災）が原因の外部からの物体の落下・飛来は，それぞれの保険事故として処理される。もっとも，風災は，「台風，旋風，竜巻，暴風等をいい，洪水，高潮等を除きます。」と定義されているので（火災約款2章2条(2)注3），「台風，旋風，竜巻，暴風等」に至らない突風が原因である場合は，外部からの物体の落下・飛来の保険事故で処理されることになる。

　自動車が門扉に突っ込んできた事故などでは，ほぼ全てのケースで，建物の所有者は無過失であるため，被保険者は火災保険を請求することも自動車の運転者に請求することもいずれも自由に選択することができる。ただし，

自動車の運転者が任意保険に加入している場合は，事実上，火災保険の保険者は自動車の運転者の任意保険会社に請求するよう誘導することが多い。

　火災保険に請求した場合は，保険会社は，被保険者の自動車の運転者に対する請求権を保険代位し，任意保険会社に求償請求することになるためである。

第7節　車両又は航空機の衝突等

Q40 自宅の門に，自動車が突っ込んできて，門柱が壊れてしまった。この場合，門柱の修復費用は，誰がどのように支払ってくれるか。

A 第一義的には自動車の運転者が民法709条に基づき損害賠償責任を負担する。

　当該自動車に任意保険が付保されている場合は，その保険者が対物賠償責任保険金の支払義務を負担する。

　当該家屋を保険の対象とする住宅総合保険に加入している場合，原則として，門柱も保険の対象となる建物の附属建物に含むので，火災保険金の支払対象となる。

解説

　ほとんどの事案で自動車の運転者が損害賠償責任を負担するが（民709条。なお，急性心不全等による運転者の抗拒不能に起因する場合は，民法713条により免責となる場合がある。），運転者が無保険等の場合，火災保険金が支払われるかの検討が必要となる。また，不法行為の損害賠償は時価で行われるので，事案によっては火災保険の方が有利な場合もある。住宅総合保険であれば，「建物の外部からの物体の落下，飛来，衝突，接触もしくは倒壊または建物内部で

の車両もしくはその積載物の衝突もしくは接触」（火災約款2条⑶①）が保険事故となるので，有責となる（東海約款のように，「車両または航空機の衝突等」と別立てにするものもある。）。なお，建物が保険の対象である場合は，「門，塀もしくは垣または物置，車庫その他の付属建物」も保険の対象に含むので（火災約款4条⑷④），門柱も保険の対象となる。

コラム

東京都調布市における小型機墜落航空事故と火災保険

　運輸安全委員会ホームページ掲載の平成29年7月18日付航空事故調査報告書によれば（http://www.mlit.go.jp/jtsb/aircraft/rep-acci/AA2017-4-1-JA4060.pdf），本件は，「個人所属パイパー式PA-46-350P型JA4060は，平成27年7月26日（日），調布飛行場滑走路17から離陸した直後，10時58分ごろ，東京都調布市富士見町の住宅に墜落した。

　同機には，機長ほか同乗者4名の計5名が搭乗していたが，機長及び同乗者1名が死亡し，同乗者3が重傷を負った。また，住民1名が死亡し，住民2名が軽傷を負った。

　同機は大破し，火災が発生した。また，同機が墜落した住宅が全焼し，周辺の住宅等も火災等による被害を受けた。」という航空事故である。被害者遺族は，「飛行許可を出した東京都と，機体の管理会社など2社を相手に慰謝料など計約1億1000万円の損害賠償を求め東京地裁に提訴した。」（毎日新聞ホームページ，2017年10月13日20時16分（最終更新10月13日21時44分）https://mainichi.jp/articles/20171014/k00/00m/040/064000c）とのことである。

　損害賠償とは別に，火災保険の観点から考えると，本件は，「建物の外部からの物体の落下，飛来」に当たるので，「外部からの物体の落下，飛来」という保険事故を付保している場合は，保険の対象（建物・家財）について火災保険金が支払われる事例である。

| 第8節 | 騒擾又は労働争議等 |

Q41 騒擾又は労働争議等というのはどのようなケースを想定しているか。

 学生運動，労働運動でのデモ活動等を想定している。

解説

　火災約款は，2章2条(3)③で「騒擾およびこれに類似の集団行動（注3）または労働争議に伴う暴力行為もしくは破壊行為」を保険事故としている。さらに，注3では，「騒擾およびこれに類似の集団行動」を「群衆または多数の者の集団の行動によって数世帯以上またはこれに準ずる規模にわたり平穏が害される状態または被害を生ずる状態であって，次条（編注：保険金を支払わない場合）(2)①の暴動に至らないものをいいます。」と定義している。火災総合保険開発当時，学生運動・労働争議等で実際に被害が生じていたことが本保険事故の導入の経緯と思われるが，現在では，学生運動・労働争議で被害が生ずるケースはほとんどない。むしろ，渋谷ハロウィン騒動等イベント・祭りが盛り上がって集団行動が起きた場合等が典型的なケースになっている。

　なお，類似の概念として，火災約款3条(2)①の「暴動」がある。「暴動」に該当すると免責になる。火災約款3条(2)①の「暴動」とは，「戦争，外国の武力行使，革命，政権奪取，内乱，武装反乱その他これらに類似の事変または暴動」をいい，暴動は「群衆または多数の者の集団の行動によって，（略）治安維持上重大な事態と認められる状態」をいうので（火災約款3条(2)

注2），渋谷ハロウィン騒動程度では「暴動」に含まない。我が国の例で考えると，竹橋騒動，五・一五事件，二・二六事件，宮城事件，松江騒擾事件は軍事反乱に当たることは明らかである。米騒動，日比谷焼き討ち事件には，革命・政権奪取等の意図はなく「暴動」に含まないものと解する。安保闘争，赤軍事件は，参加者の中には革命・政権奪取等の意図を有する者もいたので，事例によっては「暴動」に当たると解する。

第9節　その他偶然な破損事故等

Q42 「その他偶然な破損事故等」とはどのような事例を想定しているか。

A 保険の対象が家財であれば，テレビやミシンをテレビ台から落としてしまった場合や，保険の対象が建物であれば，窓ガラスに体をぶつけてガラスを割ってしまった場合等である。

解説

東海約款1章1条(1)は「破損等　⑨その他偶然な破損事故等」を保険事故として規定し，保険事故による具体的損害について，1章1条(3)⑨「その他偶然な破損事故等による損害」で「(1)①から⑧以外の不測かつ突発的な事故によって保険の対象について生じた損害をいいます。」と規定している。SJNK約款は，より端的に「不測かつ突発的な事故　不測かつ突発的な事故（①から④までの事故については，損害保険金の支払の有無にかかわらず，除きます。）によって，保険の対象が損害を受けた場合。」（2章2条(1)⑤）と規定している。その他偶然な破損事故が，オールリスク保険の名称の由来である。

なお注意すべきは，破損等については広範な免責規定が規定されている点

である。例えば，SJNK 約款2章4条⑸は，不測かつ突発的な事故について，次の免責条項を置いている。

SJNK 約款2章4条⑸

　当会社は，⑴から⑷までの規定のほか，発生原因がいかなる場合でも，次の①から⑮までのいずれかに該当する損害に対しては，第2条（損害保険金を支払う場合）⑴の⑤の不測かつ突発的な事故の損害保険金を支払いません。

① 差押え，収用，没収，破壊等国または公共団体の公権力の行使に起因する損害。ただし，消防または避難に必要な処置によって生じた損害については除きます。

② 被保険者と生計を共にする親族の故意に起因する損害。ただし，被保険者に保険金を取得させる目的でなかった場合を除きます。

③ 保険の対象に対する加工・修理等の作業（保険の対象が建物の場合は建築・増改築等を含みます。）上の過失または技術の拙劣に起因する損害

④ 偶然な外来の事故に直接起因しない，保険の対象の電気の作用に伴って発生した電気的事故または機械の稼働に伴って発生した機械的事故に起因する損害

⑤ 詐欺または横領によって保険の対象に生じた損害

⑥ 土地の沈下，隆起，移動，振動等に起因する損害

⑦ 義歯，義肢，コンタクトレンズ，眼鏡その他これらに類する物に生じた損害

⑧ 楽器の弦（ピアノ線を含みます。）の切断または打楽器の打皮の破損。ただし，楽器の他の部分と同時に損害を被った場合を除きます。

⑨ 楽器の音色または音質の変化

⑩ 風，雨，雪，雹(ひょう)，砂塵(じん)その他これらに類するものの吹き込みまたはこれらのものの漏入により生じた損害

⑪ 移動電話（PHS を含みます。）等の携帯式通信機器およびこれらの付属品について生じた損害

⑫ ラップトップまたはノート型パソコン等の携帯式電子事務機器およびこれ

　　らの付属品について生じた損害

⑬　電球，ブラウン管等の管球類に生じた損害。ただし，他の部分と同時に損
　　害を受けた場合を除きます。

⑭　動物または植物について生じた損害

⑮　自転車もしくは総排気量が125cc以下の原動機付自転車またはこれらの付
　　属品について生じた損害

　したがって，テレビは補償の対象となるが，パソコン・携帯電話は⑪，
⑫により補償対象にならない。その趣旨は，パソコン等は持ち運びをする
物であるため損害率が高い点にある。また，⑤により詐欺・横領は補償の
対象とならない。その理由は，被保険者の意思が介在しているため，モラル
リスクが高い点にある（頻繁に盗難される被保険者は日本では想定しにくいが，頻繁
に詐欺・横領の被害に遭う被保険者は想定できる。）。

第4章
目的物の評価と保険金額の設定

Q43 新価保険と時価保険とは何か。

A 新価保険とは，保険価額の算定を再調達価格で行う契約である。これに対し，時価保険とは，保険価額の算定を時価で行う契約である。

解説

　保険価額とは，保険法上，保険の目的物の価額をいう（保険9条）。「保険の目的物」とは，火災保険でいえば，保険を掛けている自宅建物や物置のこと，「価額」とは評価額のことである。例えば，新築で5000万円の自宅は，新築時は5000万円の保険価額を有するといえる。なお，物保険の場合は，被保険利益の評価額と一致する。

　損害保険の本質は損害てん補にあることから（保険2条6号），損害保険契約において損害てん補額を超える保険給付は行われない。損害てん補額の上限は保険価額と一致するので（保険18条2項），損害保険契約において，保険価額は，当事者間の合意で定める保険金額と共に保険給付の上限額となる。

　家計分野の火災保険では，保険価額には，新価と時価の2種類がある。時価はその名のとおり，火災で建物等が燃えた時・場所における時価額であるが，新価とは，再調達価格をいう。再調達価格は，火災約款1条で「保険の対象と同一の構造，質，用途，規模，型，能力のものを再築または再取得するのに要する額をいいます。」と定義されている。

　保険法18条は，てん補損害額は，その損害が生じた地及び時における価額によって算定する，と規定しているので，保険事故による損害発生時の時

価により算定するのが原則である。しかし，火災保険では，建物の老朽化によって保険価額が下がるので，全焼した場合でも全焼時の時価額でしか保険給付を受け取ることができず，火災保険を掛けている意味がなくなってしまう。特に，戸建ての場合，その耐用年数は，軽量鉄骨プレハブ造（骨格材の肉厚3ミリ以下）19年，木造22年，軽量鉄骨プレハブ造（肉厚3ミリ超4ミリ以下）27年とされているので（国税庁ホームページ「平成30年分確定申告等作成コーナー－減価償却費－耐用年数」（資料3）参照），30年ほど経った木造家屋であれば，建物について保険給付は支払われないことにもなりかねない。そのため，保険価額を再調達価額により算定する契約の必要性があり，これを新価保険という。

　なお，保険価額を新価保険としても，保険金額も保険給付の上限額の規制として残るので，こちらも「保険金額＝新価」とする必要がある。

　以上の問題についてSJNKご契約のしおり「特にご注意いただきたいこと」では，

- 保険の対象の価額いっぱいに保険金額を設定しなかった場合，事故の際，損害額に対して保険金が不足するときがあります。
- 保険の対象の価額を超えてご契約されても，その超過分はむだになります。

と端的に表現されている。

第5章
費用保険金・修理費

Q44 費用保険金とは。

A 費用保険金とは，火災等の保険事故が生じた際に発生，火災保険金とは別に支払われる保険金である。

解説

　主な費用保険金は，臨時費用，残存物取片づけ費用，失火見舞費用及び地震火災費用である（火災約款2条(8)～(11)）が，各保険会社がニーズに併せた新設・統合・廃止が頻繁に行われる。例えば，東京海上は，2017年1月改定で，残存物取片づけ費用保険金及び修理付帯費用保険金のうち損害範囲確定費用及び仮修理費用を火災保険金に統合し，これらの費用保険金を廃止している。このように費用保険金の取扱いは混沌としており，それぞれが加入する保険商品によって異なるとしかいいようがない。

　費用保険金も損害保険金であるので，損害てん補の性質を有している。臨時費用保険金は，火災等によってホテルに宿泊したり，親戚宅に避難したりすることがあり，その際には，宿泊料や謝金等が掛かることが多いので，こうした損害をてん補する趣旨である。もっとも，厳格な損害の査定を行わず，実損とは無関係に定率の費用保険金を支払う保険金なので，事実上，損害てん補ではなく，定額（定率）保険化している。

　残存物取片づけ費用は，文字通り，焼け跡の残物の廃棄清掃に要する費用を負担するという損害をてん補する趣旨の保険金である。本来，建物が全焼し，火災保険金が支払われる場合は，残存物の所有権を保険会社が取得することになるはずであるが，ほとんどのケースで保険会社は残存物の所有権を

放棄する（火災約款32条(1)は，「当会社が第2条（保険金を支払う場合）(1)から(4)までの損害保険金または(6)の水害保険金を支払った場合でも，保険の対象の残存物について被保険者が有する所有権その他の物権は，当会社がこれを取得する旨の意思を表示しないかぎり，当会社に移転しません。」としている。）。この場合は，残存物が敷地等に残るので，その片付け費用の実費相当額が支払われる。なお，残存物を保険会社が引き上げるのは，転売可能な在庫商品等の例外的な場合に限られる。

　失火見舞費用保険金は，本来，失火責任法により，失火による近隣住戸への延焼損害については損害賠償義務が発生しないが，そうは言っても近隣に見舞いをしないわけにも行かないので，こうした見舞いに要する費用をてん補する費用保険である。そのため，支払要件は，① 保険の対象となる建物から発生した火災等によって，② 第三者の所有物に滅失等が生じたこととなっている（火災約款2条(10)）。この保険金は，第三者ではなく被保険者に支払われ，また，被保険者が近隣見舞いを行うことは保険金請求上の義務ではない。近隣見舞いを行わなくてもかまわない。

　地震火災費用保険金は，地震保険とは別に，地震等による火災によって損害が生じた場合に，それによって臨時に生ずる費用に対して支払う費用保険金である（火災約款2条(9)）。臨時に生ずる費用が実際に発生しているか否かは問われない。地震保険も費用保険ではあるが，その被保険利益は建物の損害等の所有利益であるので，地震火災費用保険金とは重複保険の関係にはない（『火災保険』59頁）。

　その他の費用保険金として，

① 修理付帯費用保険金

③ 損害拡大防止費用保険金

③ 請求権の保全・行使手続費用保険金

④ 水道管凍結修理費用保険金

⑤ 火災・盗難時再発防止費用保険金

等がある。修理付帯費用保険金は，火災等によって生じた損傷の復旧に当たり，必要となる有益な費用を対象とする費用保険金である。通常，住宅・倉庫物件外の一般物件（店舗・事務所等）に付帯できる実損てん補の費用保険金である。住宅物件については付帯できなかったが，約款上は，付帯可能な保

険商品もある（引き受け段階で住宅物件を除外している可能性はある。）。保険事故を火災，落雷及び破裂・爆発に限定している保険商品もある。復旧に当たり，必要・有益な費用とは，一般的には，損害原因の調査費用や，点検・調整のための試運転費用，足場の設置・撤去や土地の賃借費用等である。例えば，東海約款1章7条(2)①は次のとおり規定している。

東海約款1章7条(2)①

　保険の対象に損害が生じた結果，その保険の対象の復旧にあたり発生した費用のうち，必要かつ有益な下表の費用に対して，修理付帯費用保険金を支払います。

ア．損害原因調査費用	損害が生じた保険の対象を復旧するために要するその損害の原因の調査費用（※1）
イ．試運転費用	損害が生じた保険の対象である設備または装置を再稼働するために要する保険の対象の点検費用，調整費用または試運転費用。ただし，副資材または触媒の費用を除きます。
ウ．仮設物設置費用	損害が生じた保険の対象の代替として使用する仮設物の設置費用（※2）および撤去費用ならびにこれに付随する土地の賃借費用
エ．残業勤務・深夜勤務などの費用	損害が生じた保険の対象を迅速に復旧するための工事に伴う残業勤務，深夜勤務または休日勤務に対する割増賃金の費用

（※1）調査費用には，被保険者またはその親族もしくは使用人にかかわる人件費および被保険者が法人である場合は，その理事，取締役もしくはその他の機関にある者またはその従業員にかかわる人件費は含まれません。
（※2）損害が生じた保険の対象の代替として使用する仮設物の設置費用には，保険の対象の復旧完了時における仮設物の時価額（※3（編注：略））は含まれません。

　損害拡大防止費用保険金は，損害の発生及び拡大の防止のために支出した必要又は有益な費用についての保険金である。会社によっては，単に「損害拡大費用」とし，「損害拡大費用保険金」と呼称していないが，実質は，費用保険金である。多くの会社で保険事故は，火災，落雷，破裂・爆発に限定している。

　請求権の保全・行使手続費用保険金は，保険事故に起因して，被保険者が

加害者に対して損害賠償を請求可能な場合に，請求権の保全・行使に必要な手続をするための費用金である。一見，弁護士費用特約のように使用できそうであるが，実際は，被保険者側から請求する趣旨ではなく，事実上，保険会社が求償権確保のために要した費用をてん補するための費用保険金となっている。

【修理費】

 保険会社が保険契約者等に保険金を支払う場合，修理費としてどのようなものが支払われるか。

 修理費として，残存物取片づけ費用，損害範囲確定費用，仮修理費用が支払われる。

解説

　保険会社によって支払われる修理費としては，①残存物取片づけ費用（損害が生じた保険の対象の残存物の片づけに必要な取壊し費用，取り片付け清掃費用及び搬出費用），②損害範囲確定費用（保険の対象に生じた損害の範囲を確定するために必要な調査費用），③仮修理費用（損害が生じた保険の対象の仮修理に必要な費用）が挙げられる（東海約款1章8条(1)，(2)）。

第6章
特　約

Q46 賠償責任保険とは何か。また，どのような種類があるか。

A　賠償責任保険とは，一定の偶然の事故による損害について，被保険者が，損害賠償請求権者に対して法律上の損賠賠償責任を負担することによって被る損害に対して賠償責任保険金を支払う損害保険である。

解説

　賠償責任保険の被保険利益は，法律上の損害賠償責任を負担することによって被る損害のてん補である。保険事故は，保険商品によって異なる。例えば，借家人賠償責任保険の保険事故は，火災等の偶然な事故に起因して借用戸室を損壊することにより，被保険者が，借用戸室についてその貸主に対して法律上の損害賠償責任を負担することである。

　この他，個人賠償責任保険・施設賠償責任保険を付帯可能な保険商品もある。個人賠償責任特約は，他人に怪我をさせたり，物を壊したりした場合に，法律上の損害賠償責任を負担することによって被る損害をてん補する責任保険である。自転車で人にぶつかったり，店の商品を落としたりした事故が典型である。火災保険付帯の個人賠償責任は，保険事故を住宅の所有，使用又は管理に起因する偶然の事故及び被保険者の日常生活に起因する偶然の事故によって生ずる法律上の損害賠償責任を負担することに限定するのが通例である。なお，個人賠償責任保険には示談代行を付帯している保険商品もある。示談代行とは，被保険者に代わって保険会社が被害者との間で損害賠償の交渉を行うサービスである。自動車保険では当たり前のサービスであるが，個人賠償責任保険では，付帯されていないものもある。

施設賠償責任特約は，小売店等を対象とする賠償責任保険である。示談代行は付帯されていない。

Q47 事業者向けの火災保険の補償内容に関する特約には，どのようなものがあるか。

A 保険会社や具体的な保険商品によって異なるが，主な特約として，① 水災危険補償特約，② 漏出危険補償特約，③ 借家人賠償責任補償特約，④ 代位求償権不行使特約，⑤ テロ危険不担保特約，⑥ 地震危険補償特約（企業地震），が挙げられる。

▌解　説

1　水災危険補償特約

水災危険補償特約とは，台風，暴風雨，豪雨等による洪水・融雪洪水・高潮・土砂崩れ等の水災によって生じた損害を補償する特約で，普通火災（一般・工場・倉庫）等が引受対象である。なお，縮小支払とする約定も可能である。ただし，費用保険金，損害防止費用は支払の対象とならない。

2　漏出危険補償特約

不測かつ突発的な事故によって貯蔵タンク内収容の動産が漏出したことにより生じた損害を補償する特約で，火災通知保険契約と合わせて引き受けられる。ただし，風災，水災，雑危険等による損害は免責の対象となっている。また，費用保険金，損害防止費用は支払の対象とならない。

3　借家人賠償責任補償特約

賃借建物のオーナーに対して，テナントなどの借家人が火災，破裂又は爆発によってテナントに損害を与え，オーナーに対して賠償責任を負った

場合に保険金が支払われる。また，企業が借用する社宅，店舗，事務所等の建物（10戸以上有する場合が対象）について，この特約を包括的に契約する方式が利用される場合もある（借家人賠償責任特約包括契約に関する特約。なお，当該特約には，代位求償権不行使特約が自動付帯される。）。

4　代位求償権不行使特約

　テナントからの失火等でオーナーの建物が損害を被り，オーナーが火災保険金を支払われた場合，テナントに対する損害賠償請求権を代位取得した保険会社は，故意・重過失の場合を除き，その権利を行使しないとする特約のことである。動産を保険の対象とする契約や休業補償を引き受ける契約の場合に任意で付帯されていることが多い。

5　テロ危険不担保特約

　財産補償，休業補償におけるテロ行為による損害を補償対象外とする特約で，大規模物件など一定条件に合致する全ての契約に付帯されている。

　テロ危険は損害額の予測が困難なため過去の経験則が適用できず，保険化することが難しいことから，一定規模以上の物件については，この特約を付帯してテロによる損害等を不担保としたものである。

6　地震危険補償特約（企業地震）

　財物等の地震又は噴火による火災，損壊・埋没・流失，津波等の損害を補償する特約である。

　火災保険の普通保険約款では，地震に基づく損害については免責事由となっているが，企業地震保険の場合には，家計地震保険の場合のような「地震保険に関する法律」に基づく政府再保険を通じた政府による危険負担の仕組みがなく，損保会社自身がリスクを保有するか，もしくは再保険の手配を行い，リスク分散を図る必要がある点が異なる。

【参考文献】『火災保険』133頁〜136頁

Q48 事業者が保険価額（あるいは再調達価額）満額の支払は不要であり，保険料の節減をしたいと考えた場合，火災保険の支払に関して，どのような特約を付帯することが考えられるか。

A 保険料の節減をするため，新価保険特約，新価実損払特約，付保割合条件付実損払特約，支払限度額特約（ファースト・ロス），免責金額特約（ハイ・ディダクティブル），レイヤード契約，などを付帯することが考えられる。

解　説

1　新価保険特約

普通保険契約で時価基準とされている損害保険金の支払を新価（再取得価額）基準とするための特約である。契約時に保険の対象の保険価額を新価基準で評価し，損害保険金は新価基準で支払われる。特に割増料率の適用はない。

保険の対象は，減価割合を50パーセント以下とする建物，設備・什器，屋外設備・装置で，商品，製品等は対象外である。また，罹災物件について特段の事情がある場合を除き，罹災後2年以内に保険の対象と同一用途のものを同一敷地内に復旧する義務が課されており，これを行わない場合は，時価基準によるものとされてしまう。

2　新価実損払特約

基本的には新価保険特約と同じ内容であるが，一定の基準金額以上の保険金額を設定することで，比例払とせず実損払とする点が異なる。保険の対象は，建物，設備・什器，屋外設備・装置，商品，製品等全てにわたる。

3　付保割合条件付実損払特約

損害が一定額を超える可能性が少ない場合に，保険料を節約しつつ，実損払による補償を受けることを可能とする契約であり，主として優級構造

の建物及び設備を対象とし，保険価額の何割までの補償を受けたいか選択し，保険価額に当該割合（約定割合）を乗じたものを保険金額とする。

4　支払限度額特約（ファースト・ロス）

　任意の支払限度額を設定し，その限度額の範囲で保険金が支払われる特約である。付保割合条件付実損払特約とは，保険金額の内枠で任意の支払限度額が設定されるので，損害発生時には保険金額ではなく支払限度額を限度として保険金が支払われる点が異なる。

5　免責金額特約（ハイ・ディダクティブ）

　任意の免責金額を設定し，この免責金額を超えた損害が生じた場合に免責金額を差し引いて保険金を支払う特約である。

6　レイヤード契約

　一つの契約に支払限度額特約と免責金額特約とを付帯して，保険金支払額を一定額から一定額までを支払うかたちにする契約形態のことである。例えば，保険契約者が，再調達価格 10 億円の保険の対象となる建物に対し，水災等の補償は 1 億円までで足りるが，火災等については全損まで補償してもらいたいと考えた場合，支払限度額を 1 億円に設定した店舗総合保険契約と，免責金額 1 億円を設定した普通火災保険契約とを組み合わせるような場合（両契約ともに，保険金額は 20 億円）に利用されている。

【参考文献】『火災保険』137 頁～ 141 頁

Q49 事業者が火災による物的損害などの直接損害のほかに，事業中断による休業損失などの間接損害についても保険の対象としたいと考えた場合，どのような保険商品があるか。

A 事業者の休業損失を補償する主な保険商品としては，① 利益保険（種目：火災），② 店舗休業保険（種目：火災），③ 家賃保険（種目：火災），④ 企業費用・利益総合保険（種目：火災），⑤ 食中毒利益担保特約（種目：賠償責任），⑥ 機械利益保険（種目：機械）などがある。

解 説

1　利益保険（種目：火災）

　利益保険は，① 火災，落雷，破裂または爆発による事故で，保険の対象に損害が生じ，② 上記損害を受けた結果，営業活動（販売や生産）が全面的又は部分的に休止又は阻害されたために損失（喪失利益及び収益減少防止費用）が生じた場合に，保険金が支払われる。取引先（部品等の供給者や製品の販売先）の罹災により生じた逸失利益についても，構外（敷地外物件）利益担保特約の付帯により補償が可能となる。

　付保の対象とする費目は営業利益と全経常費で，１年間の予想金額を保険金額とするのが原則である。営業利益のみあるいは経常費のうち人件費のみの一部とすることも可能であるが，当年度の増収要素などを十分想定することが必要である。

　契約方式には，保険金をいつまで支払うのかという期間をもとに契約する方式（約定てん補期間方式，期間は１か月単位で最長12か月までの中から選択する。），保険金を損害額の何割まで支払うのかという割合をもとに契約する方式（約定付保割合方式，割合は10パーセント単位で最高100パーセントまでの中から選択する。）の二つがある。

　支払保険金等は，以下の数式で算定される。

支払保険金＝（① 喪失利益＋② 収益減少防止費用）×③ 付保率

※

①喪失利益＝（収益減少額×利益率）－支出を免れた付保経常費

②収益減少防止費用＝収益減少防止に要した費用×$\dfrac{\text{付保項目の合計額}}{\text{営業利益＋経常費付保率}}$

③付保率

- 約定てん補期間方式の場合

　保険金額÷保険価額（損失発生直前12か月の営業収益×利益率）

- 約定付保割合方式の場合

　保険金額÷｛保険価額（損失発生直前12か月の営業収益×利益率）×約定割合｝

2　店舗休業保険（種目：火災）

　店舗総合保険の補償対象事故及び食中毒事故による休業における1日当りの粗利益（売上高から商品仕入高及び原材料費を控除した額）に約定復旧期間（契約時に1か月，4か月，6か月，12か月の中から設定する。）内の休業日数を乗じた金額を補償するものである。

　保険契約者は，粗利益が1日辺り200万円までの中小規模の事業者や店舗である。構外物件の事故やユーティリティ設備の中断事故による営業休止についても補償の対象となる。

3　家賃保険（種目：火災）

　一定の事故により賃貸物件に損害が生じた結果失われる家賃収入の損害を補償するものであり，貸家，アパートなどの経営者（大家）向けの保険である。保険金額は，家賃月額に契約時に設定した保険金支払対象期間月数を乗じた額で算定される。

4　企業費用・利益総合保険（種目：火災）

　利益保険の補償対象をより広げ，水災をはじめ免責事由に規定されている事故以外の事故による休業損失を補償するオールリスク型の保険である。ユーティリティ設備の中断事故による営業休止についても補償の対象とな

る。

5 食中毒利益担保特約 (種目:賠償責任)

ホテル，旅館，飲食店等において食中毒の発生や発生の疑いがある場合の行政機関による営業停止処置等により営業が休止又は阻害されたために生じる休業損失を補償するものである。

6 機械利益保険 (種目:機械)

事業者の機械設備装置を保険の対象とする機械保険で，補償される事故によって損害を生じた結果，発生する休業損失が補償されるものである。保険の対象とする機械設備には機械保険の付保をすることは必要とされていない。

【参考文献】『火災保険』142頁～150頁

第7章
火災保険契約の成立

第1節　契約の成立時期

Q50 保険期間とは何か。

 保険期間とは，「その期間内に発生した保険事故による損害をてん補するものとして損害保険契約で定める期間」をいう（保険6条5号）。

解説

　保険会社は，保険期間内に発生した保険事故に係る損害保険金のみ支払義務を負担する。火災保険の保険期間は，始期は保険契約者が指定する任意の日であるが，通常，その開始時刻は午後4時である（火災約款13条(1)）。ただし，保険証券に明記すれば変更は可能である。また，終期は，1年契約なら1年後の末日の午後4時までである。期間計算は初日不算入なので（民140条），平成30年1月1日午後4時始期の1年契約であれば，平成31年1月1日午後4時が終期となる。なお，共済の場合，これと異なるルールとなる保険商品があるので，注意を要する。

　なお，かつては最長36年の火災保険に加入できたが，現在では，最長10年（長期一括払）となっている（分割払は5年）。これは，自然災害が多発しているため，最長36年の危険測定が困難であるためと説明されている。

　注意すべきは，保険期間と責任期間が異なる点である。責任期間とは文字通り保険会社が保険金の支払責任を負担する期間である。通常は，「保険期間＝責任期間」であるが，保険期間後であっても保険料が支払われるまで責

任期間は開始しない。この約款条項を責任開始条項という（火災約款13条(3)）。長期一括払の場合は問題となることは少ないが，分割払の場合，分割保険料の不払（自動振替・クレジットの分割払において残高不足で引き落としができない場合等。）によって責任期間に空白ができるので，実務上，多数の無責事案が生じており，約款上の救済措置に関して紛争が生ずる。

Q51

保険期間終了直前に1キロ先で発生した火災が飛び火し，保険期間終了後に建物で火災が発生したが，補償の対象になるか。

A

保険の目的物に直接生じた時点が保険事故発生時点であり，その時点が保険期間終了後であれば保険責任は発生しない。

解　説

　保険責任は，保険期間中に保険事故が発生することを要する。それでは，いつの時点で，保険事故が発生したと判断すればよいか。本件のように火元が遠く，延焼によって，保険の目的物が出火し，鎮火するまでに時間的な間隔があるため，保険期間の始期・終期を跨ぐ事例で問題となる（全てが保険期間内で終結していれば，保険事故の発生時期は問題とならない。）。

　まず，約款の規定上，必ずしも明らかではないが，保険事故は，保険の目的物に直接生じなければならないと解されている（高松高判平28・1・15判時2287号57頁参照）。したがって，保険の目的物が出火した時点で保険事故の発生を認めるのが原則である（学説上，「罹災説」という。学説の議論については『注釈住宅火災』252頁参照）。そうすると，1キロ先で発生した火災は，保険事故とは無関係であり，保険の目的物に延焼が及ぶまで保険事故は発生しないこととなる。

　もっとも，大火と呼ばれるような火災では，1キロ先の火災であっても必ず保険の目的物にまで延焼するものがある。そこで，例外的に，保険の目的

物が出火していなくても，延焼が不可避である時点で保険事故の発生を認めるべきか。この点，保険事故は保険の目的物に直接生じなければならない，という原則を維持するのであれば，延焼が不可避であっても保険の目的物に「火災」は生じていない以上，保険事故の発生を認めることはできない。

　このように解すると，設問では保険期間中に保険事故が発生していないことになるので，保険責任は発生しない。こうした事態を被保険者が回避しようとすれば，保険期間に空白がないように更新手続を行えばよい。ただし，更新手続によって保険金額・価額が変わる可能性があり，また，保険会社を変更している場合は新旧いずれの保険会社が保険責任を負担するかが決まるので，問題となるケースは存在する。

　なお，保険期間中に保険事故が発生したことは，請求原因事実として，保険金請求権の発生を主張する者である被保険者が主張立証責任を負担する。

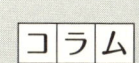

糸魚川駅北大火

　平成29年版消防白書等によれば，糸魚川駅北大火は，平成28年12月22日午前10時20分頃，新潟県糸魚川市のラーメン店で，店主が中華鍋をガスコンロの火にかけたまま外出し，出火したものである。出火から鎮火まで約30時間掛かり，焼損棟数147棟，焼損面積約4ヘクタールに及んだ。

　保険責任の終期は保険期間の末日午後4時なので，出火当日と鎮火当日の午後4時に保険責任の終期を経過する火災保険契約が存在した可能性がある。ただし，鎮圧は出火から約11時間後とされているため，新たな延焼がなかったとすれば，出火当日の午後4時の1回となる。

　保険責任は保険事故が保険期間内に発生しなければ生じないので，保険の目的物がいつ出火したのかの認定が重要である。糸魚川駅北大火は強風による飛び火によって同時多発的に延焼が生じているので，火元からの距離で出火時刻を推定することは必ずしも容易ではない。また，煙で視界が悪く，家屋の内部で火が生じている場合もあるので，映像があったとしても出火時刻

の特定は簡単ではなかったものと思われる。

Q52 火災保険をクーリング・オフすることはできるか。

 営業・事業目的でない火災保険であればクーリング・オフすることができる。

解説

　保険業法 309 条 1 項は，保険契約のクーリング・オフ（保険契約の申込みの撤回又は解除）を定めている。クーリング・オフは，営業，事業のための契約では行えない。その他，契約者が法人である場合，1 年以内の保険期間の契約である場合，インターネット経由で加入した場合，銀行等が質権設定している場合等も，クーリング・オフができない。

　また，1 年以内の保険期間の契約についても行えない。クーリング・オフは，書面により行う。書面は，保険代理店ではなく，損害保険会社に対して発状する。

　クーリング・オフは，クーリング・オフの説明文書の交付日と保険契約の申込日とのいずれか遅い日から起算して 8 日以内に行わなければならない（保険業 309 条 1 項 1 号）。説明文書の交付は，書面ではなく電子メール等も含む。なお，「遅い日から起算して」は，初日算入の意味なので（民法 138 条の「法令……に特別の定めがある場合」に該当する。），例えば「遅い日」が 2019 年 1 月 8 日である場合は，その日を含めて 8 日後の同月 15 日までにクーリング・オフを行わなければならない。

　なお，クーリング・オフの効力は，クーリング・オフ書面を発した時に生ずるので（保険業 309 条 4 項），レターパック等の郵便追跡サービスを利用し

て，発状日の証拠を残すのが確実な方法である。

Q_{53} 火災保険の自動更新とは何か。自動更新しない場合はどうなるか。

A 火災保険の自動更新とは，火災保険の当初の保険契約締結時に保険契約の自動的な更新等に関する特約が付され，当該契約の満期時に自動的に継続することをいう。自動更新しない場合は，当初の保険契約期間満期時に，当該契約は終了することとなる。

解　説

　火災保険に自動更新に関する特約が付されている場合，当該契約満期日までに，保険契約者から継続しない旨の申出又は保険会社から保険契約者へ継続しない旨の通知がなされない限り，当該契約は自動的に継続されることとなる。

　自動継続後の契約は，保険期間，払込方法，建物の評価額・支払限度額（保険金額）を除き，原則として，継続前の契約と同じ内容で自動的に継続される。また，保険会社からは，当該契約の満期日までに事前に，自動継続後の契約内容が通知されるのが一般的である。

　この点，東海約款では，住宅総合保険契約の保険期間を 10 年（払込方法は一時払）で契約する場合に自動継続方式を選択することができるとされ，初回の契約時に選択した自動継続後の契約の払込方法及び保険期間で自動的に継続するとされている（東海約款「保険契約の更新に関する特約」参照）。

$\mathbf{Q}_{54}$ 団体扱い・集団扱いとは何か。

A 団体扱い・集団扱いとは個人が契約し，保険料の集金を団体・集団で行うことで，保険会社にとって事務経費を節約するメリットがある仕組みである。

解 説

SJNK のホームページ「ご契約条件・保険料」では，団体扱い・集団扱いを次のように説明している（http://faq.sjnk.jp/sumai/faq_detail.html?id=80245&menu=9200&category=9201）。

> 【団体扱】
> 　団体（企業等）の従業員 10 名以上が加入し，かつ団体（企業等）が月々の給与から天引き（または保険料集金代行サービスを使った口座振替）により保険料を集金して保険会社（取扱代理店）に一括して支払う形態です。
> 【集団扱】
> 　集団の構成員の 10 名以上が加入し，かつ集団が月々の保険料を集金（または保険料集金代行サービスを使った口座振替）して，保険会社（取扱代理店）に一括して支払う形態です。

　団体扱いの典型は，企業グループの中に保険代理店が存在し，その代理店を窓口にして保険加入する場合である。例えば，株式会社ジェイアール東日本商事は，JR 東日本グループ社員向けに「JR 東日本グループ保険サービス」を運営し，団体扱いの火災保険等を取り扱っている。その他，住宅ローンに関連して，銀行が保険代理店となって，住宅ローンの借主向けに，団体扱いの火災保険を募集している。例えば，三井住友信託銀行は，三井住友海上を保険者とする「GK 住まいの保険」（ローン団体扱家庭用火災保険」）を募集している。

　集団扱いの典型は，健康保険組合や協同組合等が組合員向けに取り扱うもので，例えば，東京都弁護士協同組合は，集団扱自動車保険の紹介をしている（なお，同組合は保険代理店を行っていない。）。

　団体扱い・集団扱いは，いずれも保険料が個人加入の場合よりも割り引かれる。保険会社としては，保険料の集金業務を団体・集団に行わせることで，事務経費を節約することができる。

　なお，団体扱いと似て非なる概念として団体保険がある。団体扱い・集団扱いは，あくまで保険料の集金を団体・集団で一括して行うに過ぎず，保険契約の契約者は，加入する個人である。これに対し，団体保険の契約者は，当該団体であり，加入する個人は被保険者となる。そのため，保険料の支払義務は団体が負担する。ただし，団体保険は，ほぼ人保険に限られる。

Q₅₅ 追加上乗せ方式とは何か。

A 追加上乗せ方式とは，保険の対象について，他の保険契約等がある場合に，保険会社の支払限度額（保険金額）を他の保険契約等の支払限度額（保険金額）を控除した額とすることをいう。

第2節　保険料の払込方法

Q56 保険料の払込方法にはどのようなものがあるか。各払込方式につき，注意すべきことはあるか。

 口座振替方式，クレジットカード払方式，払込票による払方式がある。

解説

1　口座振替方式

　口座振替方式とは，保険契約者が，保険会社と保険料の口座振替の取扱いを提携する金融機関に保険料振替用の口座を開設し，保険契約所定の払込期日に口座振替によって保険料を払い込む方法をいう。保険料分割払特約により保険料の分割払が認められる場合には，原則としてこの方法がとられる。

　保険契約者は，払込期日において，振替口座に振替可能な保険料相当額の預金残高を保有しておけば，弁済提供があったことになり，その時から債務不履行による責任を免れることになる（民492条）。

2　クレジットカード払方式

　一般的なクレジットカード払方式特約によれば，保険契約者が保険契約申込時にかかる方式による保険料支払の申出があった場合，保険会社がカード会社に対して当該カードの有効性及び利用限度額等の確認を行い，かかる方法による保険料支払を承認した時に保険料の払込みがあったものとみなされる。ただし，保険会社がカード会社から保険料相当額を領収できない場合には，保険契約者に対して直接保険料を請求できるものとされる。

3 払込票による方式

払込票による方式とは，保険会社から保険契約者宛に送付された保険料払込票を利用して，銀行やコンビニエンスストアから保険料を払い込む方法をいう。

【参考文献】『論点体系 1 』124 頁〜 125 頁

【約款における責任開始条項（領収前免責条項）】

Q_{57}　保険料はいつまでに支払わなければならないか。保険料を支払わないとどうなるか。

Ａ　保険契約者は，保険契約の締結と同時に保険料の支払をしなければならないのが原則である。保険者は，保険料徴収前に生じた事故に対しては，保険金を支払わないでよい。

解　説

保険契約が成立した場合には，保険者の責任は，保険期間の開始と同時に開始するのが原則である。

しかし，損害保険約款では，保険期間が開始した後であっても，保険料領収前に発生した事故による損害についてはてん補しない旨を定めていることが通常である（責任開始条項又は領収前免責条項。火災約款 8 条 3 項は，「保険期間が始まった後でも，当会社は，保険料領収前に生じた事故による損害に対しては，保険金を支払いません。」と規定している。）。保険契約者の保険料支払債務不履行に対して，保険者がその履行を強制することが実際上困難であることから，保険会社の経営の健全性を確保するための手段として，保険契約の締結と同時に保険料の支払を原則とした上で，保険料領収前に生じた事故に対しては保険金を支払わないとしたものである（即収原則）。

　もっとも，かかる責任開始条項（領収前免責条項）の内容について，保険料の支払があるまでは保険者の責任が開始しない旨の約定とみるべきか（危険負担開始条項説），あるいは保険者の責任保険期間の開始と同時に開始するが，保険事故発生時に保険料が不払であれば，保険者は保険金支払義務を免れる旨の約定とみるべきか（保険料不払条項説）という点については，争いがある。

　この点につき，判例は，「この約款は保険者は保険料の支払を受けないままでは保険期間の開始と同時に保険責任を負うようなことはなく，保険者の保険責任は保険料の支払を受けるまで開始しないという趣旨を定めたものと解すべきである」とし，危険負担条項説を採用した上で，この場合には，保険者は保険責任を負担しないまま保険契約を解除したことになるから，契約の効力は遡及的に消滅し，保険者は既経過期間に対する保険料の支払を請求できないとする原判決を維持した（みまき荘事件，最三小判昭37・6・12民集16巻7号1322頁）。

【参考文献】『論点体系1』125頁〜127頁

【支払猶予の合意】

> ### Q_{58} 保険料を支払わない場合の救済手段はあるか。

A　契約成立後，保険契約者の保険料の支払がない場合でも，保険者が特に保険料の支払を猶予したときは，契約者は保険料支払について遅滞の責任を負わない（支払猶予の合意がある場合）。また，予め，保険約款中に，払込猶予条項が規定されている場合は，仮に保険料が所定の振替日までに振り替えできなくとも，払込猶予期限までに保険料を支払えば，保険責任を認めるものである（払込猶予条項がある場合）。

■ 解 説

1　支払猶予の合意がある場合

　支払猶予の合意については，責任開始条項（領収前免責条項）を排除する意思であるのか，あるいは，単に猶予期間中は保険者が履行遅滞による解除権の行使及び損害賠償請求をしない趣旨の特約と解すべきであるかが問題となるが，多数説は，当事者の合理的意思に合致するという観点から，責任開始条項（領収前免責条項）の排除についての意思表示，すなわち責任持ち特約であると考えている。

　もっとも，責任持ち特約については，その後，保険監督官庁（現在は監督指針）等によって，保険料領収前に保険料領収証の交付を行うことが禁止され，かかる特約をしないよう指導された（監督指針Ⅱ─4─2─1　適正な保険募集管理態勢の確立⑷②オ㈠）が，保険契約者の利益に合致することから，私法上は有効であると考えられている。

2　払込猶予条項がある場合。

　払込猶予条項とは，保険会社の約款中に，保険料が毎月の分割払とされている場合，保険会社側が所定の振替日に保険料を振り替えできなかったとしても，保険料の払込猶予期限までに保険料を払い込んだ場合には，保険契約が継続していたものとされていることをいう。契約者が当該期限までに保険料を払込みできなかった場合には，保険契約は解除あるいは失効することになる。

　【参考文献】『論点体系 1』129 頁

【保険料分割払の特約がある場合の不払】

Q59 約款においては，保険料分割払特約に関して，保険契約者は第2回以降の保険料を保険会社所定の払込期日までに払い込まなければならないとしつつ，払込期日の属する月の翌月末までに保険料の払込みを怠った場合には，当該払込期日の翌日以後に生じた事故による損害については保険金を支払わない旨の規定が設けられている。

保険契約者が上記払込みを怠っていた場合，保険契約者が滞納保険料（未払分割保険料）を支払うことによって，いわゆる保険休止の状態を解消することができるか。

A 保険休止の状態を解消することができる。

▎解　説

　約款において保険料分割払特約に関して設問のような規定が定められている場合，分割保険料の不払について保険者の免責という効果を定めたものであるが，この結果，保険者が保険金支払義務を負わなくなった状態を「保険休止状態」という。保険契約自体は未だに効力を失っていないが，保険者が危険負担の責任を負わないという状態である。

　かかる条項を巡っては，①保険契約者が滞納保険料（未払分割保険料）を支払うことによって，いわゆる保険休止の状態を解消することができるのか，できるとしていかなる要件を満たす必要があるのか，②保険料支払に伴う保険休止状態の解消についての立証責任は誰が負うのか，が問題とされる。

　まず，①については，判例は，当該保険休止状態が「生じた後においても，履行期が到来した未払分割保険料の元本の全額に相当する金額が当該保険契約が終了する前に保険会社に対して支払われたときは，保険会社は，右支払後に発生した保険事故については保険金支払義務を負うことをも定めているものと解すべきである」として，これを肯定している（最二小判平9・

10・17民集51巻9号3905頁）。未払であった履行期到来の分割保険料が支払われたときは，保険金支払義務の再発生を認めても衡平であり，契約当事者の通常の意思に合致するものであるからである。

そして，保険休止状態の解消の要件としては，未払分割保険料の元本全額の支払であり，遅延損害金の支払まで要するものではない（上記判例同旨）。

次に，②について，判例は，「保険休止状態の発生による保険金支払義務の消滅を主張する者は保険休止状態の発生時期及びそれ以後に保険事故が発生したことを主張，立証すべき責任を負い，保険休止状態の解消による保険金支払義務の再発生を主張する者は保険休止状態の解消時期及びそれ以後に保険事故が発生したことを主張，立証すべき責任を負う」としている（同判例）。保険休止状態の発生は権利消滅事由である一方，保険休止状態の解消はいったん消滅した権利の再発生事由であることからすれば，かかる結論は妥当である。

なお，保険約款では一般的に保険料の支払を怠った場合には，一定の支払猶予期間を設け，この期間内に保険料が支払われない場合には，保険事故が発生しても保険金を支払われない旨定めているが（東海約款2章2節5条），猶予期間内に保険料の支払がない場合であっても，契約者に責に帰することができない事由があるときには，保険者が免責されないとするのが判例の立場である（東京地判平元・1・17判時1304号135頁等。なお，分割保険料の不払による保険者の免責の可否が争われ，保険者の免責を認めた判例として，津地判平9・12・25判タ981号256頁がある。）。

【参考文献】『論点体系1』130頁〜133頁

第3節　　**他人のためにする契約**

【住宅ローンのために銀行に抵当権を設定している場合】

Q60　私は，自宅を建築する際に銀行から融資を受けているが，銀行の融資の担保として，自宅に抵当権が設定されている。この場合，銀行のために，住宅総合保険契約（火災保険契約）を利用することができるか。

A　抵当権設定者が保険契約を締結し，当該契約に抵当権者特約条項を付帯する方式が考えられる。また，抵当権者（銀行）自身が保険契約を締結することも考えられる（債権保全火災保険）。

解　説

1　債権保全の方法

　銀行は，住宅ローンを設定する際に債権保全を考えなければならない。通常，所有権付きの土地建物であれば，土地建物双方に抵当権を設定するが，建物が焼損した場合の債権保全が問題となる。

　典型的な債権保全の方法は，火災保険に対する質権設定である。通常，質権設定は，損害保険会社に対し，契約者，被保険者及び質権者の署名（記名）・押印のある「保険金請求権　質権設定承認請求書」又は「保険金請求権　返還保険料請求権　質権設定承認請求書」を差し入れ，損害保険会社が保険証券の原本を金融機関に交付することで行われる（契約者・被保険者には保険証券の写しが交付される。）。

　もっとも，近年は，質権設定がなされることは少なくなってきている。理由は，火災保険の保険期間が従前の最長35年から最長10年となったこと，保険証券の保管など管理コストがあること，住宅ローン残高の維持にメリットのあることなどである。

　質権設定が少なくなってきた一方，火災保険金に対する物上代位がクローズアップされてきている。

　まず，建物の抵当権者は，建物に付保された火災保険契約に基づく保険金請求権に対して物上代位することができる（民304条・350条・372条。大判明40・3・1民録13輯265頁）。

　この点，問題となるのは，物上代位の要件としての「差押え」（民304条1項ただし書）の趣旨である。

　抵当権者の差押えと一般債権者の転付命令が競合した事案において，判例は，①　金銭払渡前に抵当権者自身が差押えを行わなければならない，②　抵当権者が差押えをする前に債権者が差押えをして転付命令を受けた場合は，その送達によって差押債権者の債権は弁済されたものとみなされるので，転付命令が物上代位に優先する，と判示している（大判大12・4・7大民集2巻209頁）。

　また，債権譲渡と物上代位の優劣については，火災保険についての最高裁判例はないが，賃料債権の債権譲渡と物上代位の優劣が問題となった事案において，判例は，債権譲渡は，民法304条ただし書の「払渡し又は引渡し」に当たらないとした上で，抵当権設定登記と債権譲渡の対抗要件具備の対抗問題として処理している（最二小判平10・1・30民集52巻1号1頁）。当該判例は，おそらく，火災保険金の物上代位にも妥当するので，ほぼ全ての事案で，債権譲渡に物上代位が優先することになると思われる。

　また，質権と物上代位の優劣については，判例は，民法304条1項ただし書の「払渡し又は引渡し」には質権設定も含むと解し，質権設定の対抗要件具備と物上代位の差押えの先後で優劣を決する旨判示している（福岡高宮崎支判昭32・8・30下民集8巻8号1619頁）。しかし，当該判例は，実質的に前掲最二小判平10・1・30民集52巻1号1頁で維持できないものとされており，質権設定は「払渡し又は引渡し」に該当せず，抵当権設定登記と質権の対抗要件具備の先後で優劣を決することになる（判例百選57頁）。

　上記を整理すれば，火災保険金に対して物上代位を行うためには，

> i　火災保険金が被保険者に支払われる前に差押えをしなければならない。
>
> ii　火災保険金の転付命令の送達前に差押えをしなければならない。
>
> iii　債権譲渡・質権設定との優劣は抵当権設定登記と債権譲渡・質権設定の対抗要件具備の先後で決する。

ことになる。債権保全の方法としては，若干不安定であると言えよう。

2　抵当権設定者による火災保険契約の締結

上記 1 に記載した方法よりも簡便な債権保全方法としては，債務者が自宅について締結する火災保険契約に抵当権者特約条項を付帯する方式が考えられる。当該特約条項では，被保険者が保険金請求権を抵当権の被担保債権額を限度して譲渡担保として抵当権者に譲渡することになる。

当該特約条項には，一般的に，① 保険契約者又は被保険者に通知義務違反があっても抵当権者に対しては保険金が支払われる，② 抵当権者は通知義務の対象事実を知った場合は自ら通知義務を負う，③ 危険増加等に係る追加保険料を保険契約者が支払わない場合でも抵当権者がこれを支払えば保険者免責にはならない，④ 保険者が契約解除権を行使したり，保険契約者と合意解除する場合には抵当権者に対して少なくとも 10 日前の予告を行う必要がある，などの規定が置かれている。

3　抵当権者自身による火災保険契約の締結

抵当権者自身を被保険者とする債権保全火災保険を締結する方式も選択肢として有り得る。

債権保全火災保険とは，抵当権付債権を被保険利益とする特殊な火災保険である。当該保険では，抵当物の損害があれば債権の損失があり，抵当物の損害割合を債権の損失割合であるとみなしている。また，保険金の受領と引換えに，債権者は保険金と同額の債権を保険者に譲渡しなければならないとし，利得の防止を図っている。ただし，保険目的物の分損の場合には十分な保険金が得られない，優先あるいは同順位の外の目的物がある

場合には支払保険金からかかる権利の額が控除あるいは按分される，等の問題点もある。

【参考文献】『論点体系１』135 頁〜 143 頁

第8章
火災保険契約成立後の問題

第1節　契約成立後の告知義務・通知義務

Q61　告知義務とは。

A 告知義務とは，保険契約者又は被保険者は，保険者に対して，契約締結に際して危険に関する重要な事実を告げなければならず，又は重要な事項について不実の内容を告げてはならないということである（火災約款3章14条(1)参照）。

解説

　告知義務の存在根拠については争いがあるが，保険事業は給付反対給付均等原則に従い，個々の保険契約の危険度に応じた保険料負担を求め，また，一定以上の危険度を超える場合には危険を引き受けないという基本原則に基づいて営まれており，そのためには危険度に関する情報を収集して危険度を判定する必要があるが（「危険選択」），かかる情報は保険契約者側に偏在しており，保険者としては情報入手のために保険契約者側からの自発的な告知を受けることが不可欠であることから，告知義務は保険者による危険測定の必要のために特に法律が課した義務であるとしている（いわゆる「技術説」）。

　保険法においては，損害保険，生命保険，傷害疾病定額保険の各々において，保険契約者又は被保険者になる者が保険契約の締結に際して告知義務を負うと規定されている（保険4条・37条・66条）。

【参考文献】告知義務全般につき，『山下（上）』393 頁〜 447 頁。

Q62 告知義務は，どのような事実について告知しなければならない
か。また，告知の方法や主体に制限はあるか。

A 告知すべき事実は，損害保険契約によりてん補することとされる損害
の発生の可能性（危険）に関する重要な事項のうち保険者になる者が
告知を求めたもの（告知事項）についての事実（保険4条）である。また，告
知の方法は，理論的には，口頭・書面いずれでもかまわないし，告知を行う
ことのみを指示された代理人でもかまわない。

▌解　説

1　告知すべき事実

　具体的には，保険の目的物，保険の目的物の所在地，保険の目的物の所
有者，保険の目的物を収容する建物の種類・用途，重複保険の有無等が挙
げられる。

　判例として，建物を他人に売却した後に自己の所有として保険契約を締
結した場合に，告知義務違反を認めるとともに，他人のために保険契約を
締結する場合において，保険契約者がその旨を申込書に記載しなかったと
きは，保険契約は無効とする旨の約款条項により保険契約を無効としたも
のがある（水戸地判平 24・6・29 判時 2180 号 133 頁）。

　なお，告知すべき重要事実は保険契約者等が知っている事実に限定され
るか否かという問題もあり，学説では，① 告知義務者にその知らない事
実の探知義務まで課すことは告知義務の存在理由を逸脱するとして，知っ
ている事実のみを告知すれば足りるとする見解と，② 知らない事実でも
知らないことにつき重過失があれば告知義務違反が成立し得るとする見解
が対立している（判例の立場は明確とはなっていない）。

2　告知の方法

　保険法では，告知義務は質問応答義務とされ，保険実務では保険者が告知書という書面に質問を列挙し，告知義務者はこれに回答するという形で告知義務が履行されることになる。

3　告知の主体

　告知は準法律行為であるが，法律行為に関する規定が準用されることになるので，告知義務を代理人により履行することも許される。もっとも，保険者の告知書様式では，被保険者の告知は本人がすべき旨が記載されていることが通例であり，被保険者の告知を代理人が行うことは望ましくないとされているのは明らかであろう。

　代理人による告知をする場合には，告知義務者の指示により代理人が告知する場合を除いて，告知義務違反についての故意又は重過失は代理人に即して判断されることになる（改正民101条2項）。

【参考文献】告知義務全般につき，『山下（上）』393頁〜447頁。

Q63
保険契約者等が告知義務に違反した場合，どのような効果が生ずるか。

A　保険契約者又は被保険者が告知義務違反について故意又は重過失がある場合には，保険事故の発生の前後を問わず保険者は保険契約を解除することができ，保険事故が発生しても保険給付義務を負わないこととなる（保険28条1項，火災約款14条(2)）。

▌解　説

1　告知義務者の故意・重過失の意義

　告知義務違反の効果として保険者が保険契約を解除し，また保険者の免責を主張することができるためには，告知義務者に義務違反について故意又は重大な過失があったことを要する（保険28条1項）。

2　保険者の解除権

　上記の場合，保険者は保険契約を解除することができるが（保険28条1項・33条），この解除は将来に向かってのみ効力を生ずる（保険31条1項）。

　保険者による解除の意思表示は保険契約者に対して行うことが必要である。被保険者に対して行うことはできない。

　保険者の解除権は保険者が解除の原因があることを知った時，すなわち，告知義務者に告知義務違反があったことを知った時から1か月間行使しないとき（保険28条4項前段，火災約款16条(3)④前段），また，契約締結の時から5年間を経過したとき（同項後段，火災約款16条(3)④後段）は，消滅する。これらの期間は，いずれも除斥期間とされている。

　損害保険契約の締結時において保険者が告知がされず，又は不実に告知された事実を知り（すなわち「悪意」），又は過失により知らなかったときは，保険者は保険契約を解除することはできない（保険28条2項1号，火災約款16条(3)②）。

　保険者が保険契約を解除した場合には，保険者は，解除がされたときまでに発生した保険事故について保険給付をする責任を負わない（保険31条2項1号本文，火災約款16条(4)前段）。

　告知義務違反のあった事実と保険事故の発生との間に因果関係がないときは，告知義務違反による解除に伴う既発生の保険事故についての保険者の免責の効果は生じない（いわゆる「因果関係不存在特則」。保険31条2項1号ただし書）。

【参考文献】告知義務全般につき，『山下（上）』393頁〜447頁。

Q64 火災保険契約者がＡ社以外にもＢ社との間で火災保険契約を重複して契約した場合，約款上は告知義務が課されていることから，当該保険契約の効力はどうなるか。保険者は免責されるか。

A 保険契約者等が重複保険を締結した場合でも，保険者はてん補損害額の全額について給付義務を負い，重複保険の各保険契約の保険給付合計額がてん補損害額を超える場合において，自己の負担部分を超えて保険給付を行って共同の免責を得たときは，自己の負担額を超える部分に限り，他の保険者に対して求償権を取得することになる（保険20条）。

　ただし，保険者は，保険契約者が不法に保険金を得る目的をもって重複保険契約をしたことなど，保険契約解除あるいは保険金支払拒絶につき正当事由がある場合に限り，告知義務違反を理由に契約解除あるいは支払拒絶することができると考えるべきである（保険30条3号・31条2項3号）。

解説

1　保険契約の重複

　重複保険とは，同一の保険の目的について，保険事故，保険期間を同一にする複数の損害保険が存在し，その保険金額の合計額が保険価額を超過する場合をいう。具体的な要件としては，① 保険の目的物，被保険者，被保険利益を同一とする数個の保険契約が存在すること，② 数個の保険契約が保険事故を同じくすること，③ 数個の保険契約で保険期間を共通にする部分があること，④ 数個の保険契約の保険金額の合計が保険価額（てん補損害額）を超過すること，が挙げられる。

　契約者が保険価額2000万円の建物について，Ａ社が保険金額2000万円，Ｂ社が1000万円の火災保険契約を締結し，火災により1500万円の損害が生じ，Ａ社が1500万円の保険金を支払った場合（保険20条1項），最終的負担割合はＡ社1000万円，Ｂ社500万円となり，Ａ社はＢ社に対しても500万円の求償権を有することになる（保険20条2項）。

2　重複保険の契約の効力

(1)生命保険契約との違い

　　生命保険契約や障害疾病定額保険契約においては，保険契約の重複により保険金額の著しい重複が生ずることにより，保険金詐取等のモラル事案の推認となる事実が構成しやすいことから，当該事実だけで解除事由と認めることが容易とされる。実務上も，保険金額が著しく累積することになるような保険の引受けは拒絶しており，保険契約者側が他保険の存在や申込みの事実を保険者に殊更に秘匿していることが通例である。

　　これに対して，損害保険契約においては，実損填補を目的とする契約であることから，後記判例のとおり，重複保険という事実のみをもって解除を認めることは難しい。

(2)判例の紹介

　　この点を巡る判例としては，いずれも保険法制定前のものであるが，①保険契約者が不法に保険金を得る目的をもって重複保険契約をした場合（東京高判平4・12・25判時1450号139頁），②保険者が重複保険契約の事実の通知を受領していたとすれば危険の増加測定が可能であったのに，通知欠如のため危険変動を測定する機会が得られなかった場合（高松高判昭58・6・16判タ509号152頁），③共済契約者が重複共済契約等の存在を知り，かつそれが告知事項であることにつき認識していた又は重大な過失により認識していなかった場合で，諸般の事情から道徳的危険の存在が単なる漠然たる不安の程度を超えてある程度具体的に推認される場合（建物更生共済契約の重複契約のケース，仙台高秋田支判平4・8・31判時1499号142頁）等に限って重複保険契約の解除等を認めている。

3　解除の効力発生時

　　保険会社の約款では，解除の効力発生時について，保険者は将来に向かって解除することができるとしつつ，保険金支払事由の発生後でも解除することができ，この場合には保険金を支払わず，既に保険金を支払っていたときはその返還を請求することができると規定されていることが通常である（保険31条1項・2項3号参照）。

　解除の効力発生時期と関連して，解除による保険契約関係の清算も問題となるが，①解除の効力発生時までの既経過保険期間に対する保険料の払戻しはなされない一方，②未経過保険期間については，約款上，解約返戻金を払い戻す旨が規定されている。

【参考文献】『保険相談』88頁〜89頁，『山下（旧）』640頁〜646頁，『論点体系1』191頁〜198頁，278頁〜288頁，290頁〜300頁

Q65　通知義務とは。

　A　通知義務とは，保険契約者等が，保険契約締結後に保険契約において通知事項とされている事項に内容の変更が生じた場合，これを保険会社に遅滞なく通知しなければならないことをいう。保険契約者等は，当該事項について，その旨の通知を発すれば足りるとされている（発信主義）。

解説

　通知義務について，保険法上は，保険事故（損害）の発生の通知義務しか規定されていない（保険14条）。保険事故が発生した場合，証拠確保の必要性等からして，調査・確定の作業はできるだけ早期に行われることが望ましいものの，当該情報については保険契約者等が把握しており，保険会社側が自ら当該情報を入手することは期待し得ないことから，保険契約者等に損害発生の通知義務が課されているものである。

　もっとも，実務上は，上記と同様の趣旨から，一般的に，保険事故の発生に伴い，保険契約者等に損害や事故の状況についての説明義務，保険会社から請求のあった書類等を追加提出する義務，保険会社が行う損害調査への協力義務等が付加されている。また，保険の対象を移動した場合，建物の構造

又は用途を変更した場合，保険契約者が住所変更した場合等についても，通知義務が付加されている（東海約款2章1節2条・3条参照）。

なお，通知義務違反に基づく解除については，Q77参照のこと。

【参考文献】『論点体系1』151頁～162頁，『山下（上）』167頁・168頁

第2節　契約成立後の問題（告知・通知義務以外）

Q66 保険の目的物を譲渡した場合，当該目的物を対象とする火災保険契約の効力はどうなるか。

A 保険契約の締結後に危険増加（告知事項についての危険が高くなり，保険契約で定められている保険料が当該危険を計算の基礎として算出される保険料に不足する状態になること）が生じた場合には，保険料を当該危険増加に対応した額に変更すれば保険契約を継続することができる場合であっても，保険者は，① 当該危険増加に係る告知事項について，その内容に変更が生じたときは保険契約者又は被保険者が保険者に遅滞なく通知をすべき約款が定められていること，② 保険契約者又は被保険者が故意又は重大な過失により遅滞なく①の通知を保険者にしなかったこと，の要件を満たす場合には，保険契約を解除することができる（保険29条1項）。

■ 解説

1　火災保険における代表的な約款の定め

保険法における危険増加による解除についての規定は，先述した通りである。そして，保険法施行後の火災保険に関する約款では，① 保険契約者又は被保険者は，保険契約成立後，保険の目的物を譲渡する場合には，遅滞なく，保険者に通知しなければならないこと（火災約款17条(1)），②

①の場合には，予め保険者の承認を請求しなければならないこと，③保険者が②の承認をする場合には，②の権利及び義務は，保険の目的物が譲渡された時に，保険の目的物の譲受人に移転すること（東海約款2章5節9条(1)ただし書，火災約款17条(3)），が規定されている。

　保険の目的物が移転した場合には，被保険利益の帰属主体という保険契約の最も重大な要素に変動があり，保険契約は終了させることも考えられるが，既に存在している保険契約による権利保護が目的物の移転後も自動的に及ぶのであれば，譲受人にとっては新規の契約をする手間が省略でき，付保漏れの事態も回避でき，また，保険者としても顧客関係を維持できることから，先述した保険法の規定及びこれを受けた保険契約の約款に規定されている限りにおいて，契約が継続されることになるのである。

2　判例の紹介

　保険法施行前の判例として，保険の対象を譲渡する場合の事前の通知義務を規定した約款の有効性を認め，火災の発生が建物譲渡の2日後であった場合には，保険契約者等が遅滞なく通知義務を履行しなかったとはいえず，保険会社の免責を認めないとしたものがある（最三小判平5・3・30民集47巻4号3384頁）。

【参考文献】『保険相談』87頁〜88頁，『山下（旧）』591頁〜597頁

Q67 保険の対象である自宅が譲渡された場合，火災保険契約は誰が当事者になるか。保険事故が発生した後の譲渡の場合は，保険金請求権は誰の名義になるか。

 保険会社の同意がある場合には，譲受人に契約上の地位が移転する。保険事故発生後の譲渡の場合も同様である。

▌解　説▐

　一般的な火災保険の約款では，保険の目的物の譲渡により契約は失効することを原則としつつ，保険の目的物の譲渡につき予め保険者の同意を得ていた場合には契約者の地位が移転すると規定されているのが通例である。

　契約者の地位の移転のためには相手方の同意を要するとする通説的見解に従えば，保険者の同意が必要とされるのは当然であるが，「予め」の同意まで必要とされるのかについては微妙である。

　この点につき，従来の約款では，目的物の譲渡と共に保険契約上の権利譲渡があることを想定し，保険契約者には目的物を譲渡する際に保険者に予め通知する義務があり，義務違反の場合には通知がなされるまでは保険者免責になると規定されていた（東海約款2章5節9条(1)ただし書）。

【参考文献】『アルマ』154頁～156頁

Q_{68} (1) 損害発生後の保険目的物の消滅 (保険15条)

(2) 火災の際における保険目的物の紛失又は盗難による損害

(3) 原因が競合する場合における損害塡補

(1) 私が住宅総合保険契約の対象としていた家屋が火災に
よって半焼したが，その直後に地震が発生して完全に倒壊
してしまった。当該契約では地震保険特約を付していな
かったが，保険金を請求することはできるか。

(2) また，上記(1)の事案で，火災の際に家の中にあった家財
が盗難によって紛失してしまった場合，保険金を請求する
ことはできるか。

(3) さらに，上記(1)の事案で，家屋が火災によって半焼した
後，地震が発生し，延焼が拡大して全焼に至った場合，保
険金を請求することはできるか。

A (1) 火災による損害 (半焼) については，保険金を請求できる。

(2) 約款によって火災の際に保険目的物が紛失又は盗難によって生じ
た損害について免責されるとの規定を設けている場合が多い。この場合には
当然保険金を請求することはできない。

(3) (1)と同様である (火災保険の免責事項の解釈から地震後の延焼・拡大は免責とな
る。)。

■ 解説

1 因果関係

損害保険で損害がてん補されるためには，当該損害は保険事故によって
生じたものでなければならない (保険2条6号，火災約款2条(1))。すなわち，
保険事故と損害との間に因果関係が必要とされる。

因果関係の範囲については，様々な学説が展開されているが，通説的見
解は，ある結果に対してある事実が原因として認められるためには，当該

事例においてのみならず，一般的な場合においても，その事実が同じ結果を生じさせると判断される場合に，両事実の間に因果関係が認められるとするものである（相当因果関係説）。判例も同様の立場である（大判昭2・5・31大民集6巻521頁）。

2　損害発生後の保険目的物の消滅（保険15条）

保険者の損害てん補義務は，保険事故によって保険の目的物に損害が発生したことによって生ずる。したがって，保険者がてん補すべき損害が発生した後に，保険者が責任を負わない事故によって保険の目的物が滅失した場合であっても，保険者が当該損害のてん補義務を免れないのは当然のことである。当該義務は保険事故の発生によって保険目的物に損害が生じたことにより既に確定しているからである。

本設問(1)の場合，保険者は火災による損害についてこれをてん補しなければならない。

3　損害てん補の特則（保険16条）

火災保険契約において，保険の目的物に保険事故たる火災が発生していないときであっても，消火，避難その他の消防の活動のために必要な処置によって当該目的物に損害が生じた場合には，保険者はその損害をてん補しなければならない（保険16条）。約款においても同様の規定がなされている。

火災が発生し，その消火活動の一環として延焼を防止すべく，未だ燃えていない当該建造物にも放水した結果，損害が生じることがままあるが，当該損害は，火災によって直接生じた損害ではなく，また，損害防止費用のように別に支出がなされるものでもないことから，更なる被害拡大防止の見地から，当該損害についても保険者がこれをてん補するものとしたものである。

「消火，避難その他の消防の活動のために必要な処置」には，消防行為としての保険目的物への放水，延焼を防止するための保険目的物の破壊，保険目的物たる家財の搬出行為に加え，人命救助のための保険目的物の破

壊も含まれていると考えられる。もっとも，「必要な処置」と認められるためには，かかる処置が講じられた時点において，それが客観的に必要であると認められるものでなければならない。そして，当該行為者は，必ずしも消防職員に限らず，また保険契約者又は被保険者に限るものではない。

4　火災の際における保険目的物の紛失又は盗難による損害

　約款によって，火災の際に保険目的物が紛失又は盗難によって生じた損害について免責されるとの規定を設けている場合がほとんどである（火災約款3条(1)③）。

　火災時における保険目的物の紛失又は盗難による損害は，火災と相当因果関係がある場合とそうでない場合があり，かかる因果関係の有無は一律に判断できず，かつ，その立証にも困難を伴うことから，かかる規定が設けられている。

5　原因が競合する場合における損害てん補

　保険事故と免責事由が，各々損害を発生させ，各々の損害が独立していれば，保険者は，保険事故によると認められる損害の部分についてのみ支払の責を負うことになる。

　判例として，地震による火災の延焼・拡大が問題となった事案について，火災保険の免責条項の解釈から保険者に対して延焼・拡大した部分のみについて免責を認める部分的てん補責任を認めたものがある（大阪高判平11・11・10判タ1038号246頁）。

【参考文献】『論点体系1』163頁〜167頁，177頁〜181頁

ウィルス，細菌，原生動物等の付着，接触など又はこれらの疑いがある場合とは，どのようなケースを想定しているか。

A 水濡れ等により衛生状態に問題が生じた場合等を想定している。

解説

　東海約款は，損害とは「偶然な事故によって保険の対象に生じた損害」と定義し，「ウィルス，細菌，原生動物等の付着，接触等またはこれらの疑いがある場合」等を除外している（東海約款1章1条(2)①）。原生動物が何を指すか，約款上必ずしも明らかではないが，一般教科書の分類によればゾウリムシやアメーバは原生動物に該当し，藻類やカビ類は，原生生物ではあるが，原生動物ではない。

　ウィルス等の付着等による損害とは，水災や水濡れ後に腐敗等によって衛生状態に問題が生じ，貯水槽等に細菌汚染が生じた場合等を想定しているものと思われる。貯水槽等に細菌汚染が生ずる場合，消毒費用等が生ずるが，保険事故との間の因果関係の判断が困難であるため，損害から除外したものと思われる。

　なお，かびについては，火災約款も3条(3)②で免責としている。ただし，かびによる損害全てを免責としているのではなく，保険の対象の自然の消耗若しくは劣化又は性質によるかびを免責にしているので，例えば，水濡れ等によって保険の対象にかびが発生した場合は，担保危険に応じて，保険金の支払対象となる。

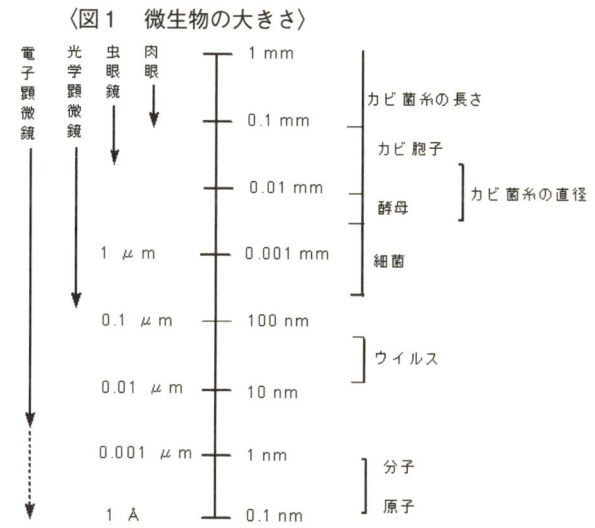

〈図1　微生物の大きさ〉

（出典：文部科学省「カビ対策マニュアル　基礎編」1．1―1（http://www.mext.go.jp/b_menu/shingi/chousa/sonota/003/houkoku/08111918/002.htm））

Q70 火災保険契約において保険会社の査定業務はどのように行われるか。

A 建物の損害については，一般的に被保険者が手配した修理業者による修理見積りをもとに保険会社の査定担当者がその妥当性を判断する。

解説

　損害が大きい場合や復旧範囲の確認が必要な場合には損害保険登録鑑定人等が実際に現地において損害を確認することや修理業者への確認を行うことがある。

　家財の損害については，損害状況から修理の可否を確認し，修理が可能な場合には被保険者が修理見積りを取得し保険会社に提出する。家財の場合にも必要に応じて，鑑定人による損害確認や修理業者への確認を行う。修理不

能と判断される場合には損害品の型式等の特定や調達時期の確認を行い，損害額を算定する。

Q71 超過保険と一部保険とは何か。

 超過保険とは，「保険価額＜保険金額」，一部保険とは，「保険価額＞保険金額」をいう。

解説

1　保険価額と保険金額

　一部保険は，単純なようで，保険価額及び保険金額の概念が絡むため，損害保険の中でも理解が難しい問題の一つである。基本概念から順を踏まえて説明したい。

　保険価額とは，保険法上，「保険の目的物の価額」をいい（保険9条），講学上は，被保険利益の評価額をいう。火災保険においては，保険の対象である建物等の時価額の趣旨である。

　損害保険の本質は，損害填補にあるので，被保険者が損害保険金によって被った損害以上の利益を受けるべきではないことから（利得禁止原則），保険価額が保険金支払の上限額となる。

　次に，保険金額とは，「保険給付の限度額として損害保険契約で定めるものをいう。」（保険6条1項6号）。保険価額が保険金支払の上限額なのであるから，「保険価額＝保険金支払額」としておけばよく，保険金支払の上限額を画する保険金額という概念は一見不要なようにも思える。しかし，賠償責任保険のように，損害賠償責任を負担するという損害を回避するという意味での被保険利益はあるが，その評価額を観念することはできず，保険価額がない保険がある。保険金額の概念がない場合は，全ての賠償責

任保険の支払上限が無制限となるが，これでは，極めて低い確率で起こるが極めて多額の損害が発生する場合（例えば，バンクシーの絵画を誤ってシュレッダーに掛けてしまうなど。）も保険者は無制限に損害保険金の支払義務を負う結果，保険料が高額となり加入の合理性を失ってしまう。そのため，保険価額とは別に損害保険金の上限額を定める必要があり，例えば，個人賠償責任保険では保険金額を1億円と設定しているものが多い。これに対し，個人向け自動車保険の任意保険は被害者保護の観点から対人賠償は無制限である。

　もっとも，保険価額による規律が行われる物保険では，保険金額の概念は不要かとも思えるが，敢えて，保険価額よりも少ない保険金額を望む保険契約者がいるので（保険金額が小ければ保険料は少なくなる。），保険価額とは別に保険金額という概念が必要となる。

　保険価額と保険金額の関係は次表のとおりに整理できる。

> ① 保険価額＝保険金額……全部保険
> ② 保険価額＜保険金額……超過保険
> ③ 保険価額＞保険金額……一部保険

2　全部保険

　保険価額と保険金額が一致する状態を全部保険という。保険価額・保険金額はいずれも保険金支払の上限額を画する基準であるから，二つの基準が一致する全部保険では，損害の状況に応じて保険金が支払われれば足りることになる。

3　超過保険

　超過保険は，「保険価額＜保険金額」である。通常，損害保険契約締結時の問題が議論されるが，保険期間中に超過保険になることもある。

　損害保険契約締結時に「保険価額＜保険金額」である場合，保険金額分の保険料を支払っているのに，保険金額より低い保険価額基準の保険金し

か受け取ることができないことから，保険契約者は保険料を過払している
ことになる。そのため，保険法9条は，「保険契約者及び被保険者が善意
でかつ重大な過失がなかったときは，保険契約者は，その超過部分につい
て，当該損害保険契約を取り消すことができる。」と規定している（火災約
款21条(1)も同旨）。保険契約者に取消権を認めただけで，当然に無効とし
なかったのは，狂乱物価の時代等では，最初の損害保険契約締結時の段階
では，超過保険であったが，保険価額がインフレで上昇し，いつのまにか
全部保険・一部保険になることもあり得るので，損害保険契約締結後に保
険契約者が超過保険に気が付いても損害保険を生かすオプションを認める
趣旨である（当初から超過保険に気が付いていたのであれば取消権を認める必要はな
いので，故意又は重過失のないことを取消権の主観的要件としている。）。逆に，当
初は全部保険・一部保険であったが，建物が老朽化したために，いつのま
にか超過保険になる場合もあり得る。これに対する救済策として，保険法
10条は，「損害保険契約の締結後に保険価額が著しく減少したときは，保
険契約者は，保険者に対し，将来に向かって，保険金額又は約定保険価額
については減少後の保険価額に至るまでの減額を，保険料についてはその
減額後の保険金額に対応する保険料に至るまでの減額をそれぞれ請求する
ことができる。」と規定している（火災約款21条(2)同旨）。

　なお，保険法9条は，「ただし，保険価額について約定した一定の価額
（以下この章において「約定保険価額」という。）があるときは，この限り
でない。」と規定して評価済保険の場合は，取消しを認めていない。

4　一部保険

　一部保険とは，「保険価額＞保険金額」の状態をいう。一部保険は，保
険料節約のため意図的に生ずる場合もあるし，インフレで保険の対象の価
値が上昇し，結果として生ずる場合もある。

　一部保険である場合の保険金の支払について，保険法19条は，「保険金
額が保険価額（約定保険価額があるときは，当該約定保険価額）に満たな
いときは，保険者が行うべき保険給付の額は，当該保険金額の当該保険価
額に対する割合をてん補損害額に乗じて得た額とする。」と規定している。

これを比例払という。

　上記条項を計算式に直すと，

保険給付の額＝てん補損害額×保険金額÷保険価額

となる。なお，一般に，「AのBに対する割合」とは，Aが分子，Bが分母で，A÷Bの趣旨である。

　例えば保険金額500万円，保険の対象を時価1000万円の建物とする時価の火災保険において，当該建物が全焼した場合を考えると，

保険給付の額＝てん補損害額1000万円×保険金額500万円÷保険価額1000万円＝500万円

となる。この事例であれば，保険金額＝保険給付の額なので特に問題がないようにも思えるが，上記の事例で全焼ではなく修理費相当額が250万円の事例を考えると，

保険給付の額＝てん補損害額250万円×保険金額500万円÷保険価額1000万円＝125万円

となり，保険金額以下なのだからてん補損害額250万円が支払われて当然との被保険者の直感に反する結果となる。

　こうした比例払を回避する方策は二つあり，一つは，保険契約時に保険価額を固定する方法，もう一つは保険法19条が任意規定であることから比例払を修正し実損払とする方法である。

　例えば，SJNKの個人用火災総合保険は，新価・実損払と時価・比例払の火災保険を販売しているが，新価・実損払は上記の各方法を取って比例払を回避しようとしたものである。

　これに対し，火災約款5条(3)(4)は，いわゆる80パーセント・コ・インシュアランスにより比例払の不都合を回避しようとしている。

　その図式は，次のとおりである。

① 保険金額＞＝保険価額×80%……実損てん補

② 保険金額＜保険価額×80%……比例払

　このように，保険金額が保険価額の 80%に相当する額以上である場合は，保険金額を上限として，損害額全額の損害保険金を支払い，保険金額が保険価額の 80 パーセント未満である場合は，比例払とするものである。比例払は，次のとおり行う。

保険給付額＝損害てん補額×保険金額÷保険価額×80%

　80 パーセント・コ・インシュランスは，比例払の過酷さを和らげつつ，実損払よりも（理論上は）保険料を安価にするという工夫であるが，理解が容易な制度ではない。そのため，現在は，新価・実損払が主流となっている。

第3節　免責事由

第1　保険法に規定のある免責

【故意の立証】

Q72 私の亡くなった父親Aは，自己所有地上に自宅を建築し，保険会社との間で，建物及び家財一式に関する住宅総合保険（火災保険）契約を締結していた。Aが外出中に自宅が全焼してしまい，その後の警察による調査等の結果，火元は1階の仏壇付近と押し入れの中の2か所であり，焼残物から灯油に含まれる成分とガソリンに含まれる成分が検出された。Aは，自宅の戸締りは自分で毎日していたものの，自宅の鍵は普段から掛けてはいなかった。一方，今回の火災の際に物盗り等の第三者が自宅に侵入し，わざわざ灯油を撒いて放火したような形跡は見つからなかった。もっとも，Aの前妻Bは，Aに対して深い恨みを抱いており，婚姻中から自宅より様々な品物を持ち出していたことから，今回も自宅に侵入し，放火した可能性はあると私は考えている。なお，Bは，Aがかつて放火をして保険金をもらう旨の話をしていたことがあり，実際に自宅で自分や友人のいる前で大量のティッシュペーパーとマッチを入れた段ボール箱に火を付けたことがあったなどと話している。Aは，火災当時，居酒屋を経営していたが，全く売上げが上がらない状態にあり，地元の信用金庫や友人から借入れを重ねていたほか，国民年金の掛け金の支払も滞納する状態となっており，息子である私からも借入れをし，施設入所中の母親の年金まで費消する状態にあった。また，Aは，住民票上の住所を自宅ではなく，居酒屋の所在地としており，火災当時も居酒屋に寝泊まりしていた。自宅はかなり老朽化しており，固定資産評価額は約4万円，消防署による評価額も約300万円であったのに対し，本件火災

保険契約における保険金額は約 1000 万円であった。そして，Aは，保険契約を締結する際，建物の評価額に 200 万円を加えた保険金額とするように要求し，その際，保険料が高くてもかまわないので，保険金額をでるだけ高くしてほしいと話していたが，保険料の支払も滞りがちであった。

Aは，火災当時，自分が経営する居酒屋付近で飲酒し，別の食堂に行ったところ，自宅で火災が発生したことを知らされたが，現場には行かず，知人に依頼して状況を確認してもらおうともしなかった。

その後，Aが亡くなり，息子である私が保険会社に火災保険金の支払を請求したところ，保険会社が支払を拒否したので，私はやむを得ず，保険金支払請求訴訟を提起した。

訴訟において，私はどのような事実を主張・立証しなければならないのか。一方，保険会社側は，抗弁として，いかなる事実を主張・立証しなければならないか。

A 保険金請求者は，保険事故の発生（火災）が生じたこと，保険の目的物（建物）に損害が生じたこと及びその価額並びに両者の因果関係を主張・立証すれば足りる。

一方，保険者が抗弁として，当該火災が保険契約者又は被保険者の故意・重過失により発生したこと（故意・重過失による免責）を主張・立証しなければならない。具体的には，① 火災が放火によるものであること，② 当該放火に保険契約者又は被保険者が関与したものであること，の2点について様々な間接事実の積み重ねによって主張・立証していくことになる。

■ 解 説

1　問題の所在

火災保険契約の種類は様々なものがあり（Q4，Q14参照），各々に普通保険約款があるが，その全ての約款において，保険契約者又は被保険者の故意若しくは重過失又は法令違反によって生じた損害に対しては保険金を

支払わないという免責事由が規定されている（保険17条1項前段，火災約款3条(1)，東海約款1章5条①・②参照）。

そして，（火災）保険金請求訴訟では，請求者は火災の発生を主張・立証すれば足り，これに対し，保険会社側が抗弁として，当該火災が保険契約者又は被保険者の故意・重過失により発生したこと（故意・重過失による免責）を主張・立証しなければならないことについては争いがない（最二小判平16・12・13民集58巻9号2419頁）。

このように，約定する保険事故が発生し，保険の対象に損害が生じ，保険事故と損害との間に相当因果関係がある場合，保険事故の原因・結果を問わず，損害保険金支払請求権が発生するものとし，保険事故の原因・結果を問わないという原則を危険普遍の原則といい（『鈴木棚田』70頁），免責規定はその例外という位置付けとなる。

そして，保険会社側は，① 火災が放火によるものであること，② 当該放火に保険契約者又は被保険者が関与したものであること，の2点について主張・立証していくことになるが，これらの事実について直接証拠により立証することは困難であることから，いかなる間接事実の積み重ねによって立証していくべきか，が問題となる。

2　判例において検討される間接事実

判例において検討される間接事実については，東京地方裁判所プラクティス委員会第一小委員会が約100件の下級審裁判例について詳細に分析した検討結果を明らかにしており（志田原信三ほか「保険金請求訴訟をめぐる諸問題（中）」（判タ1398号5〜44頁）），以下，概要を紹介する。

(1) 火災が放火によるものか否か（出火原因）

出火原因を認定するための間接事実としては，主として，① 出火場所，② 出火態様，③ 出火時刻，④ 放火以外の出火原因の可能性，⑤ 助燃材の有無，等が挙げられている。

まず，① の出火場所については，放火と認めた判例では，出火場所付近に具体的な出火原因となるものがなかったこと，出火場所自体がコンクリート製床面のように燃えにくいこと，出火箇所が複数であること等の事

実が指摘されている。一方，放火と認めなかった判例では，もともと火の気があるところから出火したことが指摘されている。

また，②の出火態様については，放火と認めた判例では，火災が異常に急激なものであること，延焼の速度が速いこと，被保険者が家を出てから短時間で出火したこと，建物から人物が駆け出てきた直後に煙が上がったこと等の事実が指摘されている。

そして，③の出火時刻については，一般的に放火は人目につきにくい状況下であることから，昼間に火災が発生した場合に比較し，夜間に火災が発生した場合には，放火とは認定されにくい傾向があるという。

さらに，④の放火以外の出火原因の可能性については，先述してきた①から③の要素についての認定，判断を前提とした上で判断されており，①から③の間接事実と密接に関連していると指摘されている。放火と認めた判例では，出火場所について具体的な失火等の原因（たばこの火の不始末や電気系統等に起因する出火の可能性）が認められないことが重要な間接事実とされている。

最後に，⑤の要素として，本来検出されるはずのない場所から油等の助燃材が検出されたことは，出火原因が放火であることを裏付ける重要な間接事実となり得ることも指摘されている。

以上の五つの間接事実を紹介した上で，小括として，判例においては，火災が放火によるものか否かの判断に際して，①の出火場所，②の出火態様，③の出火時刻等の客観的な火災の状況を前提とした上で，④の当該火災の原因について放火以外の可能性があるか否かという視点が特に重視されていると評価されている。

(2) 放火について被保険者等が関与したか否か

被保険者の関与の有無を認定するための間接事実としては，主として，①事故の客観的状況（第三者の出火場所への侵入可能性（戸締りの有無，鍵の存在）），②被保険者の動機・属性等（被保険者等の経済状態，被保険者等が保険金の支払により受ける利益，被保険者等が火災により受ける不利益，同種保険事故の経験），③被保険者等の火災発生前後の言動等（言動，アリバイの有無，供述の

不自然性・不合理性），④保険契約に関する事情（保険契約の締結に至る経緯，契約締結と事故との時間的間隔，保険金額と目的物の価格との関係）等が挙げられている。

　まず，①の事故の客観的状況については，建物内部での放火が火災の原因とされた場合には，当該建物内部に第三者が侵入することができない状況にあれば，一般に，被保険者などの関与があったことが推認されている。

　次に，②の被保険者等の動機，属性等に関しては，被保険者等の経済状態について言及する判例が多いが，経済的に困窮していることだけから放火への関与を認めたものはなく，その一方で，経済状況に余裕がある場合には，当該事実が消極的に間接事実として評価されており，他の事情も勘案した上で相対的に考慮されていると評価されている。また，被保険者等が保険金の支払により現に利益を受ける関係にあることは，被保険者等の関与を認める積極的な間接事実と評価し得る一方，被保険者等が受け取る利益が少ないか又は存在しないことは，保険金を詐取する動機を否定し，放火への関与を否定する方向に作用する事情ということができる。そして，被保険者等が火災によって受ける不利益の大小もまた，被保険者等の放火への関与の有無の判断に当たって考慮されるべき間接事実である。もっとも，当該要素は，先述した被保険者等が保険金の支払により受ける利益の大小との相関関係において評価されていることが多い。さらに，特定人が繰り返し火災被害に遭う可能性は極めて低いと考えられることからすれば，過去に複数回の火災被害に遭い保険金を受領している事実は，被保険者等の放火への関与を疑わせる事情になり得るが，被保険者等が過去に火災保険以外の他の保険金を受領したという経験があるという事実は，その他の事情と共に放火への関与を推認させる事情となる場面も有り得ると分析されている。

　さらに，③の被保険者等の火災発生前後の言動等については，当該供述や行動に不自然，不審な点があることは，放火について被保険者等の関与をうかがわせる間接事実となる。判例の中には，被保険者等のアリバイの有無を指摘するものもあるが，アリバイがないという事実は他の間接事

実と相まってその者の放火への関与を推認させる間接事実であると考えられる。被保険者等が放火目的をうかがわせる事情を隠そうとしたり，あるいは本来取得できる金額より多額の保険金を請求する等の行動を取った場合には，これらの事実は被保険者等の放火への関与を基礎づける積極的な間接事実と評価できる。

　そして，④の保険契約に関する事情に関しては，保険契約の締結に至る経緯に不自然な点があることは，被保険者等が契約締結時から不正請求することを意図していたことを示すものとして，放火をうかがわせる事情となり得る。また，判例においては，一般に，契約締結から時間的間隔を置かずに火災が発生したことは，被保険者等の関与をうかがわせる間接事実の一つとして位置付けられていると考えられている。さらに，保険金額と目的物の価格との差が大きいことも，不正請求を疑わせる事情となり得るが，その他の事情と組み合わさって被保険者等の関与を推認させる間接事実の一つとして評価されている。

　以上の四つの間接事実を紹介した上で，小括として，判例においては，放火に被保険者等が関与したか否かの判断に際して，基本的には間接事実4項目が総合考慮されているが，その中でも，特に火災の客観的状況，とりわけ，被保険者等と無関係の第三者が放火に関与した可能性があるか否かという点が重視されているものと考えられると指摘している。

3　判例の紹介

　Qと同様の事案につき，判例は，第1審と控訴審で結論を異にしている。

　控訴審判決の掲載された書誌（判タ1244号311頁〜315頁）のコメントによれば，第1審は，建物の出火場所が複数でありそれぞれが独立したものであるなど出火原因が人為的な放火であることが推認されるとした上で，被保険者の関与につき，①被保険者と無関係の第三者が放火したとは考えられないとして，その元妻が関与した可能性を示唆しつつ，被保険者がかつて放火して保険金をもらう旨発言したなどとの元妻の発言は内容が奇異であること，②被保険者は火災発生を知った後も自宅に戻らなかったが，当時飲酒していたこと等からすれば被保険者が放火に関与していたこ

とを推認させるものとはいえないこと，③保険調査員に対する被保険者の経済状態に関する説明には誇張されたものがあるが，面談時飲酒しており見栄を張っただけということもできること，④火災当時，空港に知人を見送りに行ったことに関する当日の被保険者ら関係者の説明に食い違いがあっても特に不自然ではなく，むしろ細部が食い違うものは口裏合わせをしていないことの証左ともいいうること，⑤被保険者の経済状態は芳しくなかったが保険金詐欺を働くほどのものとはいえず，建物には思い出の品が多数あったと思われるところ，被保険者がこれを搬出した形跡はないこと等を説示し，放火に被保険者が関与していたとまでは推認できないとして，被保険者らの保険金の支払請求を一部認容した。

　これに対し，控訴審では，火災原因を放火とする第1審認定を前提としつつも，①被保険者の元妻は放火する理由がなく，証言に信用性が認められること，②被保険者が火災発生を知った後の行動は飲酒していたことでは到底説明できないほど不自然であること，③被保険者の調査員に対する発言は説明内容に変遷があり単に見栄を張ったとは言い難いこと，④火災当日に空港に行ったとの被保険者ら関係者の説明は細部につき多くの点で齟齬しており，単に記憶違いとして説明がつく限度を超えていること，⑤火災によって利益を得るのは被保険者一人である上，被保険者は経済的にも困窮しており放火する十分な動機を有していたこと等を説示して，放火への被保険者の関与を推認し，原判決を取り消して被保険者らの請求を全部棄却した。

4　まとめ

　多くの判例は，間接事実の積み重ねにより被保険者等の関与した放火であることを推認するという手法で被保険者等の放火と認定している。しかし，本件の素材となった判例のように，控訴審と第1審（原審）で結論が異なる事案も相当数存在していることからも明らかなように，事実認定については，担当する裁判官の価値観等によって相当に幅があることが認められる。

第2　火災保険の免責事由（偶然性の立証）

Q73 私は，自己所有地上に店舗兼住宅用ビルを所有し，ビルを自宅，店舗，倉庫等として使用していた。そして，私は，保険会社との間で，① 保険の目的を本件建物，家財一式及び商品・製品等一式，② 保険金額を建物2億円，家財一式7000万円，商品・製品等一式2億円，③ 保険金1年間とする店舗総合保険契約を締結し，保険料も支払っていた。保険契約締結後，1か月も経たないうちに，本件建物内で火災が発生し，本件建物4階の居室40平方メートルを焼損し，他の階の居室にも消火活動による水損等の被害が生じたほか，建物内に保管されていた家財，商品などの一部にも焼損又は水損の被害が発生した。私が保険会社に火災保険金の支払を請求したところ，保険会社が支払を拒否したので，私はやむを得ず，保険金支払請求訴訟を提起した。保険会社は，訴訟において，本件火災発生が偶然のものであることにつき私が主張・立証すべきであると主張している。

火災発生の偶然性についての立証責任は，どちらが負うのか。なお，本件保険契約に適用される店舗総合保険普通保険約款には，「保険金を支払う場合」として，火災によって保険の目的について生じた損害に対して損害保険金を支払うこと，保険契約者等の故意又は重大な過失等によって生じた損害については保険金を支払わないこと，が規定されている。

A 保険金請求者は，火災の発生により損害を被ったことを主張・立証すれば足り，火災の発生が偶発的なものであることまで主張・立証する必要はない。

■解説

1　問題の所在

　保険金請求訴訟においては，保険金請求者が，請求原因として，①保険契約の成立，②保険期間中の保険事故の発生，③損害の発生及びその額を主張・立証し，保険会社が，抗弁として，免責事由を主張・立証することになるが，実務上，②の保険事故について請求者がいかなる事実を主張・立証しなければならないのか，保険契約に適用される約款の解釈とも関係して問題となる。

2　学説

　保険契約一般にいう事故の「偶然性」（旧商629条）とは，保険事故の発生と不発生とが保険契約の成立時に確定していないこと（事故の発生・不発生の不確定性）を意味するのであって，保険事故の発生が保険契約者等の意思に基づかないことを意味するものではないとするのが通説的見解となっている。

　一方，このような通説に対しては，旧商法629条は損害保険契約の成立要件だけでなく，損害保険請求権の成立要件も規定しているとして，「偶然性」とは保険事故の発生が保険契約者等の意思に基づかないことをも意味するとの反対説も展開されている。

3　判例の紹介

　Ｑと同様の事案につき，判例は，「商法（旧商法）は，火災によって生じた損害はその火災の原因いかんを問わず保険者がてん補する責任を負い，保険契約者又は被保険者の悪意又は重大な過失によって生じた損害は保険者がてん補責任を負わない旨を定めており（旧商法665条・641条），火災発生の偶然性いかんを問わず火災の発生によって損害が生じたことを火災保険請求権の成立要件とするとともに，保険契約者又は被保険者の故意又は重大な過失によって損害が生じたことを免責事由としたものと解される。火災保険契約は，火災によって被保険者の被る損害が甚大なものとなり，時に生活の基盤すら失われることがあるため，速やかに損害がてん補

される必要があることから締結されるものである。さらに，一般に，火災によって保険の目的とされた財産を失った被保険者が火災の原因を証明することは困難でもある。商法（旧商法）は，これらの点にかんがみて，<u>保険金の請求者（被保険者）が火災の発生によって損害を被ったことさえ立証すれば，火災発生が偶然のものであることを立証しなくても，保険金の支払を受けられることとする趣旨のものと解される。</u>このような法の趣旨及び……本件約款の規定に照らせば，本件約款は，火災の発生により損害が生じたことを火災保険金請求権の成立要件とし，同損害が保険契約者，被保険者又はこれらの者の法定代理人の故意又は重大な過失によるものであることを免責事由としたものと解するのが相当である。」と判示している（最二小判平 16・12・13 民集 58 巻 9 号 2419 頁）。

　すなわち，判例は，「偶然性」の解釈につき，約款の文言の構造（旧商法661 条，641 条参照）ばかりでなく，火災保険契約の本質についても論じた上で，通説的見解を採用することを採用することを明示したものといえる。

　この点については，傷害保険について「偶然性」の立証責任は保険金請求者が偶発的な事故であることについて主張，立証すべき責任を負うものと判示した平成 13 年最高裁判例（最二小判平 13・4・20 民集 55 巻 3 号 682 頁）の結論と異なっているが，傷害保険についてはそもそも「偶然性」が保険事故の要件の一つとして規定されており，その主張立証責任の所在が問題となるのに対し，火災保険では「火災の発生」自体が保険事故であるから，平成 13 年最高裁判例の射程は及ばないと考えられる。

4　まとめ

　火災保険においては，契約の本質に鑑みれば，通説・判例の立場が妥当である。保険金請求者は，火災の発生により損害を被ったことを主張・立証すれば足り，火災の発生が偶発的なものであることまで主張・立証する必要はない（なお，「故意，重過失」の立証責任及び立証方法については，Q 72 参照）。

Q74 保険金疑義事故はどのような点で気が付くか。疑義事故の調査はどのように行うか。有無責の着目点はどの点か。

A 保険金疑義事案は不正請求疑義事案ともいい，保険事故の偽装と損害額の偽装に大別される。

解説

保険事故の偽装では，申告された事故原因と生じた損害との間に不整合が生じたり，事故日と修理依頼日が整合しないど不自然な状況が見受けられる。

また，損害額の偽装では被害品を高価なものだと申告したり，事故と関係のない部分の損害も復旧に必要な修理だと申告したりする等の例が挙げられる。

不正請求疑義事案の場合，保険会社は事故日や事故状況，被害物を特定するために関係者に面談したり警察等の機関に聴取したり，修理業者に確認する等の方法により事実を確認していく。また，必要に応じて弁護士等へ照会し法的見解の確認を行う。

悪質な場合には警察との連携や調査に要した費用の請求等により，実効性のある対策を講じることもある。

疑義事故が故意によるものの場合保険金は支払われないが，支払われた後に関しても疑義が生じ保険者が被保険者に対し詐取として損害賠償請求をした事案として，漏水による詐取が多く，東京地判平28・5・13ウエストロー，東京地判平27・1・29ウエストロー，東京地判平26・12・17ウエストローがある。

【実質的保険契約者等に対する免責】

Q75 私（X）と兄（B）の父親であるAは，自分の所有する店舗兼住宅について，Y保険会社と店舗総合保険契約（火災保険）を締結し，更新を重ねていた。Bは，平成16年9月頃からAと同居を開始し，Y社との間で平成16年10月21日に締結された契約更新手続には同席していたほか，平成17年9月29日の更新の際には，既にAには認知症の症状が現れていたことから，実際に契約更新の申込手続を行うようになっていた。

平成17年12月25日，本件店舗（スナック）から火災が発生し，本件建物及びその内部の什器等が全焼するに至った。

そこで，Aが火災直後に亡くなったことから，BがY社に対して保険金の支払を求めていたところ，Yはこれに応じず，Bもその後亡くなったことから，Xが保険金請求訴訟を提起した。Yは，本件火災が実質的な保険契約者及び被保険者であるBの故意によって生じたものであり，免責されると主張している。

本件火災がBの故意により招致されたものであることについて争いがなかったとして，かかる場合にも故意免責規定が適用されるか。

A 形式的には約款所定の「保険契約者，被保険者，又はこれらの者の法定代理人」でない者の関与により火災が生じた場合，すなわち，本件のBのように実質的に保険契約者と評価し得る者のほか，実質的に被保険者と評価し得る者，被保険者に代わって物件を管理していた者等によって火災が生じた場合には，免責規定の適用があり得ると考えられる。

▌解　説

1　問題の所在

火災保険契約の種類は様々なものがあり（Q14参照），各々に普通保険約款があるが，その全ての約款において，保険契約者又は被保険者の故意

若しくは重過失又は法令違反によって生じた損害に対しては保険金を支払わないという免責事由が規定されている（保険17条1項前段，火災約款3条(1)，東海約款1章5条①・②参照，Q73参照）。

そこで，本件のように，形式的には保険契約者又は被保険者以外の故意・重過失により火災が発生した場合にも，同様に免責されるのか否か，免責規定の趣旨とも関連しつつ，問題となる。

2　学説・判例の紹介

この点，学説は，実質上の保険契約者又は被保険者による事故招致が免責事由に該当することを肯定する見解や，ドイツ法の代表者責任論に依拠して，保険契約者間の公平の見地から被保険者に代わり保険の目的物を事実上管理する地位にある者による事故招致も保険者免責とする見解が存在している。

判例を分析すると，①形式的には保険契約者ではないが，保険契約者と同様に振る舞い，実質的な保険契約者と評価し得る者による事故招致であることから免責されるとするもの，②事故招致者が保険金給付に実質的な利害関係を有しており，実質的被保険者と評価できることから免責されるとするもの，③被保険者に代わって物件を管理していた者による事故招致であることから免責されるとするもの，等が存在している。

3　本件に関連する判例の紹介

本件と同様の事案について，判例（横浜地判平21・9・18判タ1334号131頁，ジュリ1422号97〜100頁（評釈））は，理論的根拠は明示していないが，次のとおり判示している。

「Aが本件各保険契約の当事者であるが，その申込手続をしたのはBであり，当時，Bは，本件建物においてAの面倒を見るためにAと同居していたのであるし，Aに認知症の症状が現れていたこともあって，本件建物の管理を含め，Bが家計を管理していたことが窺われるのであるから，このような事情の下においては，Bの故意によって損害が生じた場合であっても，本件各保険契約約款における故意免責規定の適用があるというべき

である。」

4　まとめ

　本件のBのように実質的に保険契約者と評価し得る者のほか，実質的に被保険者と評価し得る者，被保険者に代わって物件を管理していた者等によって火災が生じた場合には，Bの放火への関与を裏付ける様々な間接事情を総合考慮した上で，場合によっては免責規定の適用を認めるべきであろう。

 Q76　保険の対象となる建物が違法建築であった場合，火災保険金は支払われるか。

A　免責となる場合がある。

▌解　説

　例えば，火災約款3条(1)① は，

火災約款3条(1)①

　当会社は，次のいずれかに該当する事由によって生じた損害に対しては，保険金を支払いません。

① 保険契約者，被保険者（注1）またはこれらの者の法定代理人の故意もしくは重大な過失または法令違反

　（注1）保険契約者または被保険者が法人である場合は，その理事，取締役または法人の業務を執行するその他の機関をいいます。

と規定しており，法令違反によって生じた損害又は費用に対する保険金を免責としている。

ここでいう「法令違反」とは，消防法，建築基準法等である。例えば，爆発物取締罰則（明治17年太政官布告第32号）に違反して自宅で爆発物を使用した結果，保険の対象である自宅が爆発したのであれば，故意又は重過失で免責となるし，法令違反でも免責となる。ただし，法令違反による免責は，これが事故の原因になっている場合に限り，他の原因があって，法令違反が，保険事故の発生に無関係である場合は，免責事項とならない（『火災保険』62頁）。

設問について考えてみると，保険の対象となる建物が違法建築であったとすると，保険契約者等が当該建築を行っているのであれば，法令違反はあるが，これによって損害が発生しなければ免責とはならない。放火で自宅が全損となった事例では，違法建築とは無関係に放火によって全損となっているので，法令違反免責は成立しない。これに対し，放火で自宅が全損となったが，違法建築でなければ，速やかに消火がなされ一部損で済んだ事例を考えてみると，一部損で済んだのが違法建築が原因で全損に損害が拡大しているので，当該損害の拡大部分と法令違反との間に相当因果関係が認められ，当該拡大部分については法令違反免責が成立すると考える余地がある。もっとも，違法建築とは無関係に一部損は生ずるので，一部損についてまで法令違反免責は成立しないと解する。

第3　通知義務違反による免責

Q77 私は平成 10 年頃から衣料品の製造・販売業を主な事業とする X 社を経営し，私の母親所有の建物を事務所兼作業所として使用していた。そして，保険会社（Y 社）との間で，本件建物及び建物内に保管されている商品を保険の目的として火災保険契約を締結した。その後，平成 11 年 2 月 4 日，本件建物において火災が発生し，建物の一部及び建物内の商品も一部焼失した。

本件建物内で発見された残燃物の大半に不良返品票というシールが貼られていたが，私は商品の仕入価格を基準として損害額を算定し，Y 社に対し保険金を請求した。

しかし，Y 社がこれを拒否したため，やむを得ず訴訟提起した。

訴訟においては，Y 社は，① 本件火災が A の故意又は重過失に基づくこと，② 本件建物に保管されている商品は不良品であり，損害額について Y が不実告知をしていること，③ 本件建物保管の商品は無価値の不良品であり Y に損害は発生していない等の主張をしている（裁判所は，その後の審理により，Y 社の ① の主張については認定している。）。

Y 社の ②・③ の主張が認められるか。

なお，本件火災保険契約の約款には，事故が発生したことを知った場合は，事故発生の日時，場所及び事故の概要等を直ちに保険会社に通知しなければならないこと，通知義務違反につき，故意・重過失ある場合には保険会社は契約を解除できること，通知すべき事項について不実の表示をした場合には，保険金支払を免責されること等が規定されていた。

A Xに保険金を騙取する意図，詐取する意図，過大に保険金を取得する意図等があった場合には，保険会社は支払を免責されるものと考えら

れる。もっとも，保険会社が支払を免責されない場合にも，焼損物の状況等の客観的証拠から保険支払額の減額を主張することができる。

■ 解　説

1　問題の所在

　火災保険契約には様々な種類があり，その各々において普通保険約款が規定され，保険契約者等が正当な理由なく事故通知義務等に違反した場合には，保険金を支払わないという免責事由が規定されている（火災約款10条2項参照）。そこで，本問の事例のように損害額等について保険会社側が保険契約者等の過大申告と判断していた場合，保険金の支払を拒否することがある。

　もっとも，保険契約者が火災による損害額等について申告する際には，火災に伴い，保険の対象としていた財産などの資料も焼失していることもままあり，損害の申告を十分に行うことが不可能であるばかりでなく，かかる場合に単に過大申告の可能性があるとして保険金支払を拒否されたのでは，保険契約者等の救済がなされない結果となってしまう。

　そこで，保険会社はいかなる場合に通知義務違反等に基づく免責を主張できるのか，免責が認められない場合には保険金支払額の減額を主張することができるのか，が問題となる。

2　判例の紹介

　この点，自動車保険契約における保険事故の事故通知義務（普通保険約款において保険契約者等が事故発生を知った時には事故発生の日時，場所，事故の状況，損害又は障害の程度について遅滞なく書面で保険会社に対して通知すべきであること，及び，保険会社は保険契約者等から事故通知を受けることなく事故発生の日から60日を経過した場合には，保険契約者等が悪意又は重過失なく事故通知ができなかった場合等を除いて，保険会社は免責される旨の規定がなされている。）について，最高裁は，「右各規定が，保険契約者又は被保険者に対して事故通知義務を課している直接の目的は，保険者が，早期に保険事故を知ることによつて損害の発生を最小限度にとどめるために必要な指示を保険契約者又は被保険者

に与える等の善後措置を速やかに講じることができるようにするとともに，早期に事故状況・原因の調査，損害の費目・額の調査などを行うことにより損害のてん補責任の有無及び適正なてん補額を決定することができるようにすることにあり，また，右事故通知義務は保険契約上の債務と解すべきであるから，保険契約者又は被保険者が保険金を詐取し又は保険者の事故発生の事情の調査，損害てん補責任の有無の調査若しくはてん補額の確定を妨げる目的等保険契約における信義誠実の原則上許されない目的のもとに事故通知をしなかつた場合においては…保険者が前記の期間内に事故通知を受けなかつたことにより損害を被つたときにおいて，これにより取得する損害賠償請求権の限度においてであるというべきであ」ると判示している（最二小判昭62・2・20民集41巻1号159頁）。

　火災保険契約における損害の不実申告については，最高裁判例はなく，判例としては，保険者の免責が認められる要件として，保険契約者等が単に提出書類に虚偽記載があることを知っていたというのでは足りず，間接事情を積み重ねた上で，① 保険金を騙取する意図，② 保険金を詐取する意図，③ 過大な保険金を取得する意思，等の積極的な主観的意思があったことを要求しているものが多い。

3　本問におけるあてはめ

　Qと同様の事案についての判例（大阪地判平15・10・3ジュリ1304号181頁～183頁）は，約款の規定が「保険金支払の免責という極めて重大な効果を規定していること……，保険金を請求する者が，自らの所有に係る罹災物件につき少しでも高値で見積ろうとすること自体は，一般的な人間の身上として全く理解しえないわけではないことなどに鑑みれば，同規定は限定的に解釈すべきであり，同条項が規定する「不実の表示をした」とは，単に提出書類に虚偽記載があり，被保険者がそのことを認識していたというだけでは足りず，より積極的に，申告者に保険金を詐取しようとする積極的意図が存在するなど，保険契約における信義誠実の原則からして許容されないような態様のものに限られる」とし，本件においては焼損物の大半に不良返品票が貼付されていたが，全てが無価値物とは即断できないこ

と，Yがことさら証拠をねつ造したような事情は認められないこと等の事情から，Yの申告の不実表示性を否定した。

　その上で，「罹災した商品が，すべて無価値の不良品であったとまで推認することはできず，Yに何らかの損害が発生したことは認められるところ，本件のように，火災により動産が焼失した場合の損害額の算定については，損害の性質上その額を立証することが極めて困難であるといえるから，民事訴訟法248条に従い，口頭弁論の全趣旨及び証拠調べの結果に基づき相当な損害額を認定するよりほかない」として，<u>焼残商品の約8割に不良返品票が貼付されていた事実等から，Yの請求額の約2割相当額を罹災した商品についての損害額と認定</u>した。

4　まとめ

　通知義務違反に基づく免責が認められるためには，多くの判例が要求するように保険契約者の保険金を騙取ないし詐取する意図など，すなわち積極的な主観的意思を要求すべきであろう。もっとも，本問のように損害額を減額する客観的証拠が存在する場合には，保険会社の保険金支払額の減額が認められることになろう。なお，保険会社の免責の範囲について，不実申告が目的物の一部に関するものであったとしても契約の一体性が認められる限り，保険金全体の支払を拒絶できるとした判例がある（仙台地判平20・10・9公刊物未登載）。

　　（注）　不実申告免責条項は，平成20改正前商法下の損害保険契約に適用される約款において置かれていたが，保険法対応約款においては置かれていない。

第4　損害防止義務違反による免責

Q78　私は，私が所有する地下1階地上4階建建物について，保険会社との間で，住宅総合保険（火災保険）契約を締結していた。本件保険契約には，火災事故等が生じた場合，保険契約者等は，損害の発生の防止又は軽減に努めなければならず，また，保険契約者等がそのために必要又は有益な費用を支出した場合，保険会社が当該費用を負担する旨の損害防止費用についての規定がある。そして，当該費用の具体例として，① 消火活動のために費消した消火薬剤等の再取得費用，② 消火活動に使用したことにより損傷した物（消火活動に従事した者の着用物を含む。）の修理費用又は再取得費用，③ 消火活動のために緊急に投入された人員又は機材にかかわる費用（人身事故に関する費用，損害賠償に関する費用又は謝礼に属するものを除く。）が挙げられている。

本件建物は火災により全焼したところ，私は火災発生後，現場保存のために通風バリケード加工工事を行い，61,005円を支出した。私は，保険会社に対して，本件保険契約に基づき，当該工事費用の支払を請求できるか。

　当該工事費用は，損害防止費用とは認められないので，保険会社に対する支払を請求することはできない。

解　説

1　損害防止義務（保険13条，火災約款26条）の意義

保険法では，「保険契約者及び被保険者は，保険事故が発生したことを知ったときは，これによる損害の発生及び拡大の防止に努めなければならない」と規定されている（保険13条，火災約款26条(1)）。

損害保険契約では，保険事故により生じる損害を保険者がてん補するが，保険事故が発生しても損害の発生を防止したり，これを最小限に食い止め

る措置をとることが可能な場合があり，かかる措置をとる主体としては被保険者が最も現実的であることから，規定されたものである。損害防止義務という法的義務まで高められている理由としては，保険者の負う保険給付義務は損害が拡大するにつれて増加するが，損害の拡大を被保険者が防止しうるのであればそれをしないでいたずらに拡大させるのは保険者との関係で信義則違反であり，損害の防止は公益にも合致するとの説明がなされてきた。

　損害防止義務は，保険事故が発生してはじめて生ずるものであり，保険事故発生前に保険契約者等がこれを防止することができたのにしなかった場合は，保険法 17 条の免責の問題として処理される。

　そして，同法 13 条についても，同法 17 条との均衡を図る見地から，義務違反の要件として，故意又は重過失を要求する見解も有力である。

2　費用負担

　保険契約者等が損害防止義務を履行した場合には，損害の発生又は拡大の防止のために必要又は有益であった費用として，保険者の負担とされる（保険 23 条 1 項 2 号，火災約款 26 条(2)，東海約款 1 章 1 条(4)②）。

　また，保険法では，保険者は，保険事故が発生していないときであっても，消火，避難その他の消防の活動のために必要な処置によって保険の目的物に生じた損害をてん補しなければならない，との損害てん補についての特則規定も設けられている（保険 16 条）。

3　本問におけるあてはめ

　本問における通風バリケード加工工事は，本件保険契約に規定されている具体例 ① から ③ のいずれにも該当しない。また，本件工事は，本件火災により建物が全焼した後に行ったものであることからすれば，当該工事の時点で，損害の発生又は拡大を観念することができず，損害額も既に確定されていたものと評価せざるを得ない。

　以上からすれば，同法 13 条・23 条 1 項 2 号の範ちゅうの問題として処理することはできないと考えられる。

　また，本件工事が本件建物全焼後に行われていることからすれば，同法16条の範ちゅうの問題として処理することも困難と考えられる。

　なお，本問と同様の事案が問題となった判例では，本件通風バリケード加工工事は，保険契約の当該条項のいずれにも該当しないとして，損害防止費用の支払を求める請求を棄却している（東京地判平22・3・24判タ1377号178～192頁。なお，費用保険金についてはQ44参照）。

【参考文献】『山下（旧）』412頁～415頁

Q79　自宅で火事が起きた場合，消火活動を行わなければならないか。

 約款上，初期消火活動に努力することが求められている。

▋ 解 説

　保険法13条は，「保険契約者及び被保険者は，保険事故が発生したことを知ったときは，これによる損害の発生及び拡大の防止に努めなければならない。」と規定している。保険約款においても，例えば東海約款2章3節1条は，「保険契約者または被保険者は，事故または損害が発生したことを知った場合は，下表の右欄のことを履行しなければなりません。」，「① 損害の発生および拡大の防止　損害の発生および拡大の防止に努めること。」と同様の規定がある。上記の義務は，免責条項と紐付いている点が重要で，同節2条(1)は，「保険契約者または被保険者が，正当な理由がなくて第1条（事故発生時または損害発生時の義務）の表の規定に違反した場合は，当会社は，下表の左欄の規定に対応する下表の右欄の額を差し引いて保険金を支払います。」，「① 第1条の表の ①　損害の発生又は拡大を防止することができたと

認められる損害の額」と規定している。

　問題は，損害防止義務の程度である。損害防止義務の趣旨について，『ポイントレクチャー』89頁において「損害防止義務は，保険事故が発生したにもかかわらず，保険があることを理由として，被保険者が何らの行動もとらないことによって，損害が拡大するのを防止するところに目的がある。簡単な消火活動によって火が消しとめられるのに，火災保険があることから，何らの消火活動も行わない例が考えられる。」と説明しているとおり，本来，ぼや火事で終わるべき火事で，自宅に消火器がある場合等は，損害防止義務違反を問うことができよう。もっとも，保険法13条及び上記約款の規定振り（「努めなければならない。」，「努めること。」）から，損害防止義務は努力義務と解されるので，火災に関していえば，その義務はいわゆる初期消火にしか及ばないし，その程度は初期消火の努力をすれば義務の履行としては十分であるし，高齢者・障がい者等，初期消火であっても危険性がある者には義務の履行も不要である。また，一般に，初期消火は天井に火が回るまでが限界とされているが，一般人が天井に火が回っているかどうかを判断するのは難しく，事後的に，初期消火の可否を認定するのは困難である。初期消火の段階を過ぎている場合は，初期消火の努力をしなくても損害防止義務違反は問い得ないので，火災保険において損害防止義務違反により免責となる事案はごく少数であり，実務上は，モラルリスク防止の理念的な義務に過ぎないと思われる。

　なお，損害防止義務は，保険法13条は，保険事故発生後に保険事故の発生を知ったときから発生する義務としており，「保険事故発生前の損害防止義務は，故意・重過失による事故招致の問題として理解され，免責の問題となる。」（『ポイントレクチャー』90頁）。

第 4 節　保険金支払

Q80　火災保険契約において保険金が支払われる要件は何か。

A　保険金が支払われる要件（保険者の保険給付義務（原則として保険金支払義務））としては，① 保険期間内に契約で特定された保険事故が発生すること，② 保険事故の発生と因果関係のある損害が発生すること，③ 契約で特定された保険者免責事由に該当しないこと，の三つがある。各要件を巡って，様々な論点があり，以下の設問を参照されたい。

　　① 保険事故の発生について　　　設問 Q51，Q91
　　② 損害の発生について　　　　　設問 Q68(1)・(3)
　　③ 免責事由について　　　　　　設問 Q68(2)，Q72，Q73，Q75 ～ Q79

Q81　保険金支払債務はいつから履行遅滞となるか。

A　約款で定められるが，約款で定められた期限（30 日とされている場合が多い。）が保険事故，てん補損害額，保険者が免責される事由その他の保険給付を行うために確認することが損害保険契約上必要とされる事項の確認をするための相当期間を経過する日後の日であるときは，当該期間を経過する日をもって履行遅滞となる（保険 21 条 1 項）。

解 説

1　履行遅滞の時期に関する約款の解釈と相当期間の考え方

　火災保険契約の約款では，① 保険金支払請求が完了した日から 30 日以

内に保険金を支払うために必要な一定事項の確認を終え，保険金を支払う（東海約款2章4節2条(1)），②一定事項の確認のため，警察，医療機関等の専門機関への特別な照会，被災地における特別な調査等が必要である場合には，保険金支払請求の完了日から照会，調査の内容に応じて，30日よりも長い期間内（60日〜180日）に保険金を支払うものと規定されている（東海約款2章4節2条(2)）。

　約款で規定されている期限が相当期間よりも後でなければ，約款の規定に従って自動的に履行遅滞になる時期が決まるので，約款の解釈としていつから履行遅滞になるかが問題となる。そして，約款上の遅滞の時期が相当期間内であるかどうかが問題になるので，相当期間をいかなる期間と考えるべきかが問題となる。

　相当期間については，個々の保険金請求ごとに判断すべきものではなく，契約の種類，保険事故の内容やその態様，免責事由の内容等に照らして類型的に判断すべきものとされている。例えば，実際に調査に要した期間が相当期間よりも短い場合であっても，約款の規定が一定期間経過時を履行遅滞の時期と規定しているのであれば，その一定期間が相当期間を超える場合には，履行遅滞の時期は相当期間を経過する日であって，実際の調査終了時に履行遅滞になるわけではない。

2　保険契約者等との間に履行遅滞に個別合意があった場合

　約款の期限とは別に，具体的な調査の進行状態等に鑑みて，履行遅滞について，個別的に保険者・被保険者との間で合意がなされることも有り得る。

　この点につき，従来の約款で定められた30日以内に調査を終えることができなかった保険者が更に確認すべき点があるので協力をお願いする，調査は迅速に進め，結果が出れば保険金支払の可否についての最終判断を速やかに連絡する旨の協力依頼書を送付し，被保険者が調査に協力をしたという場合に履行期を延期する合意を認めた判例がある（最一小判平20・2・28判時2000号130頁）。

3　調査妨害・不協力の場合

　保険者が確認をするために必要な調査を行うに当たり，保険契約者等が正当な理由なく当該調査を妨げ，又はこれに応じなかった場合には，保険者は，これにより保険給付を遅延した期間について，遅滞の責任を負わない（保険21条3項）。

【参考文献】『論点体系Ⅰ』198頁〜207頁，『保険相談』90頁

Q82
火災で父が亡くなった。相続人は私（長男）と母親であるが，この場合，火災保険契約の帰属及び請求方法はどうなるか。

A
共同相続人（設問の場合は長男と母親）が共同して火災保険契約者の地位に立つことになる。共同相続人の中から代表者一人を定め，代表者が保険契約に関して他の保険契約者を代理して，請求することとなる。代表者が決定されない場合又はその所在が不明の場合には，保険者が共同相続人のうちの一人を選択し，契約関係を処理することとなる。

解説

　一般的な火災保険契約の約款では，保険契約者が死亡した場合につき，①保険契約が失効する場合を除き，保険契約の権利及び義務が，死亡した保険契約者の死亡時の法定相続人に移転すること（火災約款39条(3)），②保険契約者が2名以上である場合（すなわち，相続人が複数人であり，共同相続されることとなった場合）は，保険者は代表者1名を定めることを請求することができ，かかる場合，代表者が他の保険契約者を代理するものとすること（火災約款40条(1)），③代表者が定まらない場合又はその所在が不明な場合には，保険者が保険契約者の中の1名に対して行う行為は，他の保険契約者に対しても効力を有するものであること（火災約款40条(2)），④保険契約者が2名以上

である場合は，各保険契約者は連帯して当該保険契約の義務を負うものであること（火災約款40条(3)），等が規定されていることが通例である。

　なお，本問と関連する判例として，① 被相続人の死亡により失効した保険契約の返戻金について被相続人の相続財産に属すると判示したもの（東京地判平18・2・17ウエストロー），② 相続人による火災保険請求につき，被相続人による当初の保険金請求手続が遅滞しており，合理的理由が認められない場合は，信義則上保険金の支払は免責されると判示したもの（東京地判平20・3・12ウエストロー）がある。

Q_{83} 「損害保険の保険金支払に関するガイドライン」とは何か。

 日本損害保険協会が策定し，加盟社に対して遵守を要請している保険金支払に当たって遵守すべきルールである。

▌解説

　2005年以降に生損保で多数の保険金不払・保険料過払が判明したいわゆる保険金不払問題を契機として，日本損害保険協会が策定したガイドラインである。同様に，「契約概要・注意喚起情報（重要事項）に関するガイドライン」，「第三分野商品（疾病または介護を支払事由とする商品）に関するガイドライン」及び「保険約款および募集文書等の用語に関するガイドライン」が策定されている。

　保険金支払の各段階における遵守事項を網羅的に記載しており，業務で損害保険分野に関わるのであれば，一読の価値がある。なお，本ガイドラインは，日本損害保険協会のホームページで公開されている（最新は2018年3月版）。

Q84 保険金請求権の消滅時効は何年か。

 3年である（保険95条1項）。

解説

1　消滅時効の起算点についての学説

消滅時効の起算点については，保険法は特に規定していないので，民法の一般原則に従い，権利を行使し得る時が起算点となる（改正民166条1項）。

この点を巡って，学説は，起算点を保険金請求時から約款所定の一定期間を経過した時とする説（請求しなかった場合については，保険事故発生時とする説や保険事故発生時から一定期間経過後とする説等に分かれている。），保険事故発生時（損害保険では損害発生時）とする説，保険金請求者が保険事故発生を知った時とする説がある。

保険金請求権が発生した時から権利行使できると考えれば，保険事故（損害）発生時が起算点となるが，約款所定の一定期間内は保険者が履行遅滞に陥らないことを権利行使が制限されると考えれば，この一定期間を消滅時効の起算点に反映させる余地が出てくる。

2　判例

判例としては，約款所定の必要な調査を終え保険金支払の可否が保険金請求者に通知された時とするもの（傷害保険に関し，東京地判平11・9・30判タ1025号268頁），請求しなかった場合に保険事故発生時とするもの（東京地判昭42・9・27下民18巻9・10号956頁）がある。

なお，約款規定とは別に履行期を延期する個別の合意がある場合，合意が有効である以上，合意に基づいた履行期から権利を行使できるから，その時点が起算点となる（最一小判平20・2・28判時2000号130頁）。

【参考文献】『山下（旧）』173 頁〜 174 頁

Q85 自宅が全焼したが，使えそうな木も残っている場合，再利用してもかまわないか。

A 原則として，残骸の所有権は被保険者に残るので，再利用してかまわない。

解　説

　保険の目的物に保険事故が発生し，保険者が被保険者に対して損害保険金を支払ったとする。利得禁止原則の観点からは，被保険者の損害と損害保険金は一致すべきであるが，事案によっては，損傷した保険の目的物に価値のあることがあり，あるいは，保険事故によって被保険者が第三者に対して損害賠償請求権を取得することがある。こうした価値のある物又は損害賠償請求権を被保険者の手元に残すとなると，被保険者は損害保険金にプラスして利得を得ることになり，利得禁止原則の観点から不都合である。そこで，保険法は保険代位という制度を定めて，被保険者の利得を剥奪して，保険者移転させることとした。保険代位には，① 残存物代位と ② 請求権代位があり，価値ある物の権利を保険者に移転するのが残存物代位，請求権を移転するのが請求権代位である。本件は，① 残存物代位の問題である。

　保険法 24 条は，「保険者は，保険の目的物の全部が滅失した場合において，保険給付を行ったときは，当該保険給付の額の保険価額（約定保険価額があるときは，当該約定保険価額）に対する割合に応じて，当該保険の目的物に関して被保険者が有する所有権その他の物権について当然に被保険者に代位する。」と残存物代位を定めている。

　もっとも，火災保険の場合は，保険者が残存物の所有権を取得する旨の意

思表示を行うのでない限り，当該所有権は保険者に移転しないと約款に定められている。火災約款では「当会社が…損害保険金…を支払った場合でも，保険の対象の残存物について，被保険者が属する所有権その他の物権は，当会社がこれを取得する旨の意思を表示しないかぎり，当会社に移転しません。」とある（火災約款 32 条 (1)）。その趣旨は，例えば，火災保険の保険の対象である戸建てが全焼し，幾ばくかの建材が残ったとして，保険法 24 条によれば，保険者はこうした建材の所有権について当然に代位することになるが，多くの事案で，当該建材に価値はなく，むしろ，運搬・片付け費用の分だけ損害となる。そのため，保険法 24 条を適用してしまうと，保険者は損害保険金を支払った上に，残骸の建材を片付ける費用まで支出することになる。これに対し，被保険者は，損害保険金を受け取った上に，保険者の費用で残骸の片付けまでしてもらえることになり，結果として，利得を得ることになる。こうした趣旨から約款上，残存物代位の放棄規定が存在しているのであるが，他方で，保険法 24 条は片面的強行法規とされている（保険 26 条）。そのため，上記約款が被保険者に不利な特約に当たるのかが問題となる。

　この点，不利な特約に当たるかどうかは代位の範囲が保険法の代位の範囲より広いかどうかが基準となると解されている（『坂口』156 頁）。そうすると，約款上の代位の範囲は，保険法 24 条と同一なので，不利な特約には当たらないことになる。

　そもそも保険法 24 条は利得禁止原則の観点から定められたものである。したがって，残存物代位によって被保険者にかえって利得が生ずるのであれば，保険者に残存物代位の当否の判断を委ねることは許され，他方で，残存物代位が認められないことによって生ずる被保険者の不利益は，利得を得られないという不利益に過ぎず，利得禁止原則の観点から保護に値しないと考えることができる。

　なお，上記約款の結果，保険者が残存物代位を行使することは事実上なくなるが，これでは被保険者が片づけ費用の負担に難渋するため，火災総合保険では，残存物取片づけ費用保険金を自動付帯し，損害保険金の 10 パーセントを限度として片づけ費用の実費相当額を支払うこととしている（ただし，AIG 損保のホームプロテクト総合保険では付帯を外すことができる。）。

設問に戻れば，よほどの銘木でない限り，損害保険会社が残存物代位の意思表示を行うことはないので，一応，損害保険会社に断った上で，再利用することは問題ない。

Q86 放火により自宅が全焼した。火災保険を受け取った後で，さらに放火犯に対して損害賠償金を請求することができるか。

A 損害賠償請求権は損害保険会社に一部又は全部が帰属するので，放火犯に対する損害賠償金の請求に当たっては損害保険会社との調整が必要となる。

■ **解説**

保険法25条によれば，保険者は，保険給付の額・被保険者債権の額のいずれか少ない額を限度として，保険事故による損害が生じたことにより被保険者が取得する債権について当然に被保険者に代位する。ここで，保険給付の額とは損害保険金のことである。被保険者債権の額というのは，設問でいえば，被保険者が放火犯に対して有する民法709条の不法行為に基づく損害賠償請求権の数額のことである。なお，被保険者債権は，不法行為に限らず，放火犯が賃貸物件の賃借人である場合等，民法415条の債務不履行（目的物返還義務の履行不能）に基づく損害賠償請求権も含まれる。

請求権代位の趣旨は，差し当たり次のように理解しておけば足りる。すなわち，損害保険の支払後も被保険者に第三者に対して損害賠償請求を認めることは利得禁止原則に反するので被保険者債権は被保険者から剥奪する必要がある。しかし，放火犯のような第三者を免責とするのは正義に反するので，誰かしらに被保険者債権を帰属させて行使させるべきである。そこで，損害保険金を支払った保険者に被保険者債権を帰属させることで，利得禁止・第三者の免責防止を図ると共に，被保険者債権を回収させて保険料の低廉化を

図る，という趣旨の下で設計された制度が請求権代位である。なお，判例も火災保険金が損益相殺の対象となるかが争点となった事案について，「家屋焼失による損害につき火災保険契約に基づいて被保険者たる家屋所有者に給付される保険金は，既に払い込んだ保険料の対価たる性質を有し，たまたまその損害について第三者が所有者に対し不法行為又は債務不履行に基づく損害賠償義務を負う場合においても，右損害賠償額の算定に際し，いわゆる損益相殺として控除されるべき利益にはあたらないと解するのが，相当である。ただ，保険金を支払つた保険者は，（編注：旧）商法 662 条所定の保険者の代位の制度により，その支払つた保険金の限度において被保険者が第三者に対して有する損害賠償請求権を取得する結果，被保険者たる所有者は保険者から支払を受けた保険金の限度で第三者に対する損害賠償請求権を失い，その第三者に対して請求することのできる賠償額が支払われた保険金の額だけ減少することとなるにすぎない。また，保険金が支払われるまでに所有者が第三者から損害の賠償を受けた場合に保険者が支払うべき保険金をこれに応じて減額することができるのは，保険者の支払う保険金は被保険者が現実に被つた損害の範囲内に限られるという損害保険特有の原則に基づく結果にほかならない。」と判示している（最三小判昭 50・1・31 民集 29 巻 1 号 68 頁）。

実務上，請求権代位は，保険代位と称することが多い。これは，残存物代位がほとんど行われないため，保険代位といえば，請求権代位を指すためである。

請求権代位は，保険法 25 条のとおり，保険給付の額（損害保険金）・被保険者債権の額のいずれか少ない額を限度として行うことができる。ただし，保険給付の額がてん補損害額に不足するときは，被保険者債権の額から当該不足額を控除した残額が被保険者債権の額となる（保険 25 条 1 項 2 号括弧書き）。

これは，まず，損害保険契約によりてん補すべき損害の額をてん補損害額という。てん補損害額は，保険価額により算定するので（保険 18 条 1 項），損害発生時の時価又は約定保険価額となる（保険 18 条 2 項）。火災保険では，時価保険の場合は，建物の時価，新価保険の場合は，再調達価額である。そして，損害保険金がてん補損害額より少ない場合は，

> 代位できる被保険者債権の額＝被保険債権の額−（てん補損害額−損害保険金）

と計算する，という意味である。

　例題として，被保険者債権100万円，てん補損害額100万円，損害保険金100万円という建物の放火事例を考えると，

> 代位できる被保険者債権の額＝100万円−（100万円−100万円）＝100万円

となり，損害保険金・被保険者債権いずれも100万円なので，請求権代位は100万円を限度として行うことができる。

　次に，上記事例を損害保険金30万円に変えてみると，

> 代位できる被保険者債権の額＝100万円−（100万円−30万円）＝30万円

となる。したがって，損害保険金30万円，代位できる被保険者債権30万円となるので，いずれも同額であるから30万円について保険者は代位できることになる。

　これが放火ではなく，賃借人の火の不始末で，全損に至ったのが防火設備の不具合にあるとして被保険者の過失が20パーセントとする。この場合は，

> 代位できる被保険者債権の額＝80万円−（100万円−30万円）＝10万円

となる。損害保険金30万円，代位できる被保険者債権10万円なので，少ない方である10万円を限度として保険者は請求権代位できる。

　最後の事例の場合，被保険者は賃借人に対して70万円，保険者は10万円請求できる。賃借人が全額を支払うことができない場合，被保険者と保険者のいずれが優先するかについては，保険法25条2項が「被保険者は，被保険者債権のうち保険者が同項の規定により代位した部分を除いた部分について，当該代位に係る保険者の債権に先立って弁済を受ける権利を有する。」

と規定して，被保険者優先を定めている。保険法 25 条 2 項は，片面的強行法規なので（保険 26 条），被保険者が保険者に劣後する規定は無効である。なお，SJNK 約款，共済約款等では，借家人に故意又は重大な過失がないかぎり，求償権を行使しない旨の条項が付されている。

【代位権不行使特約】

Q87 代位権不行使特約とは何か。

A 代位権不行使特約とは，保険約款において，保険者が代位取得した権利を一定の条件の下行使しない旨約定されている特約を意味する（なお，保険法においては，かかる規定は存在しない。）。

■ 解 説

火災保険約款において代位権不行使特約が規定されている具体例としては，賃貸建物が借家人の悪意・重過失なく焼失してしまった場合を想定し，かかる場合に大家が借家人に対する代位求償権を予め放棄する場合（賃貸人である大家が被保険者）が挙げられる。

かかる不行使特約の解釈が問題となった判例（東京高判平 11・10・28 金判 1099 号 29 頁）は，火災保険における代位権不行使の例外となる借家人の重大な過失の意味について，失火責任法の「重大ナル過失」と同様，通常人に要求される程度の相当な注意をしないでも，わずかの注意さえすれば，たやすく違法有害な結果を予見することができた場合であるのに，漫然とこれを見過したような，ほとんど故意に等しいとして注意欠如の状態を意味すると判示している。

【参考文献】『論点体系 1』240 頁・241 頁，『山下（旧）』559 頁・560 頁

【被代位債権の消滅時効の起算点】

> # Q88 保険者が取得する被代位債権の消滅時効の起算点はいつか。

A （改正民法に基づく）被代位債権が不法行為に基づく損害賠償請求権であった場合には，改正民法 724 条により被害者が損害とその加害者を知った時（一般的には，事故当日）が起算点となり，当該日時から 3 年が経過すれば，被代位債権の消滅時効は完成することになる。

また，被代位債権が債務不履行に基づく損害賠償請求権であった場合には，改正民法 166 条 1 項により被害者が当該権利を行使することができることを知った時を起算点として，当該日時から 5 年が経過した場合，あるいは，同条 2 項により被害者が当該権利を行使することができる時を起算点として，当該日時から 10 年が経過した場合，被代位債権の消滅時効は完成することになる。

▌ 解 説

上記の結論になるのは，保険者が，保険給付の時点で，被保険者である被害者の加害者に対する損害賠償請求権をその実体法上の権利の性質を変更することなく当然に承継取得するものであり，代位取得される権利は，被害者の加害者に対する損害賠償請求権に他ならず，被代位債権である損害賠償請求権自体についての消滅時効の起算点や時効期間に何らの消長を来すものではないからである。

実務上も，被保険者（被害者）と加害者との間の損害賠償請求訴訟（不法行為）において総損害額及び過失割合が確定する前に，人身傷害補償保険金を支払った保険会社が加害者に対して訴訟を提起する事例も見受けられる。

【参考文献】『論点体系法 1』241 頁・242 頁，『改正債権法』62 頁〜74 頁

【代位権行使に係る弁護士費用など】

Q89 保険者が代位取得した被保険者債権を実際に行使しようとして，弁護士に委任した場合，かかる弁護士費用も相手方に請求できるか。

A 求償請求の判例の多くでは，弁護士費用については，当然に不法行為と相当因果関係のある損害として相手方に請求し得るものではないと判示されている（交通事故についての大阪地判平 23・3・16 交民 44 巻 2 号 397 頁等）。

【参考文献】『論点体系 1』242 頁〜 243 頁

第9章
火災保険契約の終了

Q90 火災保険契約はどのような場合に終了するか。

A 火災保険契約が終了する場合としては，① 解除，② 無効・取消し，③ 失効，④ 保険期間の満了，がある。

▌ 解 説

1 解除

　保険契約者による解除としては，保険法上，① 保険者が任意に契約を解除した場合（任意解除権，保険27条。もっとも，同条は任意規定であることから，契約で任意解除権を定めないことも許される。），② 保険者が破産手続開始決定を受けた場合（保険96条1項），が規定されている。

　一方，保険者による解除としては，保険法上，① 告知義務違反による解除（保険28条），② 危険増加による解除（保険29条），③ 重大事由による解除（保険30条），が規定されている。これらの規定は全て片面的強行規定とされているが（保険33条），同法規定以外の事由による解除を排除してはおらず，民法等により解除権が認められる場合もある（例えば，保険料不払による債務不履行解除（民541条））。その他，約款で解除権を規定することも上記の片面的強行規定に反しなければ許容される。

2 無効・取消し

　火災保険契約が無効・取消事由によって契約が終了するのは他の契約と同様である。ただし，保険者が保険契約者等による詐欺又は強迫を理由として意思表示を取り消した場合は，保険者は保険料返還義務を負わない

（保険 32 条 1 号）。また，保険契約者が契約の申込み又はその承諾をしたときに，保険契約者又は被保険者が既に保険事故が発生していることを知っていたために責任遡及条項が無効とされる場合（保険 5 条 1 項）には，原則として保険者は保険料返還義務を負わない（保険 32 条 2 号）が，保険事故の発生を知って保険者がその申込み又はその承諾をした場合は，保険料返還義務を負う（保険 32 条 2 号ただし書）。

3　失効

保険者が破産手続開始決定を受けた場合に，保険契約者が保険契約を解除しなかったときは，当該保険契約は，破産手続開始決定の日から 3 か月を経過した日に効力を失う（保険 96 条 2 項）。また，保険期間中に被保険利益の消滅等により保険事故発生の可能性が消滅した場合も，契約は失効する。例えば，保険の対象である建物が全損となれば，被保険利益がなくなり保険契約は失効する。

4　保険期間の満了

約定の保険期間が満了すれば，保険契約は当然に終了する。

【参考文献】『アルマ』184 頁〜 190 頁，『保険相談』94 頁

Q91 火災保険契約が解除された場合，どのような効力が生ずるか。

A 解除の効力は将来効（保険31条1項）であるが，例外的に解除までに発生していた保険事故について保険者が免責される場合がある。

解説

　解除の効力が将来効とされているのは，① 保険者による既経過期間の保険料の取得などを正当化するための立法措置であるばかりでなく，② 保険契約者に契約上の違反等がなく契約が正常に継続していた期間についてまで，事後的な事情により保険契約者の保護を遡及的に奪うことは契約者の規定を裏切ることであるため，に基づく。

　そして，解除の効力が将来効であることから，解除時までに発生していた保険事故については，原則として保険者は保険金支払義務を負い，保険契約者も解除時までの保険料支払義務を負うことになる。もっとも，① 告知義務違反による解除（保険28条），② 危険増加による解除（保険29条），③ 重大事由による解除（保険30条）の場合には，解除時までに発生していた保険事故について保険者は免責され，保険金支払義務を負わない（保険31条2項）。

【参考文献】『保険相談』95頁，『論点体系1』290頁〜300頁

Q92 火災で自宅が全焼し，火災保険金を受け取った。火災保険契約はどうなってしまうか。自宅が一部燃えただけの場合と違いはあるか。

 全損の場合，火災保険契約は失効する。大半損以下では存続する。

解　説

　保険契約は，被保険者が保険の対象に対して被保険利益を有することが前提となっている。したがって，保険の対象が全損となった場合は，被保険利益も失われる結果，保険契約は存在意義を失うことになる。約款上も，例えば，SJNK 約款3章8条(1)は，

SJNK 約款 3 章 8 条(1)

　保険契約締結の後，次の ① 又は ② のいずれかに該当する場合は，その事実が発生した時に保険契約はその効力を失います。

① 　保険の対象の全部が滅失した場合。ただし，第 25 条（保険金支払後の保険契約）の規定により保険契約が終了した場合を除きます。

② 　（略）

と規定している。

　なお，SJNK 約款3章25条(1)は，「この普通保険約款に規定する損害保険金の支払額がそれぞれ1回の事故につき保険金額（注）の80％に相当する額を超えた場合は，この保険契約は，その保険金支払の原因となった損害の発生した時に終了します。」というもので全損だけでなく，保険金額80

パーセント超についても保険契約を終了するものとしている。

　これに対し，大半損以下の場合は，保険契約は存続する。大半損以下の場合，保険金支払額は保険金額に満たない場合が多い。この場合，次の事故の保険金額がどうなるかについては，残存保険金額方式（既払保険金支払額が保険金額から控除される。）と保険金額自動復元方式（保険金支払があっても保険金額は変わらない。）があり，家計分野火災保険では，後者が採用されている。

第10章
火災保険金請求訴訟

Q93 火災保険金請求訴訟の準拠法・管轄裁判所はどこか。

A 準拠法は，日本法となる。管轄は，被告である保険会社の本店所在地，事務所及び営業所並びに原告である請求者の住所又は営業所を管轄する地方（簡易）裁判所である。

解説

約款上，準拠法は，日本法と規定されている（火災約款42条）。

もっとも，管轄の規定はないので，民事訴訟法により以下のとおり決定される（日本国内における裁判所に提起するための規定はある。火災約款41条。）。

ただし，「この保険契約に関する訴訟については，日本国内における裁判所に提起するものとします。」とする規定はある（火災約款41条）。

1　土地管轄

(1) 普通裁判籍による管轄

被告である損害保険会社の主たる事務所又は営業所（民訴4条4項）となる。被告の本店所在地は当然これに含むとして，問題となるのは，損害保険会社の支店，支社，損害サービス拠点（通常，「SC（サービスセンター）」と略称する。）が，営業所に該当するかである。

この点について，生命保険会社の熊本支社が事務所又は営業所に該当が争われた事案（福岡高決昭50・9・12判時805号76頁）は，「事務所または営業所とは，業務の全部または一部について独立して統括経営されている場所であることを要する」，「保険業務の基本的業務行為である保険契約の締

結並びに解除，その復活の承諾，保険事故があつた場合の保険金の支払業務を独立して行なう権限を有しないことが認められるから，抗告人会社熊本支社を目していまだ保険契約に関する業務を独立して統括経営している場所ということはでき」ないと判示している。そうすると，会社にもよるが，支店，支社及び損害サービス拠点は，保険金の基本的業務行為の一部を独立して行っている場合が多く，事務所又は営業所に該当するケースが多いのではないかと思われる。もっとも，②の特別裁判籍により原告の住所又は営業所を管轄する裁判所で訴訟提起が可能なので，実際上，支店等で管轄を作る必要性はほとんどない。

(2) 特別裁判籍による管轄

　民事訴訟法 5 条 1 号により財産権上の訴えは，義務履行地を管轄する裁判所に管轄が認められる。現在の約款では，支払場所の規定はないので（生命保険約款では支払場所の規定がある。），保険金支払債務は持参債務であるから（商 516 条，民 484 条），被保険者の住所又は営業所が義務履行地となり，その地を管轄する裁判所が特別裁判籍による管轄裁判所となる。

　なお，管轄は日本加除出版 EC サイト「リーガルガーデン—地名—管轄区域検索」でも確認できる。

2　事物管轄

訴額に応じて，簡易裁判所（140 万円以下）又は地方裁判所（140 万円超）となる。

Q$_{94}$ 火災保険の評価基準とは何か。具体的にどのような方法により行うか。

A 評価基準は，再調達価額と時価額があり，評価方法は，簡易評価と一般評価がある。

■ 解 説

1 評価基準

評価とは，「その評価対象物について評価目的に適合した基準によりその価額を判定し，価額として表示すること」をいう（『火災保険』151頁）。火災保険においては，保険の対象の評価額を算定することである。評価が必要となる場面とは，すなわち保険価額が問題となる場面であり，具体的には，保険契約時における保険金額の設定基準になると共に（保険価額以上の保険金額は超過保険となる。），保険金支払時の上限金額ともなる。

評価基準，すなわち保険価額の算定基準には，再調達価額と時価額がある。再調達価額は，「保険の対象となる財物と同等（同一の構造，質，用途，規模，型，能力）のものを契約時点で再築または新たに取得するために必要な額のことである。」と定義されている（『火災保険』152頁）。これに対し，時価は，「再調達価額から使用損耗および経年年数に応じた経年減価額を差し引いた金額をいう。」（『火災保険』152頁）。

これらの定義から明らかなように，特に木造家屋で顕著であるが，経年年数が十数年以上経過している家屋の場合，時価基準による保険価額は非常に低くなる。例えば，国税庁「耐用年数（建物・建物附属設備）」（「資料3」）では，木造家屋の耐用年数は22年である。国税庁「減価償却資産

の償却率表」（「資料 4」）では，22 年の定額法償却率は 0.046 なので，3000万円で新築した建物の 1 年間の減価償却費は，138 万円となる。したがって，火災が新築から 10 年後に発生したとすれば，その簿価は，

3000 万円 − 138 万円 × 10 年 = 1620 万円

となる（なお，実際の評価は，上記の例と一致しないので，目安程度と考えてほしい。）。火災保険金は，保険価額の限度でしか支払われないので，再度建て直すのに 3000 万円掛かる場合であっても，時価基準の場合は，先の例では 1620 万円しか支払われず，火災保険金で建て直すことは困難となり契約者保護に著しく欠ける。そのため，家計分野の火災保険では，再調達価額基準が主流となった。

2　評価方法

　「一般評価は専門的な個別評価で，物件の複雑性・多様性など個別性が高い企業分野の火災保険で使用する」のに対し，「簡易評価は，一般評価における評価方法を簡素化したものであり，専ら家計分野の火災保険で使用されている。」（『火災保険』152 頁。なお，その他に損害保険鑑定人による平場鑑定がある。平場鑑定とは「工場やホテル・旅館等の大規模物件等を対象に，損害保険会社の委託を受けて損害保険鑑定人が保険価額を評価する鑑定方法。損害額の鑑定ではないため，「平場鑑定」と呼ばれる。工場見取図（平面図），固定資産台帳，建築図面等をもとに，詳細な調査を行うため，簡易評価・一般評価よりもはるかに精度の高い評価となる。」（『火災保険』153 頁）。）。そこで，以下では，簡易評価について，『火災』153 頁以下に依拠して解説する。ただし，簡易評価の方法は，各損害保険会社で区々であり，かつ，評価システムは，公開されていないので，以下の記載は，参考程度と考えてほしい。

　簡易評価の使用方法は，建物と家財で異なり，建物については，簡易評価で保険目的物の再調達価額を算出し，その価額で保険金額を設定する。家財については，世帯主の年齢・家族構成基準又は建物の所有形態・専有面積基準で家財の再調達価額を算出し，その金額内で保険金額を設定する。

(1)　建物

　　建物は，戸建住宅とマンションとで評価方法が異なる。まず，戸建住宅については，次の方法で行う（『火災保険』154頁）。

〈表4　戸建住宅の評価方法〉

区分		再調達価額（評価額）の計算式
A．新築建物の場合		建物の建築価額
B．新築建物でない場合	a．建築年・建築時の建築価額がわかっている場合	【年次別指数法】 建築時における建築価額×年次別指数法 ① ×基礎区分 ②
	b．建築費用がわからない場合	【新築時単価法】 1 m² あたりの新築費単価 ③ ×面積(m²)×基礎区分 ②

（出典：『火災保険』154頁）

　　まず，「年次別指数法とは，現在の建築価額が建築当時と比べてどの程度変動しているかを倍率で示した数値で，建築年と構造級別によって設定される」（『火災保険』154頁）。基礎区分は，「基礎を保険の対象に含むか否かの区分で，含まない場合は5％程度減額する（0.95を乗じる。）」（『火災保険』154頁）。1平方メートルあたりの新築費単価は，「都道府県，構造級別の区別に加え，一戸建住宅か区分所有建物であるかにより異なり，戸建ての場合は門，塀，物置を含むものとされる」（同書155頁）。

　　ただし，いずれもシステムに組み込まれた数値であり，帳票として公開されていないため，そのような概念があるという程度の理解で足りる。

(2)　マンション

　　新築費単価法と分譲価額を基礎にする方法がある。

　　新築費単価法は，分譲価額等が分からない場合に用いられる。算定式は次のとおりである（『火災保険』155頁）。

> 再調達価額＝新築費単価・区分所有建物（専有部分）×専有面積（m²）

　　分譲価額を基礎にする方法は，マンションは，敷地利用権が一体となって販売されるので，敷地利用権の価額を控除しなければならない。これは，中古不動産の売却時などでも問題となるのであるが，敷地利用権には消費税が掛からないので，消費税額から敷地利用権と建物の価額を割り出すことができる。算定式は次のとおりである（『火災保険』156 頁）。

> 建物（専有部分と共用部分の共有持分）の価額（除く消費税）＝購入時の消費税額÷購入時の消費税率

　　以上で，販売時の建物の価額が判明するので，これに年次別指数表の係数を乗じて算出することになる。もっとも，ここでいう建物の価額は，専有部分と共用部分の共有持分を合わせたものなので，保険の対象を専有部分のみとする場合は，専有部分の面積の表示方法に応じて，

> 上塗基準……40％
> 壁芯基準……60％

を建物の価額に乗ずる必要がある（『火災保険』156 頁）。

Q95 火災保険の保険事故が発生した場合，事故報告から保険金の支払までの流れはどのようなものか。

 保険会社の事故窓口へ連絡した後，必要書類を提出し，保険会社の査定後に保険金が支払われる。

▌ **解 説**

　保険事故が発生した場合には，保険会社の事故受付窓口へ連絡することとなる。代理店経由で契約をしている場合には代理店に連絡することで保険会社への連絡を代行する場合もある。また，最近はインターネット等による手続が可能な保険会社もある。保険会社に連絡後，担当者から保険金請求に必要な書類が案内される。損害の確認は被保険者が修理業者を手配し修理見積りを取得し，損害を確認できる写真や他の必要書類とともに保険会社に提出する。保険会社では提出された書類をもとに認定損害額を算出し，契約によって支払える保険金を算出する。また，大きな損害や復旧範囲の確認が必要な場合等必要に応じて，損害保険登録鑑定人が現地で損害を確認する場合や，修理業者に修理内容を確認する場合がある。

　提出する書類としては，保険金請求書，損害を確認できる書類，所有権を確認できる書類等が挙げられる。

　また，火災保険に質権が設定されている場合には，質権者から直接支払を承認する書類を取り付ける必要がある。

Q96 火災保険の保険金はどのように査定するか。

A 査定に際しては，損害を被った物の特定，時期，原因，場所，損害形態，損害範囲の認定を行い，復旧に必要な修理範囲，復旧方法等を確認し，提出された修理業者の修理見積内容と照らし合わせ損害認定額を算出する。

解　説

　被保険者の事故報告後，保険会社は，被保険者に対して請求書類を送付し，作成を求める。請求書類には，保険金請求書のほか保険事故の概要や損害の内容を記載する報告書等がある（書式は保険金請求書一体型の場合も別書式の場合もある。）。保険会社は，保険金請求書に基づいて，回答に挙げた事項について調査を行い，保険金支払の当否を検討する。こうした手続を損害調査，損害査定又は単に査定という。保険会社は，損害額が大きくない場合は，写真，修理費見積書等で査定を行うことが多い。損害が大きい場合や詳細が不明な場合等精査が必要な場合には，現場立会調査を実施し，損害を被った物を実地で確認する等して損害状況を把握する。査定に当たっての被保険者側の注意としては，事故発生後速やかに被害状況の写真を撮影しておくことである。査定前に事故時と現状が変更されていると保険会社による被害確認が難しくなり，紛争の原因となりかねないためである。なお，写真は，現場，被害品等を対象とし，遠景・近景を組み合わせて，後から被害状況をトレースできれば理想的である。

第2編

地　震　保　険

第1章
地震保険の種類

第1節　定義

Q97 地震保険の存在意義は何か。

A 我が国の火災保険・地震保険の仕組み上，火災保険では，地震による損害は免責とし，地震による損害のてん補は地震保険によって行うこととしている点にある。

解説

　保険法上，保険事故に地震を含む火災保険の存在は許容されている。しかし，我が国では，火災保険と地震保険で守備範囲を分け，火災保険では地震による損害を免責とし，地震保険に加入しなければ損害てん補されないという仕組みとしている。

　明治の頃より，火災保険は，地震による損害を免責としてきた。その趣旨は，大規模な地震が生ずると，損害保険会社は，その支払能力を超える損害保険金の支払義務を負担し，倒産しかねないからである。しかし，地震による損害をてん補するニーズは確実に存在し，実際，関東大震災（1923年）では，火災保険金が免責となったために損害保険会社に非難が集まり，損害保険会社は，保険契約外の保険金額の10パーセントを上限とする見舞金を支払うに至っている。その後も火災保険は地震免責を維持し，他方，地震を保険事故とする損害保険は存在しなかったため，地震による被災者の生活は安定しなかった。そして，1964年6月16日に発生した新潟地震をきっかけと

して，当時審理中であった保険業法の一部を改正する法律案について，「わが国のような地震国において，地震に伴う火災損害について保険金支払ができないのは保険制度上問題である。さしあたり今回の地震災害に対しては損保各社よりなんらかの措置を講ぜしめるよう指導を行ない，さらに既に実施している原子力保険の制度も勘案し，速やかに地震保険などの制度の確立を根本的に検討し，天災国ともいうべきわが国の損害保険制度の一層の整備充実をはかるべきである。」との附帯決議がなされた（昭和 39 年 6 月 19 日第 46 回衆議院大蔵委員会会議録）。その趣旨は，「この新潟地震で火災を起こし，大きな損害を受けた昭和石油や一般住宅には，地震特約の火災保険がほとんどかかっていなかったので，今回の被災者には損害保険金が皆無といっていいほど支払われないことになっておるのでございます。わが国のような地震国において，地震に伴う火災損害について保険金支払いができないというのは，保険制度上ゆゆしき問題でありまして，本委員会におきましても，本法案審議に際しまして，参考人をも招致して熱心に討議した問題点でございます。つきましては，さしあたり今回の被災者に対しましては，損害保険業界で例えば見舞い金を贈るなど，何らかの措置を講ずることが適当と考えますので，政府において真剣に善処されることを要望するとともに，さらにこの災害を契機として地震保険の新設を急ぐべきであると考えるのでございます。原子力保険についてはすでに制度化されてその実施を見ているのでございますが，この制度をも勘案して，政府におかれてはすみやかに地震保険などの制度の確立を根本的に検討し，天災国ともいうべきわが国の損害保険制度の一そうの整備拡充をはかるべきと考える次第でございます。」と説明されている（前掲会議録）。

　上記附帯決議を受けて，当時，大蔵大臣であった田中角栄の主導で，保険審議会に対して諮問が行われ，1965 年 4 月 23 日付保険審議会「地震保険制度に関する答申」に基づき（『日本の地震保険』159 頁），1966 年，「地震保険に関する法律」（以下「地震保険法」という。）が制定され，現在の地震保険制度の仕組みが整えられるに至っている。

　以上のような歴史を反映して，地震保険法は，「保険会社等が負う地震保険責任を政府が再保険することにより，地震保険の普及を図り，もつて地震

等による被災者の生活の安定に寄与することを目的とする。」と１条に規定している。

　地震保険は地震保険法に基づく保険商品であり，再保険制度が共通していることから，保険料・約款も共通である。

　なお，地震保険の概要は次表のとおりである。

〈表５　地震保険の概要〉

保険の対象	居住用建物，生活用動産
法的性質	損害保険中の費用保険
保険事故	地震若しくは噴火又はこれらによる津波を直接又は間接の原因とする火災，損壊，埋没又は流失
加入方法	火災保険に自動付帯
保険金額	火災保険の保険金額の 30％〜50％。ただし，建物は 5000 万円，家財 1000 万円が限度額となる。
支払基準	全損　　保険金額の 100％ 大半損　保険金額の 60％ 小半損　保険金額の 30％ 一部損　 5％ 　いずれも時価額が限度となる。
保険期間	１年〜５年

第２編　地震保険

Q98 火災保険に入らずに地震保険に加入できるか。元々，火災保険に加入していて，今日から地震保険に加入することはできるか。

A 地震保険は火災保険付帯の保険契約であるので，火災保険に入らずに地震保険に加入できない。もっとも，火災保険に加入していれば，中途加入は可能である。

解　説

　地震保険は火災保険に自動付帯され，加入を希望しない場合は，保険契約申込書で契約を希望しない旨の署名・捺印を要する（ネット加入の場合は同趣旨の画面操作が必要となる。）。全ての火災保険に自動付帯とし，逆に，地震保険単独では加入できない（地震保険法2条2項で地震保険契約の要件の一つとして「特定の損害保険契約に附帯して締結されること」が挙げられ，同法施行規則1条2項で火災保険，火災相互保険，建物更新保険及び満期戻長期保険が「特定の損害保険契約」とされている。）。

　なお，単独加入を認めない理由は，「逆選択を防止するため火災保険への自動付帯が適当と考えられたことがあるが，これは，地震保険単独での加入（独立保険方式）では，地震リスクの高い人々の契約が集中し，保険集団が不安定となり，収支予測が困難となるおそれがあることによる」等の点にある（高橋康文『地震保険制度』（金融財政法務事情研究会，2012）159頁。なお，同書では，「地震被害に対する自助努力の原則をアピールする（言い訳の余地を残さない。）ことが必要であり，加入率の向上にも寄与しうることから，現在の自動付帯に加えて地震保険のみの単独加入を認めることが必要と考えられる。」としている。）。損害保険料率算出機構ホームページによれば，地震保険の付帯率は2017年度の全国平均で63パーセントであるが（https://www.giroj.or.jp/databank/earthquake.html），都道府県別では，次表のとおり，かなりの差異がある。

〈表6　都道府県別地震保険の付帯率（2017年度）〉

順位	付帯率ベスト	付帯率ワースト
1	宮城県（86.3％）	長崎県（47.5％）
2	高知県（85.2％）	佐賀県（52.6％）
3	宮崎県（80.3％）	北海道（53.3％）
4	鹿児島県（78％）	沖縄県（55.6％）
5	熊本県（77.5％）	富山県（56.1％）

（出典：損害保険料率算出機構ホームページ）

　なお，2001年度は，熊本県は13位，宮城県は14位，福島県は30位（2017年度は9位），岩手県は35位（2017年度は13位）に過ぎないが，2011年の

東日本大震災，2016年の熊本地震を契機としてそれぞれ付帯率が上がったものである。

地震保険契約の要件に，火災保険契約と同時に加入しなければならない旨の規定はないことから，中途加入であっても地震保険に加入できる。

なお，ここで議論した地震保険とは，地震保険法2条2項の「地震保険契約」を意味しているが，これと似て非なる保険商品としてSBIリスタ少額短期保険が販売している地震被災者のための生活再建費用保険（ペットネームは，「地震補償保険リスタ」）がある。地震補償保険リスタは，地震もしくは噴火又はこれらによる津波を保険事故とする損害保険であり，地震などを直接又は間接の原因とする火災，損壊，埋没又は流失により生じた損害（地震補償保険リスタ普通保険約款1条）に対して，次の区分により費用保険金を支払う（地震補償保険リスタ普通保険約款3条1項）。

第2編　地震保険

全壊　保険金額
大規模半壊　保険金額×2分の1
半壊　保険金額×6分の1

現行地震保険とは区分数が異なり（地震保険は，全損，大半損，小半損，一部損の4区分），単独で加入可能である。

Q99 警戒宣言とは何か。これが発令されると地震保険に何か影響はあるか。

A 警戒宣言とは，大規模地震対策特別措置法（以下，「大震法」という。）9条1項に基づき，内閣総理大臣が発する地震災害に関する警戒宣言をいう。警戒宣言が出されると，地震保険の契約ができなくなる。

▌解　説

1　大震法の概要

　大震法1条は，「この法律は，大規模な地震による災害から国民の生命，身体及び財産を保護するため，地震防災対策強化地域の指定，地震観測体制の整備その他地震防災体制の整備に関する事項及び地震防災応急対策その他地震防災に関する事項について特別の措置を定めることにより，地震防災対策の強化を図り，もつて社会の秩序の維持と公共の福祉の確保に資することを目的とする。」と法の目的を規定している。この法律は，元々，東海地震を想定し，その地震予知を前提として，地震予知がなされた場合の対応を定めたものである。具体的には，大震法9条で，「内閣総理大臣は，気象庁長官から地震予知情報の報告を受けた場合において，地震防災応急対策を実施する緊急の必要があると認めるときは，閣議にかけて，地震災害に関する警戒宣言を発するとともに，次に掲げる措置を執らなければならない。」とされているが，現在に至るまで，気象庁長官から地震予知情報の報告がなされた事例はない。そもそも，確度の高い地震予知が可能であるのかも疑問であり，少なくとも日時・場所を特定した地震予知（決定論的な地震予知と呼ばれる。）は現状，不可能と考えられている。

2　警戒宣言と地震保険

　前項のとおり，大震法9条に基づき，内閣総理大臣は，地震防災応急対策を実施する緊急の必要があると認めるときは，閣議にかけて，地震災害に関する警戒宣言を発することとなっている。そして，地震保険法4条の2第1項及び地震保険約款14条(2)は，大震法3条の地震防災対策強化地域として指定された地域のうち，その警戒宣言に係る地域うちに所在する保険の対象についてその警戒宣言が発せられた時から地震災害に関する警戒解除宣言が発せられた日までの間に締結された保険契約は無効とする旨規定している。ただし，警戒宣言が発せられた時までに締結されていた保険契約の期間満了に伴い，被保険者及び保険の対象を同一として引き続き締結された保険契約は有効である。

　もっとも，これまでに警戒宣言が発令された事例はなく，そもそも警戒

宣言の前提となる東海地震（東海地震は南海トラフ地震の一種）の予知については，中央防災会議の南海トラフ沿いの大規模地震の予測可能性に関する調査部会「南海トラフ沿いの大規模地震の予測可能性について」（平成29年8月）において，「南海トラフで発生する大規模地震には多様性があり，地震の発生時期や場所・規模を確度高く予測することは困難である。」，「統計データなどに基づく地震発生確率予測手法やシミュレーションなど，ここで検討したいずれの手法も，現時点においては，地震の発生時期や場所・規模を確度高く予測する科学的に確立した手法ではなく，大規模地震対策特別措置法に基づく警戒宣言後に実施される現行の地震防災応急対策が前提としている確度の高い地震の予測はできないのが実情である。」と述べられている。警戒宣言が発せられる場合の社会経済的影響が大き過ぎることもあるので，よほどの確度がない限り，警戒宣言が発令される可能性は低いものと思われる。

第2節　補償範囲

◎　地震保険と火災保険の関係

Q100　火災保険と地震保険の関係とは。

A　火災保険では地震等による損害は免責となり，地震等を保険事故とする損害保険金は地震保険によって担保される。

解説

　火災保険と地震保険は，保険事故に違いがある。地震保険は保険事故を地震若しくは噴火又はこれらによる津波（以下「地震等」という。）とし，火災保険は地震等による損害を免責としている。火災約款3条(2)は，次のように

規定している。

火災約款3条⑵

当会社は，次のいずれかに該当する事由によって生じた損害（注1）に対しては，保険金を支払いません。

① （略）

② 地震もしくは噴火またはこれらによる津波

③ （略）

（注1）①から③までの事由によって発生した前条の事故が延焼または拡大して生じた損害，および発生原因がいかなる場合でも同条の事故がこれらの事由によって延焼または拡大して生じた損害を含みます。

上記の②の条項を地震免責条項といい，注1の損害を随伴損害という。なお，例えば，東海約款等では，地震等に伴う秩序の混乱も随伴損害として免責としている（東海約款1章5条⑨ウ）。

さて，地震による火災については，免責事由を3類型に分類することがある。

> **第1類型**　地震等によって生じた火元の火災が保険の目的に与えた損害
>
> **第2類型**　地震等によって発生した火災が類焼又は拡大して保険の目的に与えた損害
>
> **第3類型**　発生原因の如何を問わず火災が地震等によって延焼又は拡大して保険の目的に与えた損害

地震免責条項については，大地震が起きる度にその適用の当否が争われてきた。まず，「地震」は軽微な地震も含むのか，それとも大地震に限られるのか，であるが，自然現象としての「地震」であれば足り，その規模の大小は問わないと解するのが通説・判例である（個人賠償責任保険の地震免責条項に関する東京高判平24・3・19判時2147号118頁参照）。

次に,「によって生じた」の意義は,相当因果関係と解されているので(東京地判昭45・6・22下民21巻5〜6号864頁),第1・2類型免責では地震等と火災との間に,第3類型免責では地震等と延焼又は拡大との間に相当因果関係があれば免責ということになる。

もっとも,相当因果関係の判断については問題が多い。

まず,地震によってストーブ等が転倒して燃え広がり,当該家屋に火災が生じた場合は,当該家屋の火災保険は,当然,免責となる(地震免責第1類型)。次に,その火災が延焼して隣家が焼損した場合も当該隣家の火災保険は免責となる(地震免責第2類型)。数キロメートル離れた遠隔地の家屋にまで延焼した場合はどうかといえば,地震による火災が延焼して当該家屋が焼損したという関係があれば,相当因果関係を認めて免責となる。

難しいのは,第3類型免責である。

地震とは無関係に火災が生じ,地震とは無関係に全焼し,又は消火した場合は,当然ながら,第3類型免責は成立しない。地震によって消火困難であったために延焼したという事案の場合は,第3類型免責が成立しそうにも思えるが,阪神大震災に関する大阪高判平11・1・10判タ1038号246頁は,一部免責しか認めていない。すなわち,「第一審被告らは,当審においても,免責はその火災による損害の全部に認めるか認めないかであり,その火災の一部の損害についてのみ免責を認めることはあり得ない(オールオアナッシング論),オールかナッシングかは,地震がその延焼拡大による全焼に火元火災と地震とのいずれが決定的な影響を与えたかどうかで定めるべきであると主張する。

前記のとおり,保険約款の解釈は文言中心になすべきところ,「地震によって延焼又は拡大して保険の目的に与えた損害」という表現からすると,免責されるのは火災による損害ではなく,地震により延焼又は拡大した部分の損害に限られることは明らかである。保険約款は,免責される要件を定める共に,免責される範囲(損害)をも定めている。第一審被告らの解釈は,保険約款の規定を無視したもので到底採用できない。しかも,第一審被告らのような解釈では,地震に関係のない火災損害まで免責されることになり不相当であるし,第一審被告らの主張する規準の「決定的な影響」は当裁判所

第2編 地震保険

の指摘にも関わらず具体的に明確とはなっていない。」と判示し，結論とし
て，「本件地震により拡大した損害は，後記認定の全損害の5割程度である
と認めるのが相当である。右の割合については，事柄の性質上証拠に乏しく
ある程度概括的な認定とならざるを得ないが，前記の主張・立証責任の分配
を踏まえて，裁判所が認定できた事実を前提に可能な範囲で認定するほかな
く，これが許されないと解することはできない。」として部分免責しか認め
なかった。ただし，当該判例については批判が多い。

　その他，土岐孝宏「判批」（金判1536号56頁）を参考に第3類型免責の事
例を列挙すると，次のとおりとなる。

①「両建物が延焼阻止帯もなく密着し，同火災現場が消防署からも遠いなど，
　およそ平時の消防体制下でも延焼を免れなかった場合」，第3類型免責は不
　成立
②「平時の消防体制でも拡大・全焼を免れなかったという場合は」，第3類型
　免責が不成立
③「他にも延焼に対する適当条件（例えば，消防上の過失，異常な強風の存在，
　建物立地における密集性等）が併存したとしても，なお地震等と延焼の相当
　因果関係（当然，基礎にある条件関係も）は認められ」，第3類型免責が成
　立
④「地震等以外の適当条件を総合させると，それらのほうが地震等の影響より
　も優勢に延焼に寄与していた等，「通常人から見た常識的判断として」原因
　（地震等）と結果（延焼）の関係が肯定されないほど他の影響が大きく作
　用・寄与したと認められるような場合には」，第3類型免責が成立

Q101 地震によって，自宅が液状化現象により傾いてしまった。この場合，地震保険の補償の対象になるか。

 地震保険の補償の対象になる。

| 解 説 |

　地震保険の保険事故は，地震若しくは噴火又はこれらによる津波を直接又は間接の原因とする火災，損壊，埋没又は流失である（地震保険2条2項2号）。液状化現象は，地震を間接の原因とする損壊又は埋没であるので，これによる建物の損害は，地震保険の補償の対象となる。

第２編　地震保険

Q102 地震によって，自宅の垣にクラックが入った。しかし，いつの地震によって発生したか分からない。この場合，地震保険の補償の対象になるか。

A 地震保険の保険事故の特定は保険金請求者が主張立証責任を負担するので，いつの地震によって発生したか分からない場合は，地震保険の補償の対象とならない場合がある。

　なお，垣自体が地震保険の対象に含まれる場合であっても，地震保険の損害認定は建物の主要構造部の損害割合によって決められるので，垣のみの損害の場合には保険金は支払われない。一般に垣に損害が生じている場合には建物にも損害が生じている可能性が高いので建物についての損害認定を行う必要がある。

解　説

　地震によって建物に明らかな損傷が生じた場合，通常，地震発生から間近い時期に，被保険者は，損害保険会社に対して，事故報告を行う。また，大きな地震である場合，被保険者は避難を伴うため，直ちに事故報告はなされないことも多いが（避難時に保険証券を持ち出すことは容易ではない。），こうした事例では，当該地域の建物は損傷している可能性が高く，生活が落ち着けば事故報告がなされる。

　しかし，地震によって建物にクラックが生ずる場合等，建物に損傷は生じているが，建物の使用に支障がない事例では，たまたま建物を点検して初めて気が付くことも多いし，そもそも，クラックによる損傷が地震保険の対象になっていることを知らない事例も多い。

　ところで，保険事故の発生は地震保険金の請求原因事実であることから，当該クラックの原因となった地震を被保険者において特定する必要がある。大震災の直後であったり，全損・大半損の損傷が生じていれば特定は容易であるが，原因となった地震の発生前後に複数の地震が複数存在したり，小半損・一部損の事例でそもそも原因となった地震がよく分からなかったりする場合は，特定が困難である。また，原因となった地震から長期間経過している場合，自然損耗との区別が付かなかったり，既に消滅時効期間が経過している地震が原因である可能性があったりするという問題もある。

　こうした事例では，損害保険会社・査定担当者によってスタンスはまちまちであり，契約者保護の観点から認定方向で検討する場合もあれば，厳格に検討する場合もあるが，上記に述べたようにクラックなど被保険者の知識・認識不足で地震保険金の請求が可能であるのに請求していない事例は少なくないことを考慮し，契約者保護の観点から，地震の特定が明らかでないとしても，地震保険金の支払を積極的に検討する事例が多いように思う。

　もっとも，こうした問題に目を付けたリフォーム業者が，東日本大震災後，各建物を無料点検し，クラック等を発見したら，損害保険会社に事故報告を促し（リフォーム業者の中には事実上の申請代行を行うものもあった。），支払われた地震保険金でクラックの修理を含めたリフォームを行わせるという，一種の点検商法を展開した。

リフォーム業者の中にはいい加減なリフォーム工事しか行わない等の強引な手法を用いているので，損害保険業界はこうしたリフォーム業者を警戒し，日本損害保険協会では，「「保険金が使える」という住宅修理サービスでのトラブルにご注意！」というリーフレットを配布するなどして抑制に努めている。

リフォーム業者が絡んだ請求の場合，被保険者自身ではなくリフォーム業者が保険金請求の手続にあたっていたり，損害査定の際にリフォーム業者が立ち会ったり，リフォーム業者から彼ら独自の損害査定書面が提出されたりするので，経験上，リフォーム業者の関与は容易に判明する。

損害保険会社によっては，その当否はともかく，リフォーム業者が関連する地震保険金の請求については厳格に損害査定を行うケースが散見される。実際，リフォーム業者による損害査定書面は，明らかに3年以上前の地震であったり，自然損耗であったりするクラック等も直近地震による損傷として記載するケースが少なくなく，必ずしも損害保険会社の対応が責められるべきものではない。

ただ，そもそもの問題は，地震保険金を請求できるのに知識・認識不足で保険金請求を行わないままとなっている被保険者がいる点である。そこにリフォーム業者がつけいる隙があるのであって，損害保険業界には保険金の請求漏れについてさらに積極的な広報を行うことを期待したい。

関東大震災と判例

　関東大震災の発生当時（1923年），地震保険は存在していなかった。被保険者の多くは，火災保険によって地震による損害もてん補されると期待していたが，当該火災保険には，地震免責条項（「原因ノ直接ナルト間接ナルトヲ問ワス地震ノ爲メ生ジタル火災及延燒其ノ損害」）が規定されていたため，その有効性が争いとなった。

　大判大15・6・12大民集5巻495頁は，①旧商法419条―「火災ニ因リ

テ生シタル損害ハ其ノ火災ノ原因如何ヲ問ハス保険者之ヲ填補スル責ニ任ス但第395條及ヒ第396條ノ場合ハ此限ニ在ラス」（危険不変の原則。現行保険法に同一の規定はないが，保険法16条がその趣旨を受け継いでいる。）は任意規定であるので，地震免責条項を設けることも許されること，②保険業法に基づく主務官庁の認可を受けていること，③地震によって保険の目的物が消失しているのに未経過期間の保険料を返還しないとしても，公序良俗に反するものではないこと，から地震免責条項は有効であると判示した。当該判例以降，地震免責条項が有効であることは通説・判例となっている。

　判例からは，損害保険会社は保険金の支払義務を負担しないはずであるが，当時の社会はこれを許さず，国内系損害保険会社は見舞金を支払うに至っていることは前述したとおりである。これに対し，外資系損害保険会社は見舞金の支払を行わなかった結果，国内シェアを失っていったというエピソードがある。

第3節　目的物の評価と保険金額の設定

Q103　地震保険の保険金額設定について。

A　当該地震保険が付帯される火災保険の保険金額の30パーセントから50パーセントとしなければならない（地震保険2条2項）。ただし，居住用建物については5000万円，生活用動産については1000万円が上限額となる（地震保険令2条）。

解 説

　地震保険は，地震保険法に基づく保険商品であるため，保険内容は各社共通である。保険の目的とできるのは，居住用建物及び家財（生活用動産）だけであるため，工場や事務所用建物等居住用でない建物や貴金属・宝石・骨董品（ただし，1個30万円超に限る。地震約款4条(4)③），通貨，有価証券，預貯金証書，印紙，切手，自動車等は対象外となっている。

　地震保険は火災保険に付帯して加入する保険契約であるため，その保険金額は火災保険と連動している。回答のとおり，火災保険の保険金額の30パーセントから50パーセントの範囲内で決めることになるが，建物は5000万円，家財は1000万円が上限額である。

第2編　地震保険

Q104　当初締結した地震保険契約では，自宅が全壊した場合等に十分な補償が得られない場合，どうすればよいか。

A　主契約の火災保険に地震の際の補償を上乗せする特約を付すことができる。また，比較的少ない保険料負担で地震に備える方法としては，少額短期保険（ミニ保険）もある。

解 説

1　地震の際の補償を上乗せする方法

　火災保険の新規契約時に地震保険にも加入しているケースが一般的であり，地震保険は建物や家財が地震・噴火・津波等により火災の被害を受けたり，揺れて倒壊したりした場合に補償がなされることとなる。そして，この場合，保険会社によって支払われる保険金は，被害の度合いに応じて支払われることとなっているが，火災保険契約で契約する額に対して，30パーセントから50パーセントとなっている。

　しかし，当該補償金額では，例えば保険契約者の自宅が全壊してしまった

ような場合，建物を再築するには不十分な場合が多い。

　そこで，主契約の火災保険に地震の際の補償を上乗せする特約を付しておくことが考えられる。

　具体的に補償を上乗せする特約としては，主に二つのタイプがある。

　一つは，被災時に地震保険と同額の保険金を支払う特約を付すものである（地震危険等上乗せ特約）。地震保険によって火災保険金の最大 50 パーセントが補償されるため，当該特約の補償と併せて，合計で全額の補償がなされることとなる。当該特約は，地震による火災ばかりでなく，損壊や埋没，津波による流出等も対象とされている。

　もう一つは，補償の上乗せ対象を地震などによる火災に限定して，地震保険金とは別に火災保険金の 50 パーセントを保証する特約を付すものである（地震火災費用特約）。当該特約は，建物の耐震性が高かったり，高台にあって津波の被害を受けにくい場合などに選択される。もっとも，火災保険にはもともと地震火災費用保険という仕組みがあり，自動附帯されていることが一般的だが，建物・家財の 5 パーセント程度が補償されるのが主流であり，上記特約は，これを 50 パーセントまで引き上げられるようにして，地震保険金と合わせて 100 パーセントを補償することとなる。

2　少額短期保険（ミニ保険）

　その他，比較的少ない保険料負担で地震に備える方法として，少額短期保険（ミニ保険）もある。例えば，SBI 少額短期保険の「地震補償保険リスタ」は，火災保険や地震保険に加入しなくても加入することが最大の利点で，世帯人数によって異なるが，東京都内の木造の自宅で保険金 900 万円の場合，保険料は年 38,550 円となっている。

【参考文献】日本経済新聞朝刊（平成 28 年 3 月 12 日付）マネー研究所

新潟地震と判例

　関東大震災が発生した1923年同様，1964年6月16日に発生した新潟地震当時，地震保険は存在していなかった。地震免責条項があるため，被災者は火災保険金の支払を受けることができず，生活再建に困難が生じた。新潟地震を契機として，現在の地震保険制度が作られている。

　新潟地震では，昭和石油（現出光昭和シェル石油）新潟製油所（1999年閉鎖，現新潟石油製品輸入基地及び新潟雪国型メガソーラー発電所）で火災が生じ，損害保険会社が地震免責を主張して火災保険金の支払を行わなかったので，昭和石油及び昭和石油アスファルトが火災保険金の支払を求めて訴訟提起している（東京地判昭45・6・22下民21巻5〜6号864頁）。

　争点は，地震免責条項（火災保険普通保険約款5条1項「当会社は次に掲げる損害を填補する責に任じない」，同項8号「原因が直接であると間接であるとを問わず，地震又は噴火に因つて生じた火災及びその延焼その他の損害」，組立保険普通保険約款6条1項「当会社は，直接であると間接であるとを問わず，保険の目的につき次に掲げる事故により生じた損害に対しては，てん補する責に任じない」，同項3号「地震又は噴火による事故」を挙げている。）によって，①延焼が地震によるものであることが主張，立証されれば被告らは免責されるとの主張，②火元の火災が地震によるものであることが立証されるので被告らは免責されるとの主張，の当否であった。

　①については，前掲判決は，まず，火災普通保険約款・組立保険普通保険約款の地震免責条項は同様に解釈するとした上で，「一般に火災保険における火災とは，社会通念上いわゆる火事とみとめられるような性質と規模，すなわち通常の用法における状態を逸脱して固有の力をもつて蔓延しうる状態におかれた火力の延焼作用をいい，また，延焼とは火災が燃え広がることないしは燃え広がつたその火災をいうものなるところ，火災保険普通保険約款5条1項8号では「火災及びその延焼」として火災と延焼とを区別して規定しているのであつて，このことにかんがみると，同条項にいう「火災」と

は延焼でない火災，すなわち火元の火災をいうものと解され，またこれを条項の文理に即してみても，同条項は「原因が直接であると間接であるとを問わず地震に因つて生じた火災」と規定し，延焼については前記のとおり「及びその延焼」としてこれを（火元の）火災と截然と区別しているのであるから，この文理に照らし，「原因が直接であると間接であるとを問わず地震に因つて生じた」は「火災」にかかり，「その延焼その他の損害」を修飾するのではないと解するのが相当である。したがつて，同条項にいう「その延焼」とは，地震に因つて生じた（火元の）火災の延焼をいうものと解するを相当とする。」とした。

また，「「原因が直接であると間接であるとを問わず地震に因つて生じた」とは，右のように（火元の）火災の発生原因についての語句であり，「原因が直接」というのは，例えば現に火力を用いつつある場合に地震によつて建物が倒壊し火災を生ずるような場合をさし，「間接」というのは，例えば現に火力を用いていない場合に地震によつて薬品など可燃性の物質が転倒するなどして摩擦などを起し，これにより発火して火災を生じたような場合をさすものと解せられる。」とした。

「地震免責条項の解釈としては，保険の目的が延焼火災によつて損害を受けた場合，保険者は，そのてん補責任を免れるためには，火元の火災が地震に因つて生じたものであることを主張，立証することを要すると解すべき」であるので，①の主張は失当であるとした。

②については，「昭和 39 年 6 月 16 日午後 1 時すぎ本件地震（新潟地震）が起こり，その後約 5 時間を経た同日午後 6 時すぎ頃本件第二火災が発生したこと，本件第二火災の延焼火災によつて本件各保険契約の目的物件の全部又は一部が焼燬したこと，本件第二火災の出火場所は三菱金属工場の第 3 資材倉庫内であると認めるほかはないこと，右第 3 資材倉庫内にはヘガネス社製の海綿鉄粉（MH100-24, メッシユ 100 ～ 200）が約 90 トン格納されていたこと，右ヘガネス鉄粉は海水の存在の下で空気中の酸素などと反応し，条件いかんによつては自然発火に至る可能性があること，右第 3 資材倉庫内は海水による浸水があり，しかも右のようにヘガネス鉄粉が大量に堆積されていたことなど自然発火の条件が存在していたし，また現に本件第二火災後証

拠保全の現場検証の際に右第3資材倉庫の焼跡からヘガネス鉄粉が自然発火して生成したものである可能性のある塊状の物質が発掘されたことが明らかにされたというべきであるから，これらによれば，本件第二火災の火元の火災（火源）は，三菱金属工場の第3資材倉庫内に格納されていたヘガネス鉄粉の自然発火であると認めるのが相当である。そして，火災保険普通保険約款及び組立保険普通保険約款の地震免責条項によつて保険者が保険金支払いの義務を免れるためには，火元の火災が直接たると間接たるとを問わず地震に因つて生じたものであることを要すると解すべきことは前記（第二，一，4）のとおりであるところ，上記のヘガネス鉄粉の自然発火が，本件地震に因り地下水や海水が第3資材倉庫内に侵入し，ヘガネス鉄粉がこれと接触することに因つて生じたものであることは，前認定に徴しいうまでもないところであるから，本件第二火災の火元の火災は，間接的にではあるが，本件地震に因つて生じたものというべきである。そうであるとすれば，この点に関する被告らの前記免責の抗弁は，ついに理由があるといわなければならない。」としている。

　新潟地震判決では，「原因が直接であると間接であるとを問わず，地震又は噴火に因つて生じた火災及びその延焼その他の損害」を免責とする条項の解釈が問題となった。従前，「その作成者の狙いは，地震の際のいわゆる随伴危険も地震との因果関係を問うことなく免責であるとされ，業界の解釈も是に反する見解は存在しなかった。」（『注釈住宅火災』23頁）が，新潟地震判決は「地震免責条項の解釈としては，保険の目的が延焼火災によつて損害を受けた場合，保険者は，そのてん補責任を免れるためには，火元の火災が地震に因つて生じたものであることを主張，立証することを要すると解すべき」とした。

　その結果，住宅火災保険約款の免責条項は次のとおり改正となり，地震などの随伴損害も免責とすることが明確にされた。

住宅火災保険普通保険約款（平成2年4月1日実施）

（保険金を支払わない場合）
第2条

1　（略）

2　当会社は，次に掲げる事由によって生じた損害または損害（これらの事由によって発生した前条（保険金を支払う場合）の事故が延焼又は拡大して生じた損害又は傷害，及び発生原因のいかんを問わず前条（保険金を支払う場合）の事故がこれらの事由によって延焼又は拡大して生じた損害又は傷害を含みます。）に対しては，保険金を支払いません。

(1)　（略）

(2)　地震もしくは噴火又はこれらによる津波。ただし，前条（保険金を支払う場合）第7項の地震火災費用保険金については，この限りでありません。

　上記改正約款は，地震免責の3類型で言えば，第2類型・第3類型を明示したということとなる。

　なお，その後も「原因が直接であると間接であるとを問わず，地震によって生じた火災による損害」という文言を維持した共済があったが，阪神淡路大震災において神戸市民生活協同組合（以下，「市民生協」という。）を保険者とする火災共済の免責条項が問題となった神戸地判平12・4・26裁判所ウェブサイト及びその控訴審である大阪高判平13・12・20裁判所ウェブサイト，LLI/DB判例秘書登載は，「原因が直接であると間接であるとを問わず，地震によって生じた延焼火災」には，第3類型を含まないことを確認している。すなわち，原審は，「「原因が直接であると間接であるとを問わず，地震によって生じた延焼火災」延焼の原因が地震に起因するものを免責の対象としているということはできても，その延焼の元となった火元火災が，地震による火元火災であることを要するのか，地震などによらない，もしくは，発生原因不明の火元火災を含むものであるかについては明確であるとはいい

難い。」,「そして，被告市民生協の火災共済事業は，組合員の相互扶助により生活の共済を図ることを目的とし，組合員らは不測の火災損害に対処し得ることを期待して右共済事業に加入するものであるところ，市民生協規約は，その変更などにつき監督官庁の認可を要するものとしても（生協法（編注：消費生活協同組合法）43条4項），火災共済契約の内容となる事項を定型的かつ一律に規定したものであるから，そのような契約条項の解釈にあたっては，組合員に不利な類推ないし拡大解釈はすべきでないというべきである。そうだとすれば，第3類型までを免責の対象とするのであれば，被告市民生協は，これを二義ない形で明確に規定すべきである。ちなみに，保険会社ら免責条項は，「当会社は，次に掲げる事由によって生じた損害（これらの事由によって発生した火災が延焼又は拡大して生じた損害，及び発生原因のいかんを問わず火災がこれらの事由によって延焼又は拡大して生じた損害を含みます。）に対しては，保険金を支払いません。」とし，その事由の一つとして「地震もしくは噴火又はこれらによる津波」と規定するものである。地震免責条項が右のように規定されたのは，従前「原因が直接であると間接であるとを問わず，地震又は噴火によって生じた火災及びその延焼その他の損害」と規定していたが，それが，第1類型及び第2類型の他に，第3類型をも含むものであるかについて疑義があったため，昭和50年4月1日，右疑義を解消することを理由として改定したのである（弁論の全趣旨）。被告市民生協は，右保険会社における地震免責条項の改定の経緯に照らしても，市民生協免責条項の問題性を認識し，二義を許さない形で設定・変更することが容易にできたものといえる。」,「よって，右のように一義的でない規約の免責条項の内容については限定的に解釈すべきであり，市民生協免責条項の対象となる火災は，地震によって生じた火元火災及び右火元火災の地震による延焼火災に限られ，発生原因不明の火災が地震によって延焼したような場合を含まないと解するのが相当である。」と判示し，控訴審も「「火災」には，火元火災だけでなく延焼火災も含まれると解されるが，「原因が直接であると間接であるとを問わず，地震によって生じた火災による損害」には，発生原因不明の火災が地震によって延焼・拡大して生じた損害（第3類型）を含む

と解することができないことは，既に説示したとおりである。」とした。

Q105 マンションと一戸建てでは，地震保険の内容に違いはあるか。

 約款上の違いがある。

解 説

地震保険約款に従って，相違点を整理したい（下線部）。押さえるべきことは，区分所有建物でない場合（一戸建て）は，建物の主要構造部で損害判定を行うが，区分所有建物の場合は，専有部分・共用部分それぞれで損害判定を行い，いずれか重い方の区分で保険金を支払うことになる。例えば，専有部分が大半損，共用部分が全損である場合の地震保険金は全損で支払うことになる。

〈表7　区分建物である場合，ない場合の地震保険内容の相違点〉

条項	区分所有建物でない場合	区分所有建物である場合	備考
1条　他の保険契約欄	この保険契約における保険の対象と同一の敷地内に所在する第5条（保険金の支払額）(2)①または②の建物または生活用動産について締結された地震等による事故に対して保険金を支払う他の保険契約をいいます。	この保険契約における保険の対象と同一の敷地内に所在する第5条（保険金の支払額）(3)①または②の<u>専有部分もしくは共用部分</u>または生活用動産について締結された地震等による事故に対して保険金を支払う他の保険契約をいいます。	5条が区分所有建物でない場合・ある場合で異なるための規定である。
2条	(4)(1)から(3)までの損害の認定は，保険の対象が<u>建物</u>	(4) 保険の対象が<u>区分所有建物の専有部分または共用</u>	区分所有建物の場合は，損

	である場合には，その建物ごとに行い，保険の対象が生活用動産である場合には，これを収容する建物ごとに行います。また，門，塀または垣が保険の対象に含まれる場合には，これらが付属する建物の損害の認定によるものとします。	部分である場合には，(1)から(3)までの損害の認定は，専有部分については，個別に行い，また，共用部分については，その区分所有建物全体の損害の認定によるものとします。また，門，塀または垣が保険の対象に含まれる場合には，これらが付属する区分所有建物の共用部分の損害の認定によるものとします。 (5) 保険の対象が生活用動産である場合には，(1)から(3)までの損害の認定は，その生活用動産の全体について，これを収容する専有部分ごとに行います。	害の認定は，専有部分は個別，共用部分は区分所有建物全体で行うものとしている。
4条	(1) この保険契約における保険の対象は，この保険契約が付帯されている保険契約の保険の対象のうち，建物または生活用動産に限られます。 (2)(1)の建物が保険の対象である場合において，この保険契約が付帯されている保険契約の保険の対象に門，塀もしくは垣または物置，車庫その他の付属建物が含まれているときは，これらのものは，この保険契約の保険の対象に含まれます。 (3)(1)の生活用動産には，建物の所有者でない者が所有する次に掲げる物を含みます。 ① 畳，建具その他これらに類する物 ② 電気，通信，ガス，給排水，衛生，消火，冷房・暖房，エレベーター，リフト等の設備のうち建物に付	(1) この保険契約における保険の対象は，この保険契約が付帯されている保険契約の保険の対象のうち，専有部分もしくは共用部分(注)または生活用動産に限られます。 (注) 居住の用に供されない専有部分およびその共用部分の共有持分は，保険の対象に含まれません。 (2)(1)の共用部分が保険の対象である場合において，この保険契約が付帯されている保険契約の保険の対象に門，塀もしくは垣または物置，車庫その他の付属建物が含まれているときは，これらのものは，この保険契約の保険の対象に含まれます。 (3)(1)の生活用動産には，専有部分の所有者でない者が所有する次に掲げる物を含みます。 ① 畳，建具その他これら	

	加したもの ③ 浴槽，流し，ガス台，調理台，棚その他これらに類する物のうち建物に付加したもの (4) (1)および(3)の生活用動産には，次に掲げる物は含まれません。 ① 通貨，有価証券，預金証書または貯金証書，印紙，切手その他これらに類する物 ② 自動車^(注) ③ 貴金属，宝玉および宝石ならびに書画，骨董，彫刻物その他の美術品で，1個または1組の価額が30万円を超えるもの ④ 稿本，設計書，図案，証書，帳簿その他これらに類する物 ⑤ 商品，営業用什器・備品その他これらに類する物 (注) 自動三輪車および自動二輪車を含み，総排気量が125cc以下の原動機付自転車を除きます。	に類する物 ② 電気，通信，ガス，給排水，衛生，消火，冷房・暖房，エレベーター，リフト等の設備のうち専有部分に付加したもの ③ 浴槽，流し，ガス台，調理台，棚その他これらに類する物のうち専有部分に付加したもの (4) (1)および(3)の生活用動産には，次に掲げる物は含まれません。 ① 通貨，有価証券，預金証書または貯金証書，印紙，切手その他これらに類する物 ② 自動車^(注) ③ 貴金属，宝玉および宝石ならびに書画，骨董，彫刻物その他の美術品で，1個または1組の価額が30万円を超えるもの ④ 稿本，設計書，図案，証書，帳簿その他これらに類する物 ⑤ 商品，営業用什器・備品その他これらに類する物 (注) 自動三輪車および自動二輪車を含み，総排気量が125cc以下の原動機付自転車を除きます。	
5条	(1) 当会社は，第2条（保険金を払う場合）の保険金として次の金額を支払います。 ① 保険の対象である建物または生活用動産が全損となった場合は，その保険の対象の保険金額に相当する額。ただし，保険価額を限度とします。 ② 保険の対象である建物または生活用動産が大半損	(1) 当会社は，第2条（保険金を払う場合）の保険金として次の金額を支払います。 ① 保険の対象である専有部分もしくは共用部分または生活用動産が全損となった場合は，その保険の対象の保険金額に相当する額。ただし，保険価額を限度とします。 ② 保険の対象である専有	区分所有建物の場合は，専有部分・共用部分のいずれか重い損害区分で損害判定を行う。

となった場合は，その保険の対象の保険金額の60％に相当する額。ただし，保険価額の60％に相当する額を限度とします。

③ 保険の対象である建物または生活用動産が小半損となった場合は，その保険の対象の保険金額の30％に相当する額。ただし，保険価額の30％に相当する額を限度とします。

④ 保険の対象である建物または生活用動産が一部損となった場合は，その保険の対象の保険金額の5％に相当する額。ただし，保険価額の5％に相当する額を限度とします。

(2) (1)の場合において，この保険契約の保険の対象である次の建物または生活用動産について，この保険契約の保険金額がそれぞれ次に規定する限度額を超えるときは，その限度額をこの保険契約の保険金額とみなし(1)の規定を適用します。

① 同一敷地内に所在し，かつ，同一被保険者の所有に属する建物　5,000万円

② 同一敷地内に所在し，かつ，同一被保険者の世帯に属する生活用動産　1,000万円

(3) (2)①または②の建物または生活用動産について，地震保険法第2条（定義）第2項の地震保険契約でこの保険契約以外のものが締結されている場合において，それぞれの保険契約の保険金額の合計額が(2)①または②に規定する限度額ま

部分もしくは共用部分または生活用動産が大半損となった場合は，その保険の対象の保険金額の60％に相当する額。ただし，保険価額の60％に相当する額を限度とします。

③ 保険の対象である専有部分もしくは共用部分または生活用動産が小半損となった場合は，その保険の対象の保険金額の30％に相当する額。ただし，保険価額の30％に相当する額を限度とします。

④ 保険の対象である専有部分もしくは共用部分または生活用動産が一部損となった場合は，その保険の対象の保険金額の5％に相当する額。ただし，保険価額の5％に相当する額を限度とします。

(2) 専有部分および共用部分を1保険金額で契約した場合には，それぞれの部分を別の保険の対象とみなして(1)および(4)の規定を適用します。この場合において，それぞれの部分の保険価額の割合(注)によって保険金額を比例配分し，その比例配分額をそれぞれの部分に対する保険金額とみなします。

(注) 専有部分の保険価額と共用部分の共有持分の保険価額との合計額に対する専有部分の保険価額の割合が保険証券に明記されていない場合には，専有部分の保険価額の割合は40％とみなします。

(3) (1)の場合において，この保険契約の保険の対象である次の専有部分の保険金

た は 保 険 価 額 の い ず れ か 低い額を超えるときは，当会社は，次の算式によって算出した額をもってこの保険契約の保険金額とみなし，(1)の規定を適用します。
① 建物　5,000 万円または保険価額のいずれか低い額×この保険契約の建物についての保険金額／それぞれの保険契約の建物についての保険金額の合計額
② 生活用動産　1,000 万円または保険価額のいずれか低い額×この保険契約の生活用動産についての保険金額／それぞれの保険契約の生活用動産についての保険金額の合計額
(4) 当会社は，(2)①の建物のうち被保険者の世帯と異なる世帯が居住する他の建物がある場合，または(2)①の建物が2以上の世帯の居住する共同住宅である場合は，居住世帯を異にするその建物または戸室ごとに(2)および(3)の規定をそれぞれ適用します。
(5) (2)から(4)までの規定により，当会社が保険金を支払った場合には，次の残額に対する保険料を返還します。
① (2)の規定により保険金を支払った場合は，この保険契約の保険金額から(2)①または②に規定する限度額を差し引いた残額
② (3)の規定により保険金を支払った場合[注]は，この保険契約の保険金額から次の算式によって算出した額を差し引いた残額

額と共用部分の保険金額との合計額または生活用動産の保険金額がそれぞれ次に規定する限度額を超える場合は，その限度額をこの保険契約の保険金額とみなし(1)の規定を適用します。
① 同一敷地内に所在し，かつ，同一被保険者の所有に属する専有部分および共用部分　5,000 万円
② 同一敷地内に所在し，かつ，同一被保険者の世帯に属する生活用動産 1,000 万円
(4) (3)①または②の専有部分もしくは共用部分または生活用動産について，地震保険法第2条（定義）第2項の地震保険契約でこの保険契約以外のものが締結されている場合において，それぞれの保険契約の保険金額の合計額が(3)①もしくは②に規定する限度額または保険価額のいずれか低い額を超えるときは，当会社は，次の算式によって算出した額をもってこの保険契約の保険金額とみなし，(1)の規定を適用します。
① 専有部分　5,000 万円または保険価額のいずれか低い額×この保険契約の専有部分の保険金額／それぞれの保険契約の専有部分および共用部分についての保険金額の合計額
② 共用部分　5,000 万円または保険価額のいずれか低い額×この保険契約の共用部分の保険金額／それぞれの保険契約の専有部分および共用部分についての保険

ア．建物

(2)①に規定する限度額×この保険契約の建物についての保険金額／それぞれの保険契約の建物についての保険金額の合計額

イ．生活用動産

(2)②に規定する限度額×この保険契約の生活用動産についての保険金額／それぞれの保険契約の生活用動産についての保険金額の合計額

(注) (2)①または②の建物または生活用動産について，それぞれの保険契約の保険金額の合計額が(2)①または②に規定する限度額を超える場合に限ります。

(6) 当会社が保険金を支払った場合でも，保険の対象の残存物の所有権その他の物権は，当会社に移転しません。

金額の合計額

③ 生活用動産　1,000万円または保険価額のいずれか低い額×この保険契約の生活用動産についての保険金額／それぞれの保険契約の生活用動産についての保険金額の合計額

(5) 当会社は，(3)①の専有部分および共用部分のうち被保険者の世帯と異なる世帯が居住する他の専有部分および共用部分がある場合，または(3)①の専有部分および共用部分が2以上の世帯の居住する共同住宅である場合は，居住世帯を異にするその専有部分および共用部分または戸室ごとに(3)および(4)の規定をそれぞれ適用します。

(6)(3)から(5)までの規定により，当会社が保険金を支払った場合には，次の残額に対する保険料を返還します。

① (3)の規定により保険金を支払った場合は，この保険契約の保険金額から(3)①または②に規定する限度額を差し引いた残額

② (4)の規定により保険金を支払った場合(注)は，この保険契約の保険金額から次の算式によって算出した額を差し引いた残額

ア．専有部分および共用部分

(3)①に規定する限度額×この保険契約の専有部分および共用部分についての保険金額それぞれの保険契約の専有部分および共用部分についての保険金額の合計

		額 イ．生活用動産 (3) ②に規定する限度額×この保険契約の生活用動産についての保険金額それぞれの保険契約の生活用動産についての保険金額の合計額 (注)　(3)①または②の専有部分および共用部分または生活用動産について，それぞれの保険契約の保険金額の合計額が(3)①または②に規定する限度額を超えるときに限ります。 (7) 当会社が保険金を支払った場合でも，保険の対象の残存物の所有権その他の物権は，当会社に移転しません。	
11条1項	(1) 保険契約締結の後，次のいずれかに該当する事実が発生した場合には，保険契約者または被保険者は，遅滞なく，その旨を当会社に通知しなければなりません。ただし，その事実がなくなった場合には，当会社への通知は必要ありません。 ① 保険の対象である建物または保険の対象を収容する建物の構造または用途を変更したこと。 ② 保険の対象を他の場所に移転したこと。 ③ ①および②のほか，告知事項の内容に変更を生じさせる事実(注)が発生したこと。 (注)　告知事項のうち，保険契約締結の際に当会社が交付する書面等においてこの条の適用がある事項として定めたものに関する事実に限ります。	(1) 保険契約締結の後，次のいずれかに該当する事実が発生した場合には，保険契約者または被保険者は，遅滞なく，その旨を当会社に通知しなければなりません。ただし，その事実がなくなった場合には，当会社への通知は必要ありません。 ① 保険の対象である専有部分もしくは共用部分または保険の対象を収容する専有部分もしくは共用部分の構造または用途を変更したこと。 ② 保険の対象を他の場所に移転したこと。 ③ ①および②のほか，告知事項の内容に変更を生じさせる事実(注)が発生したこと。 (注)　告知事項のうち，保険契約締結の際に当会社が交付する書面等においてこの条の適用がある事項として定めたものに関	

		する事実に限ります。	
11条6項	(6)(2)の規定にかかわらず，(1)の事実の発生によって保険の対象または保険の対象を収容する建物が居住の用に供されなくなった場合には，当会社は，保険契約者に対する書面による通知をもって，この保険契約を解除することができます。	(6)(2)の規定にかかわらず，(1)の事実の発生によって保険の対象である専有部分もしくは共用部分または保険の対象を収容する専有部分もしくは共用部分が居住の険契約者に対する書面による通知をもって，この保険契約を解除することができます。 (注)共用部分が居住の用に供されなくなった場合とは，共用部分を共有する区分所有者の所有に属するこの区分所有建物の専有部分のすべてが居住の用に供されなくなった場合をいいます。	
32条2項	(2)(1)の場合を除き，当会社が保険金を支払った場合においても，この保険契約の保険金額は，減額することはありません。ただし，第5条（保険金の支払額）(5)の規定が適用される場合には，保険金額から同条(5)①または②の残額を差し引いた金額を同条(5)の規定を適用する原因となった損害が生じた時以後の未経過期間に対する保険金額とします。	(2)(1)の場合を除き，当会社が保険金を支払った場合においても，この保険契約の保険金額は，減額することはありません。ただし，第5条（保険金の支払額）(6)の規定が適用される場合には，保険金額から同条(6)①または②の残額を差し引いた金額を同条(6)の規定を適用する原因となった損害が生じた時以後の未経過期間に対する保険金額とします。	

第2章
地震保険契約の成立

Q106 地震保険の保険料はどのようにして決まるか。地域や構造によって高かったり安かったり違いはあるか。

A 損害保険料率算出機構が作成する地震保険基準料率により決まる。保険料は，地域・構造に応じて異なる。

┃ 解 説 ┃

　地震保険法5条1項は，「政府の再保険に係る地震保険契約の保険料率は，収支の償う範囲内においてできる限り低いものでなければならない。」と保険料の基準を示しているが，実際の地震保険料は，損害保険料率算出機構が作成する地震保険基準料率によっている。各損害保険会社は同料率をそのまま利用して保険料を設定しているので，どの損害保険会社で地震保険に加入しても保険料に違いはない。同料率は，純保険料率（保険金支払額に相当する部分）と付加保険料率（経費・利潤に相当する部分）を算出しているが，地震保険の公共性に鑑み，付加保険料率に利潤は含まれていないので，各損害保険会社は地震保険をいくら売っても利益は出ない。

　同料率は，損害保険料率算出機構が，地震調査研究推進本部公表の確率論的地震動予測地図に用いられた地震発生データを利用して行う被害予測シミュレーションにより保険金の支払予測を行い算出するものとされている。

　損害保険料率算出機構「地震保険基準料率のあらまし」12頁によれば，

〈図2　地震保険の基準料率算出の考え方〉

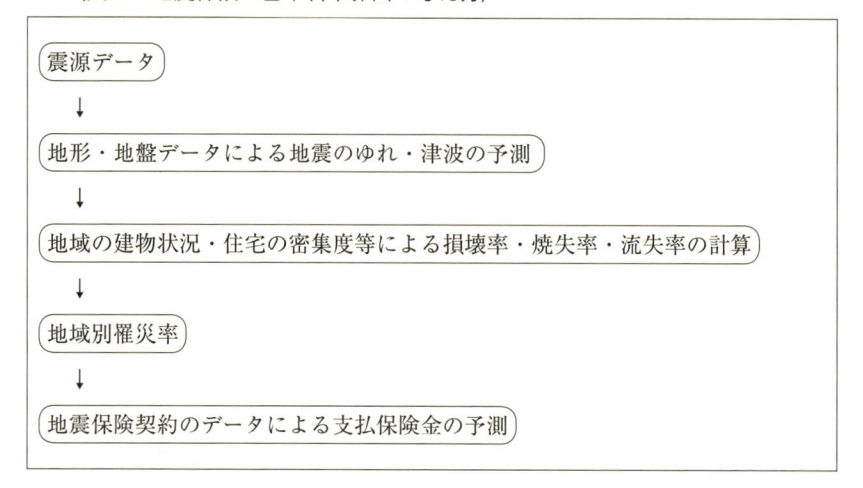

という流れである。

　このようにして算出した基準料率を金融庁長官に届出をし，金融庁において，保険料率の三つの原則（損害保険料率算出団体に関する法律8条「料率団体の算出する参考純率及び基準料率は，合理的かつ妥当なものでなければならず，また，不当に差別的なものであつてはならない。」）の適合性について審査が行われる。並行して，損害保険料率算出機構から基準料率の提供を受けた各損害保険会社は，上記審査期間を経過した後に，金融庁長官に基準料率を使用する旨の届出をする。

　ちなみに現況基準料率は，2017年6月15日金融庁長官への届出をし，2017年7月20日適合性審査終了となり，2019年1月1日改定の約款で地震保険に反映されている。

　地震保険料は，次のように算定される。

　地震保険料＝基本料率×割引率×長期係数

　基本料率については，建物の構造区分と所在地（等地）により定める。経過措置を除くと，現行の火災保険構造級別に従えば，構造は，イ構造（M構造・T構造）とロ構造（H構造）に分かれイの方が安い。等地は危険度が低い

順に1～3等地に分かれており，1等地が最も安い。もっとも，等地については，改正時の緩和措置があるので，同じ3等地であっても保険料が異なる県もある（東京都と高知県等）。

　割引の種類は，免震建築物割引，耐震等級割引，耐震診断割引及び建築年割引の4種類あり，1種類のみ適用される。免震建築物割引は住宅の品質確保の促進等に関する法律（以下，「品確法」という。）に基づく住宅性能表示制度の免震建築物に該当すること（割引率50パーセント），耐震等級割引は品確法に基づく住宅性能表示制度の「耐震等級1・2・3」に該当すること（割引率は等級1が10パーセント，等級2が30パーセント，等級3が50パーセント。なお，等級1は建築基準法の耐震性能を満たす水準，等級2は等級1の1.25倍の地震に耐えられる基準，等級3は等級1の1.5倍の地震に耐えられる基準である。），耐震診断割引は地方公共団体等による耐震診断・耐震改修により新耐震基準を満たしていること（割引率10パーセント），そして建築年割引は昭和56（1981）年6月1日以後に新築したこと，つまり新耐震基準であること（割引率10パーセント）である。

　長期係数は，保険期間を2年から5年とすると1年加入よりも割引になるもので，現行の係数は次のとおりである。

〈表8　地震保険の長期係数と割引率〉

保険期間	長期係数	割引率
2年	1.9	5%
3年	2.8	6.67%
4年	3.7	7.5%
5年	4.6	8%

第2編　地震保険

107　地震保険の保険期間に決まりはあるか。

　最長5年である。

| 解　説 |

　地震保険の保険期間は1年から5年までである。地震保険料は長期加入の方が安く，その割引率は表8のとおりとなっている。

　地震保険が火災保険の付帯で加入する関係上，若干，ルールが複雑である（日本損害保険協会ホームページ参照）。

〈表9　地震保険の割引率〉

火災保険長期契約			地震保険の契約方法
保険料払込方法と保険期間	年　払		保険期間1年の自動継続
	一括払	保険期間5年以下	① 保険期間1年の自動継続、 ② 保険期間を火災契約と同一（2・3・4・5年のいずれか）とする長期契約、 のいずれか
		保険期間5年超	① 保険期間1年の自動継続、 ② 保険期間5年の自動継続、 のいずれか
	上記以外		保険期間1年の自動継続

〈例〉　保険期間10年の火災保険を一括払で契約した場合
　　　○保険期間が1年の地震保険を1年ごとに自動継続する契約にするか，または保険期間が5年の地震保険を5年後に自動継続する契約にするか，どちらかを選択することになります。
（出典：一般社団法人日本損害保険協会　損害保険Q&A「そんぽ相談ガイド」問66を基に筆者作成）

阪神大震災と判例

阪神淡路大震災については複数の判例があるが、ここでは地震保険不加入に関する保険会社側の説明義務違反が争われた最三小判平15・12・9民集57巻11号1887頁を取り上げることにしたい。

同判例の事案を判旨に従い整理すると次の通りである。

① X1は本件家財を、X2は本件建物を、それぞれ所有し、又は占有していた。

② 平成7年1月17日午前5時46分に阪神・淡路大震災が発生し、同日午後2時ころ、神戸市の店舗から出火し、これが延焼、拡大して、本件建物及び本件家財が全焼した。

③ X1は本件家財につき、X2は本件建物につき、本件地震の発生以前に、旧東京海上との間で、それぞれ火災保険契約（以下、「本件各火災保険契約」という。）を締結した。

④ X1らは、いずれも本件各火災保険契約の申込書の「地震保険は申し込みません」との記載のある地震保険不加入意思確認欄に自らの意思に基づき押印をした。

⑤ 東京海上は、X1らに対し、本件各火災保険契約の締結に当たり、地震保険の内容（地震免責条項を含む。）及び地震保険不加入意思確認欄への押印をすることの意味内容に関する事項について、特段の情報提供や説明をしなかった。

上記事案に付いて、最高裁判所は破棄自判し、X1らの請求を棄却した。

「被上告人らは、上告人側から本件地震保険に関する事項について適切な情報提供や説明を受けなかったことにより、正確かつ十分な情報の下に地震保険に加入するか否かについての意思を決定する機会が奪われたとして、上告人に対し、これによって被上告人らが被った精神的損害のてん補としての慰謝料の支払を求めるものである。このような地震保険に加入するか否かに

第2編　地震保険

ついての意思決定は，生命，身体等の人格的利益に関するものではなく，財産的利益に関するものであることにかんがみると，この意思決定に関し，仮に保険会社側からの情報の提供や説明に何らかの不十分，不適切な点があったとしても，特段の事情が存しない限り，これをもって慰謝料請求権の発生を肯認し得る違法行為と評価することはできないものというべきである。

　このような見地に立って，本件をみるに，前記の事実関係等によれば，次のことが明らかである。(1)本件各火災保険契約の申込書には，「地震保険は申し込みません」との記載のある地震保険不加入意思確認欄が設けられ，申込者が地震保険に加入しない場合には，その欄に押印をすることになっている。申込書にこの欄が設けられていることによって，火災保険契約の申込みをしようとする者に対し，① 火災保険とは別に地震保険が存在すること，② 両者は別個の保険であって，前者の保険に加入したとしても，後者の保険に加入したことにはならないこと，③ 申込者がこの欄に押印をした場合には，地震保険に加入しないことになることについての情報が提供されているものとみるべきであって，申込者である被上告人らは，申込書に記載されたこれらの情報を基に，上告人に対し，火災保険及び地震保険に関する更に詳細な情報（両保険がてん補する範囲，地震免責条項の内容，地震保険に加入する場合のその保険料等に関する情報）の提供を求め得る十分な機会があった。(2)被上告人らは，いずれも，この欄に自らの意思に基づき押印をしたのであって，上告人側から提供された上記 ① ～ ③ の情報の内容を理解し，この欄に押印をすることの意味を理解していたことがうかがわれる。(3)上告人が，被上告人らに対し，本件各火災保険契約の締結に当たって，本件地震保険に関する事項について意図的にこれを秘匿したなどという事実はない。

　これらの諸点に照らすと，本件各火災保険契約の締結に当たり，上告人側に，被上告人らに対する本件地震保険に関する事項についての情報提供や説明において，不十分な点があったとしても，前記特段の事情が存するものとはいえないから，これをもって慰謝料請求権の発生を肯認し得る違法行為と評価することはできないものというべきである。したがって，前記の事実関係の下において，被上告人らの上告人に対する前記の募取法（編注：保険募集の取締に関する法律）11条1項，不法行為，債務不履行及び契約締結上の

過失に基づく慰謝料請求が理由のないことは明らかである。」

　上記最高裁判決によって，特段の事情がないかぎり，保険会社が地震保険不加入について具体的な説明を行っていないとしても慰謝料請求が認められないことが確立した。

第3章
保険金請求

第1節　支払要件　

Q*108*　地震保険金の支払要件は何か。

A　保険事故によって保険の対象に損害が発生することであるが，地震保険は費用保険であるため，当該損害が地震保険金の支払基準に該当する必要がある。

解　説

　地震保険の保険事故（地震等）によって保険の対象（自家用建物又は生活用動産）に損害が生ずることが保険金の支払要件であるが，火災保険と異なり，地震保険の法的性質は実損てん補でなく費用保険であるので，次表の支払基準に従い，一定額の保険金が支払われることになる（いずれも各区分の時価額が限度となる。）。

〈表10　地震保険の支払基準（建物・家財）〉

全損	保険金額の100%
大半損	保険金額の60%
小半損	保険金額の30%
一部損	保険金額の5%

（出典：損害保険料率算出機構ホームページ「地震保険料率」を基に筆者作成）

　全損等の損害の程度の認定基準は，次表のとおりである。

〈表 11　地震保険の損害の程度の認定基準（建物）〉

	基準
全損	地震等により損害を受け，主要構造部（土台，柱，壁，屋根等）の損害額が，時価額の 50％以上となった場合，または焼失もしくは流失した部分の床面積が，その建物の延床面積の 70％以上となった場合
大半損	地震等により損害を受け，主要構造部（土台，柱，壁，屋根等）の損害額が，時価額の 40％以上 50％未満となった場合，または焼失もしくは流失した部分の床面積が，その建物の延床面積の 50％以上 70％未満となった場合
小半損	地震等により損害を受け，主要構造部（土台，柱，壁，屋根等）の損害額が，時価額の 20％以上 40％未満となった場合，または焼失もしくは流失した部分の床面積が，その建物の延床面積の 20％以上 50％未満となった場合
一部損	地震等により損害を受け，主要構造部（土台，柱，壁，屋根等）の損害額が，時価額の 3％以上 20％未満となった場合，または建物が床上浸水もしくは地盤面より 45cm を超える浸水を受け，建物の損害が全損・大半損・小半損に至らない場合

（出典：財務省ホームページ　政策金融・金融危機管理―地震保険制度の概要「全損，大半損，小半損，一部損の基準〈建物〉」）

〈表 12　地震保険の認定基準（家財）〉

	基準
全損	地震等により損害を受け，損害額が保険の対象である家財全体の時価額の 80％以上となった場合
大半損	地震等により損害を受け，損害額が保険の対象である家財全体の時価額の 60％以上 80％未満となった場合
小半損	地震等により損害を受け，損害額が保険の対象である家財全体の時価額の 30％以上 60％未満となった場合
一部損	地震等により損害を受け，損害額が保険の対象である家財全体の時価額の 10％以上 30％未満となった場合

（出典：財務省ホームページ　政策金融・金融危機管理―地震保険制度の概要「全損，大半損，小半損，一部損の基準〈家財〉」）

　東日本大震災当時は，次表のとおり，大半損・小半損の区別がなかったが，半損と一部損では保険金支払額が 10 倍の開きがあり，半損か一部損かの損害評価が深刻に争われたため，大半損・小半損の区別が導入されている。

〈表13　東日本大震災時の地震保険の支払基準（家財）〉

全損	保険金額の 100%
半損	保険金額の 50%
一部損	保険金額の 5%

東日本大震災と判例

　東日本大震災に関する火災・地震保険の判例は複数存在するが，ここでは，東日本大震災による建物の損傷について，一部損か半損かが争われた東京地判平27・6・30ウエストロー，LLI/DB判例秘書登載を取り上げたい。

　地震保険における建物の損害の認定は，日本損害保険協会作成の地震保険損害認定基準に基づいて行われる。当該基準は，通常，地震保険のご契約のしおりに掲載されている。同基準によれば，損害の程度を①主要構造部（軸組，基礎，屋根，外壁等）の損害額，②消失又は流失した床面積，③床上浸水に分けてそれぞれ認定する。

　具体的には，当該基準の「建物の主要構造部の損害額に基づく損害程度の認定方法」に従って損害の認定を行うことになる。現行の基準から，上記①に関する「建物部位の被害程度に着目した損害の認定基準」に沿って，本件の木造建物・在来軸組工法を引用すれば，「軸組（小屋組，内壁を含みます。），基礎，屋根，外壁」……に着目して被害程度を調査し，工法ごとの損害認定基準表（在来軸組工法：表1―1）……から損害割合を求め，それらを合算し，全損，大半損，小半損，一部損の認定を行います。より詳細な調査を要する場合には，第二次査定を実施することがあります。」というものである。

　損害認定基準表には，上記の着目点の部位毎に物理的損傷割合を求めるのであるが，その異なる数値の算出は，実測による方法と簡易算出方法によることが認められている。もっとも，損害保険会社は，通常，簡易算出方式を

第2編　地震保険

用いて建物の損害割合の算定を行う。

　ここで問題が生じたのが，簡易算出方式では一部損であったが，建物の損傷を実測したところ実測値では半損であった場合に，いずれで損害の程度を認定するべきか，という点である。

　この点について，本件の原告は，実測値が明らかとなっている場合は簡易算出方式の方法によることは許されず，必ず実測値を採用しなければならない旨主張した。

　裁判所は，「本件基準の定める簡易算出方法は，地震発生後の膨大な件数に及ぶと想定される建物損害の認定を迅速かつ公平に行うために認められたものと解され，それ自体，本件基準の認める正規の算出方法であるから，簡易算出方法を用いて算出された損傷割合ないし損害割合の認定はもとより正当なものであって，後に建物の主要構造部の全部ないし一部の実測数値が明らかになったことにより，その認定の適否ないし効果が左右されるものではないと解するのが相当である。かえって，簡易算定方式に基づく損害算定に不服を有する者が実測値による損失割合を主張して損害の程度を争うことを認めるとすると，被害が広範に及ぶことが想定される地震発生時の建物損害認定における迅速性及び公平性を害することになり，相当でないというべきである。」として，簡易算定方式によることも許される旨を判示し，原告の主張を排斥した。

　結論は，実務の取扱いを追認したものであるが，その理由付けに理論的な合理性があるのかどうか若干疑問は残る。

Q109 1日の間に余震が複数回あって，それぞれで建物が壊れた。保険金はどのように支払われるか。本震の1週間後に余震があって，本震でも余震でも建物の別々の場所が壊れた場合はどうか。

A 72時間以内に生じた地震等は，一括して1回の地震等とみなされるので，1回分の地震等として損害評価がなされ，評価区分ごとに地震保険金が支払われる。72時間を超える間隔がある場合は，地震毎に損害評価が行われ，地震ごとの評価区分に応じて地震保険金が支払われる。

解説

　地震保険法3条4項は，「72時間以内に生じた2以上の地震等は，一括して1回の地震等とみなす。ただし，被災地域が全く重複しない場合は，この限りでない。」と規定し，地震保険約款8条でも同旨の規定がある。例えば，本震と余震があり，本震で建物に大半損が生じ，余震で倒壊したが，余震だけを捉えれば小半損相当であったとする。本震と余震が72時間以内に生じていれば1回の地震によって建物に全損が生じたこととなり，保険金額の100パーセント（時価額の100パーセントを上限とする。）が地震保険金として支払われることになる。これに対し，本震と余震との間隔が72時間を超えている場合，本震による大半損で保険金額の60パーセントが支払われ，余震による小半損で保険金額の30パーセントが支払われることになる，という違いがある。この事例では地震の分割によって損失が生じているが，逆に利得が生ずる場合もあり得る（例えば，本震・余震いずれも一部損相当で，両方を足しても小半損に至らない場合等。）。

　もっとも，本震後の余震は長期間にわたり生ずることがあり，当該損傷が72時間以内の地震によって生じているか否かの判断は困難である。

Q110 これまでにないような規模の地震が起きた場合でも地震保険金は支払われるか。

A 保険金の支払限度額を超える地震の場合は，地震保険金が削減される。

解　説

地震約款7条(2)は，「地震保険法第4条（保険金の削減）の規定により当会社が支払うべき保険金を削減する場合には，当会社は，同法及びこれに基づく法令の定めるところに従い算出された額を保険金として支払います。」と規定している。そこで，地震保険法4条を見てみると「前条第1項の規定による政府の再保険契約に係るすべての地震保険契約によつて支払われるべき保険金の総額が，1回の地震等につき，当該再保険契約により保険会社等のすべてが負担することとなる金額と同条第3項の規定による政府の負担限度額との合計額をこえることとなる場合には，保険会社等は，政令で定めるところにより，その支払うべき保険金を削減することができる。」と規定している。「前条第1項の規定による政府の再保険契約に係るすべての地震保険契約」とは火災保険に付帯される地震保険のことである。

現在，上記の総支払限度額（保険会社等の負担額＋政府の負担限度額の合計額）は 11.7 兆円（平成 31 年 4 月 1 日現在）である。11.7 兆円の根拠は関東大震災クラスの地震による被害をカバーできるようにとのことであるが，この合計額を超過する場合は，地震保険法施行令4条により保険金が削減されることになる。その計算式は次の通りである。

支払保険金＝算出支払保険金（全損＝保険金額×100％，大半損＝保険金額×60％，小半損＝保険金額×30％，一部損＝保険金額×5％）×総支払限度額（保険会社等の負担額＋政府の負担限度額の合計額 11.7 兆円）÷算出支払保険金総額（全算出支払保険金の合計額）

　例えば，保険金額 1000 万円の建物が全損し，全ての地震保険金の総額を算出したところ 20 兆円であったとすれば，

> 支払保険金 = 1000 万円 × 11.3 兆円 ÷ 20 兆円 = 565 万円

となる。

熊本地震と前震・本震・余震

　平成 28 年 4 月 14 日午後 9 時 26 分に始まる熊本地震は，前震・本震で震度 7 が 2 回観測された特異な地震活動である。気象庁ホームページ「平成 28 年（2016 年）熊本地震の関連情報」によれば，熊本地震において，震度 6 弱以上を観測した地震は次のとおりである。

発生時刻	震央地名	マグニチュード	最大震度
4 月 14 日 21 時 26 分	熊本県熊本地方	6.5	7
4 月 14 日 22 時 07 分	熊本県熊本地方	5.8	6 弱
4 月 15 日 00 時 03 分	熊本県熊本地方	6.4	6 強
4 月 16 日 01 時 25 分	熊本県熊本地方	7.3	7
4 月 16 日 01 時 45 分	熊本県熊本地方	5.9	6 弱
4 月 16 日 03 時 55 分	熊本県阿蘇地方	5.8	6 強
4 月 16 日 09 時 48 分	熊本県熊本地方	5.4	6 弱

　4 月 14 日午後 9 時 26 分が前震，4 月 16 日午前 1 時 25 分が本震，それ以降が余震とされている。

　地震保険法 3 条 4 項によれば，「72 時間以内に生じた 2 以上の地震等は，一括して 1 回の地震等とみなす。ただし，被災地域が全く重複しない場合は，この限りでない。」とされている（地震保険約款でも同様である。）。したがって，熊本地震においては，前震が発生した 4 月 14 日午後 9 時 26 分 34.4 秒

第 2 編　地震保険

から数えて 72 時間以内である 4 月 17 日午後 9 時 26 分 34.4 秒までの地震は一括して 1 回の地震となる。

　したがって，上記表のとおり，震度 6 弱以上の地震は全て 1 回の地震となる。

第 2 節　免責事由

> **Q111**　地震保険の免責事由にはどのようなものがあるか。

A　保険契約者等の故意若しくは重大な過失，保険の対象の紛失又は盗難，戦争，外国の武力行使等，核燃料物質等の放射性，爆発性その他の有害な特性又はこれらの特性による事故，地震等が発生した日の翌日から起算して 10 日を経過した後に生じた損害は免責となる。

解 説

地震保険約款 3 条 1 項で次の免責事由が列挙されている。

① 　保険契約者，被保険者またはこれらの者の法定代理人の故意もしくは重大な過失または法令違反

② 　①に規定する者以外の者が保険金の全部または一部を受け取るべき場合においては，その者またはその者の法定代理人の故意もしくは重大な過失または法令違反。ただし，他の者が受け取るべき金額については除きます。

③ 　保険の対象の紛失または盗難

④ 　戦争，外国の武力行使，革命，政権奪取，内乱，武装反乱その他これらに類似の事変または暴動

⑤ 核燃料物質もしくは核燃料物質によって汚染された物の放射性，爆発性その他の有害な特性またはこれらの特性による事故

いずれも火災保険と同様である。③の保険の対象の紛失又は盗難の詳細はQ37に譲るが，地震後の混乱状態においては保険の対象の紛失又は盗難（いわゆる火事場泥棒）の危険が高く，かつ，損害確認に困難があることから免責となっている。

また，同条2項は，「当会社は，地震等が発生した日の翌日から起算して10日を経過した後に生じた損害に対しては，保険金を支払いません。」との免責条項を置いている。

第2編　地震保険

Q112　地震による避難中，自宅が泥棒に荒らされた場合，火災保険又は地震保険は支払われるか。

A 地震保険は免責となる。盗難を保険事故とする火災保険は，地震発生から間もない時期の盗難は免責となるが，数か月経過した時期の盗難は有責となる可能性がある。

解説

盗難を保険事故とする火災総合保険に地震保険を付帯している事例を想定する。

まず，火災保険の約款上，地震若しくは噴火又はこれらによる津波によって生じた損害は免責となる（例えば火災約款3条(2)②）。ここでの「よって生じた」は相当因果関係を意味する。

地震による空き家への火事場泥棒については，「地震→空き家→火事場泥棒」という意味で，地震との間に事実的因果関係があることは否定できない。しかしながら，当該因果関係に相当性があるかは議論の余地がある。

　参考となる判例として，神戸地判平 10・2・24 判時 1661 号 138 頁がある。本件は，1995 年 1 月 17 日に発生した阪神・淡路大震災後の "平成 7 年 1 月 20 日から 21 日にかけて，何者かが，本件店舗入口のシャッターをこじ開け，ショーケースや入口ドアのガラスを割って侵入し，別紙物品目録記載の商品を窃取するという盗難事件が発生した" ことを保険事故とする盗難保険金の請求訴訟であるが，本件契約には盗難保険普通保険約款が適用されるところ，右約款の第 4 条 4 項によれば，被告は，地震（地震津波を含む。）・噴火・風災・水災・雪害その他の天災の際における盗難による損害については，これをてん補する責に任じないとされている」ので，その適否が争点となった。判旨は，「一般に，盗難保険契約においては，本件のような地震免責条項が設けられ，保険者は，地震の際の盗難による損害についてはこれをてん補する責に任じないとされている。なぜなら，ひとたび大地震が発生すると，社会秩序の混乱により盗難が多発し，その損害額が膨大なものになると予測されるところ，これを保険者においててん補するとなると，保険料が高額となり，かえって保険契約者の合理的意思に反するとともに，保険集団を形成することが不可能になり，保険制度として成り立たなくなってしまうからである。したがって，盗難保険契約においては，通常の危険状態を前提として保険料率が定められており，地震のような異常危険の下で発生した盗難による損害については，そもそも保険料率の算定に当たって計算の基礎とされていないというべきである。かかる地震免責条項の趣旨及び保険料率の算定方法に鑑みれば，本件免責条項の適用のある盗難とは，保険事故の発生率を高める危険状態の下で発生した盗難を意味するものと解するのが相当で相当である。」，「ただ，本件免責条項を右のように解したとしても，単に通常の危険状態から少しでも危険が高まれば足りるとするのは相当ではない。右危険状態の具体的内容としては，地震の規模，周辺地域の被害状況，治安状態，当該盗難の発生時期，発生場所，防犯設備の破壊の程度，防犯監視体制の有無といった諸要素を総合的に勘案した上で，著しい社会秩序の混乱及び治安の悪化が認められることが必要であると解すべきである。」，「地震発生から時間が経過すれば，社会は平静を取り戻し，防犯設備や防犯監視体制が復旧し，治安状態も改善するのが通常であることから，地震と盗難との時間的接着性

は，前述の危険状態の発生を判断するにあたって重要な意味を持つというべきである。」としている。

　上記判旨を参考にすると，火災保険においても，地震直後の混乱状況であれば，地震との間の相当因果関係が認められ免責となり，地震の発生から数か月経過している場合は，地震との因果関係は薄くなり，いずれかの時期に相当性は消失するものと解される。

　なお，地震保険では，保険の対象の紛失又は盗難は免責としている（地震約款3条(1)③）。

第2編　地震保険

第4章
地震保険契約の終了

Q113 地震保険契約はどのような場合に終了するか。

 保険契約の無効，失効，取消し，解除，全損保険金の支払により終了する。

解説

地震約款上，次の保険契約の終了原因が規定されている。

- 保険契約の無効（地震約款14条）── 保険契約者の保険金不正取得目的（14条(1)），警戒宣言後の保険契約（14条(2)）
- 保険契約の失効（同15条）── 保険の対象の全部滅失（全損保険金の支払による終了以外，(1)①），保険の対象の譲渡（(1)②）
- 保険契約の取消し（同16条）── 保険契約者又は被保険者の詐欺又は強迫による保険契約の締結
- 保険契約の解除（同18条・19条）── 保険契約者による解除（18条），損害保険会社（重大事由）による解除（19条）
- 全損保険金の支払（同32条）

第5章
手続の流れ

Q114 地震保険の保険事故が発生した場合，事故報告から保険金の支払までの流れはどのようなものか。

A 地震保険では，原則として損害を実地で確認し，損害割合を算出することとなる。提出書類として保険金請求書があるが，事前に保険会社から郵送される場合や立ち会った鑑定人等から手交される場合とがある。また必要に応じて登記簿謄本や印鑑証明書等を求められる場合がある。

▌ 解　説

　概ね，地震保険金の請求は，火災保険と共通している。被保険者が保険会社に対して電話等によって事故報告を行うと，保険会社は被保険者に対し保険金請求書等の地震保険金請求書類を発送する。ただし，大規模地震では避難生活が続く場合など請求書類の作成・提出が困難な事例も少なくないため，請求書類の一部を省略する取扱いが取られることがある。熊本地震でも，熊本県・大分県の被保険者のうち請求書類の作成・提出が困難な事例について，一部省略の取扱いが実施されている。

　請求書類の提出があると，保険会社は，その内容に基づいて損害査定を行う。地震保険では，原則として全件現場立会調査を行う。これに対し，火災保険では，調査費用との兼ね合いから損害の多寡・現地確認の必要性等を考慮して現地立会調査を実施している。

　ただし，大規模地震の場合は，交通機関の途絶等で現場立会調査に長期間掛かる事例も少なくないため，例外的に，現場立会調査を省略し，被保険者の自己申告に基づく書面調査を実施することがある。熊本地震でも立会困難な一部の事例で，被保険者の損害状況申告に基づく書面による損害調査が行

われている。

　損害査定が終わると保険会社は被害の程度の区分を提示し，保険金の額を案内する。被保険者がこれに承諾すると保険金が支払われることになる。

　なお、地震保険の保険事故発生後、保険契約者がどのような流れで保険会社に保険金請求・支払が行われるのか、大まかな流れを概観すると、以下の通りとなる。

〈図3　事故発生から保険金支払までのフロー〉

(1)　保険契約者が加入している保険会社に事故発生について連絡する

⇩

(2)　保険会社が当該事故発生について確認・受付をする（事故受付は，電話・ウェブ等の窓口があるのが一般的）

⇩

(3)　当該事故の被害状況を確認するための訪問日の調整を行う

⇩

(4)　保険会社から委託を受けた鑑定人が契約者等の立会いの下，被害状況を調査する（訪問日に契約者に保険金請求の必要書類等が手渡されることが一般的）

⇩

(5)　保険会社側が事故調査結果等を踏まえて支払保険金額を算出し，当該支払保険金額を契約者に連絡する

⇩

(6)　契約者が支払保険金額を確認・承諾する（なお，契約者が当該金額について承諾しない場合は，別途，保険金請求訴訟等を提起することになる）

⇩

(7)　保険会社が保険金を契約者に支払う（契約者が指定する銀行口座へ送金するのが一般的）

⇩

8　契約者自ら指定した送金先口座への保険金の着金を確認する

Q115　地震保険の建物の保険金はどのように査定するか。

A 地震による損害を契約時期により全損・半損・一部損の3区分，2011年1月1日保険契約以降は全損・大半損・小半損・一部損の4区分に分けて算出する。

解説

　地震による損害は罹災物件が同時に広範囲にわたり発生する特徴がある。罹災した被保険物件を短期間にしかも被保険者相互間の間の公平を保ちつつ的確に損害認定を行うことで，速やかに保険金を支払い，被災者の生活の安定に寄与することが求められる。このため，地震による損害を契約時期により全損・半損・一部損の3区分，全損・大半損・小半損・一部損の4区分に分けて算出することとし，迅速・的確・公平な損害認定を図っている（本書表10，表11参照。2017年1月1日保険契約以降は4区分）。

　実際の損害認定に際しては，建物自体の傾斜，沈下を確認するとともに，建物の主要構造部それぞれの損害状況を把握し主要構造部ごとの損害割合を算出し，全ての主要構造部の損害割合から建物全体の損害割合を算出することとしている。ただし，建物主要構造部に大きな損傷が発生していなくても，内壁，床等に顕著な被害が発生することがある。このような場合に対応するため内壁，床等の主要構造部の損害を調査して損害認定する場合がある。

　区分所有建物の専有部分の損害認定は，当該部分を含む建物全体の認定によるが，専有部分について認定された損害の程度が，建物全体について認定された損害程度より高い場合には，当該専有部分の認定による（Q116参照）。

Q116　地震保険の家財の保険金はどのように査定するか。

A　地震保険に求められる迅速・的確・公平な損害認定を行うために家財の損害認定に際しては，個々の家財の損傷状況によらず，一般的に所有されている代表的な品目の損傷状況によって家財全体の損害程度を認定する手法により，損害の程度を算出する。

解　説

　現行の地震保険損害認定基準では，家財の時価に対する損害額の割合に応じて，全損（80 パーセント以上），大半損（60 パーセント以上 80 パーセント未満），小半損（30 パーセント以上 60 パーセント未満）及び一部損（10 パーセント以上 30 パーセント未満）に分類されている。その認定方法についても規定があり，「個々の家財の損傷状況によらず，家財を大きく五つ（① 食器類，② 電気器具類，③ 家具類，④ 身回品その他，⑤ 寝具・衣類）に分類し，その中で一般的に所有されていると考えられる品目の損傷状況から，家財全体の損害割合を算出し，全損・大半損・小半損・一部損の認定を行います。」とされている。なお，マンションの家財については，「家財全体についてこれを収容する各専有部分ごとに行います。」とされている（マンションの建物については，「棟建物全体で損害認定し，専有部分の損害が 1 棟建物全体より大きい場合には，個別に認定します。」とされているので，取扱いが異なる。）。

Q117 地震保険損害認定基準とは何か。災害に係る住家の被害認定基準との違いは何か。

A 地震保険損害認定基準は，地震保険における損害認定処理を迅速・的確・公平に行うために定められた基準である。災害に係る住家の被害認定基準は，市町村長が，災害対策基本法 90 条の 2 の罹災証明書を交付する前提として行う住家の被害認定の基準である。

解 説

　保険会社は，地震保険損害認定基準に基づいて損害の程度を認定するが，これは，地震保険特有の制度である。例えば，火災保険であれば，修理費見積書等を利用して，個別に保険の対象の修復の可否・修理の範囲・費用等を認定し，その具体的な修理費等に応じて保険金の額が定まるので，損害認定基準は不要である。これに対し，地震保険は費用保険であるため，実際の修理費とは関係なく，損害の程度の区分（全損・大半損・小半損・一部損）によって保険金の額が定まり，かつ，地震保険法に基づく保険商品であるため各保険会社での認定に統一性を持たせる必要があるため，地震保険認定基準が必要となる。

　これに対し，災害に係る住家の被害認定基準は，罹災証明書発行のための被害認定に使用されるものである。同基準では，住家の被害認定は，「災害の被害認定基準」に基づくものであるが，これは，国の関係各省庁が被害状況を把握する等の目的で設けられた統一基準である（平 13・6・28 府政防第518 号内閣府政策統括官（防災担当）通知「災害の被害認定基準について」）。

　実際の被害認定方法については，災害に係る住家の被害認定基準運用指針（内閣府防災担当，平成 25 年 6 月）が設けられている。

　それぞれの基準は被害を確認する観点が異なっているために相互に無関係な基準となっている。実際上も，地震保険金の請求にあたり，罹災証明書は必要書類とはされていない。

第 3 編

火災・地震保険に共通するポイント

第1章
販売チャネル

Q118 販売チャネルとは何か。販売チャネルごとのメリット・デメリットは何か。

A 販売チャネルとは，損害保険の販売経路のことである。販売チャネルには，一般的に代理店型と通販（ダイレクト）型がある。代理店型はさらに金融業，自動車関連業，専業等の業態別の代理店等に細分化される。

▮ 解 説

代理店型では，それぞれの業態の属するマーケットで必要とされる損害保険に加入しやすいように設立されている場合が多い。例えば自動車保険は自動車販売店，火災保険では建物等の購入時に契約できるよう金融機関や不動産業が代理店となっている。

専業代理店は損害保険代理店を専業とする代理店であり，企業の別働隊として設立される場合と個人が職業として損害保険代理店業を営む場合がある。また，最近は保険ショップを開設し全国展開している代理店や独立系ファイナンシャルプランナーによる代理店も目立っている。

また，代理店には特定の保険会社のみの保険を扱う専属代理店と複数の保険会社の保険を販売する乗合代理店がある。

代理店を通して契約した場合，個々人のニーズに合わせた提案を受けられることがあったり，保険金請求のサポートを受けられることがある。ただし，保険料は通販型の方が通常安くなっている（代理店について，Ｑ６も参照）。

通販（ダイレクト）型では，インターネットや電話を通じて保険に加入することができる。自分の空いている時間に手続ができ，またインターネット割引等が設定されている場合がある。通常，代理店経由で契約するよりも通販

チャネル経由で契約した方が保険料が安くなる場合が多い。ただし，通販型の場合には自分で保険商品を選択する必要があるため，本来必要な補償を落とすかもしれず，特に組立て式火災保険の場合，注意を要する。

Q119 火災保険・地震保険の加入時に，保険会社はどのように保険金額の査定を行うか。販売チャネルによって査定方法は異なるか。

 保険契約時に建物・家財の価値を判断し保険金額を設定する必要がある。販売チャネルによる違いはない。

解　説

　建物の場合には構造や築年と延床面積から一般的な保険価額を算出する。ソーラーパネルの設置や床暖房の設置など，その建物固有の建築費増加要因がある場合には，その部分の価値を加算することとなる。保険の契約金額である保険金額は，同等のものを新たに建築あるいは購入するのに必要な金額を基準とした新価と，経年による価値の減少と使用による消耗を控除した時価額によるものとがある。現在は新価による契約が一般的になっている。

　保険金額は，保険会社にもよるが任意に設定できる場合が多い。しかし，契約によっては，保険金額の保険価額に対する割合で損害保険金が支払われる場合がある（比例てん補）。また，全焼などの場合には保険金額を限度に損害保険金が支払われるので，評価額である保険価額と同一の保険金額に設定しておかないと同等の建物を再築できなくなる。したがって，保険価額と保険金額は同じ金額にしておくことが望ましい。

　評価額である保険価額は保険会社によって定められており，代理店で加入しても通販で加入してもその価額に差異はない。

```
第2章
制　　度
```

Q120　損害保険会社等が共同利用する制度とは。

A　損害保険会社・共済が，損害保険（共済）の契約内容，事故状況，保険金（給付金）の請求内容等に関する個人情報を共同利用する制度のことである。

解　説

　保険金詐欺は，同一人物が繰り返し行うことが多く，また，同一の保険事故について重複保険に二重請求するなどの手口もあるので，損害保険会社・共済が契約内容等に関する個人情報を共同利用して，モラルリスクをあぶり出す必要性がある。そこで，日本損害保険協会が管理責任者となって，損害保険会社等が共同利用する制度を運用している。

　火災保険に関しては，

- 保険金不正請求通報制度
- 保険金請求歴情報交換制度
- 保険金請求歴及び不正請求防止に関する情報交換制度
- 火災・新種保険における重複契約・事故歴照会制度

が運用されている。

Q121 自然災害等に関する損保契約照会制度とは。

 日本損害保険協会が運営する保険契約の契約照会制度である。

解　説

　日本損害保険協会のホームページ「自然災害等損保契約照会制度について」（http://www.sonpo.or.jp/efforts/adr/icrcd/）によれば，自然災害等損保契約照会制度は，「災害救助法が適用された地域又は金融庁国民保護計画に基づく対応要請があった地域で，家屋等の流失・焼失等により損害保険会社との保険契約に関する手掛かりを失ったお客様に関する契約照会に応じるもの」である。

　上記定義のとおり，災害救助法が適用されていない地域又は金融庁国民保護計画に基づく対応要請のない地域で発生した災害については利用できない。通常，利用できる災害については日本損害保険協会のホームページに特設ページが設けられる。

　契約者の照会は，日本損害保険協会内に設置した自然災害等損保契約照会センターで受け付け，当該センターは，当該提供情報を会員会社に連絡し，会員会社は契約の有無に関する調査を行った上，該当契約がある場合は，当該会員会社が直接照会者に連絡し，ない場合は当該センターから照会者にその旨の連絡をする。

　なお，照会者の範囲は，契約者・被保険者本人，その親族（配偶者・親・子・兄弟姉妹）である。

第3章
家財の簡易評価法

Q*122* 家財の簡易評価法とは。

 家財については，家財を構成する人数や年齢によって一般的な家財の
保険価額が保険会社ごとに設定されている。

▌解 説

　家財については，家財を構成する人数や年齢によって一般的な家財の保険
価額が保険会社ごとに設定されており，その価額によって保険金額を設定す
ることが一般的となっている。ただし，保険金額を限度に支払われるので，
高額な着物等の衣類や家電製品がある場合には一般的な保険価額では不足す
る場合もある。また，高額な保険金額を設定しても，評価額である保険価額
を超えて支払われることはない。なお，家財の場合にも契約によっては保険
金額の保険価額に対する割合で支払われる場合がある（比例てん補）。

第4章
損害保険における
裁判外紛争解決方法（ADR）

123 ADRとは何か。火災保険の請求に使うことができるADRには何があるか。

A ADRとは裁判外紛争解決手続である。火災保険の請求では、そんぽADR、保険オンブズマン、共済相談所がある。

解 説

　ADRとは、裁判外紛争解決手続の略称（Alternative Dispute Resolution）であるが、裁判外紛争解決手続の利用の促進に関する法律1条は、「訴訟手続によらずに民事上の紛争の解決をしようとする紛争の当事者のため、公正な第三者が関与して、その解決を図る手続をいう。」と定義付けている。

　要するに、裁判外の調停・仲裁のことであるが、上記定義から「第三者」である手続実施者は誰でもよいことになる。もっとも、誰でもよいと放置しては手続の公正を確保できないので、同法で民間紛争解決手続の業務の認証制度が設けられている。しかし、例えば、弁護士会が運営していても、認証を受けていないADRセンターは存在するので、認証がないから信頼できないというものではない。

　これとは別に、金融ADRというものがある。保険業法105条の3第1項は、指定損害保険業務紛争解決機関（指定紛争解決機関であってその紛争解決等、業務の種別が損害保険業務であるものをいう。）が存在する場合は、同機関との間で損害保険業務に係る手続実施基本契約を締結する措置を講ずるか、同機関が存在しない場合は、損害保険業務に関する苦情処理措置及び紛争解決措置

を講じなければならず，保険業法105条の3第2項は，手続実施基本契約を締結する措置を講じた場合は，当該手続実施基本契約の相手方である指定損害保険業務紛争解決機関の商号又は名称を公表しなければならない旨定めている。

　上記規定を受けて，「ご契約のしおり」等には，指定紛争解決機関の名称だけでなく連絡先が表示されている。国内系損害保険会社は，日本損害保険協会そんぽADRセンター，外資系損害保険会社は，外国損害保険協会保険オンブズマンがそれぞれ指定紛争解決機関である。

　また，共済については保険業法の適用はないが，例えば，JF共済の根拠法である水産業協同組合法15条の9の2は，保険業法105条の3と同様の規定を置いており，JA共済については，農業協同組合法92条の6第1項は，「主務大臣は，次に掲げる要件を備える者を，その申請により，紛争解決等業務を行う者として，指定することができる。」と規定している。そして，根拠法のある次の共済では指定紛争解決機関として，一般社団法人日本共済協会共済相談所を指定している。

JA共済連（全国共済農業協同組合連合会）

JF共水連（全国共済水産業協同組合連合会）

全労済（全国労働者共済生活協同組合連合会）

コープ共済連（日本コープ共済生活協同組合連合会）

大学生協共済連（全国大学生協共済生活協同組合連合会）

日火連（全日本火災共済協同組合連合会）

交協連（全国トラック交通共済協同組合連合会）

全自共（全国自動車共済協同組合連合会）

付　録

資料1　火災保険標準約款（住宅総合保険普通保険約款）

第1章　用語の定義条項

第1条（用語の定義）

この約款において，次の用語の意味は，それぞれ次の定義によります。

用語	定義
危険	損害の発生の可能性をいいます。
危険増加	告知事項についての危険が高くなり，この保険契約で定められている保険料がその危険を計算の基礎として算出される保険料に不足する状態になることをいいます。
告知事項	危険に関する重要な事項のうち，保険契約申込書の記載事項とすることによって当会社が告知を求めたものをいいます。（注） （注）他の保険契約等に関する事項を含みます。
再調達価額	保険の対象と同一の構造，質，用途，規模，型，能力のものを再築または再取得するのに要する額をいいます。
残存物取片づけ費用	損害を受けた保険の対象の残存物の取片づけに必要な費用で，取りこわし費用，取片づけ清掃費用および搬出費用をいいます。
敷地内	特別の約定がないかぎり，囲いの有無を問わず，保険の対象の所在する場所およびこれに連続した土地で，同一保険契約者または被保険者によって占有されているものをいいます。また，公道，河川等が介在していても敷地内は中断されることなく，これを連続した土地とみなします。
支払限度額	別表1に掲げる支払限度額をいいます。
支払責任額	他の保険契約等がないものとして算出した支払うべき保険金または共済金の額をいいます。
損害	消防または避難に必要な処置によって保険の対象について生じた損害を含みます。
建物	土地に定着し，屋根および柱または壁を有するものをいい，門，塀，垣，タンク，サイロ，井戸，物干等の屋外設備・装置を除きます。
他の保険契約等	この保険契約における保険の対象と同一の敷地内に所在する被保険者所有の建物または家財について締結された次条の損害または費用を補償する他の保険契約または共済契約をいいます。
盗難	強盗，窃盗またはこれらの未遂をいいます。

付録

土砂崩れ	崖崩れ，地滑り，土石流または山崩れをいい，落石を除きます。
破裂または爆発	気体または蒸気の急激な膨張を伴う破壊またはその現象をいいます。
被災世帯	次条(8)②の損害が生じた世帯または法人をいいます。
保険価額	損害が生じた地および時における保険の対象の価額をいいます。
保険期間	保険証券記載の保険期間をいいます。
保険金	損害保険金，水害保険金，残存物取片づけ費用保険金，失火見舞費用保険金または地震火災費用保険金をいいます。
保険の対象の価額	再調達価額から使用による消耗，経過年数等に応じた減価額（注）を差し引いた額をいいます。 （注）再調達価額の〇％に相当する額を限度とします。
預貯金証書	預金証書または貯金証書をいい，通帳および預貯金引出し用の現金自動支払機用カードを含みます。

第2章　補償条項

第2条（保険金を支払う場合）

(1) 当会社は，次のいずれかに該当する事故によって保険の対象について生じた損害に対して，この約款に従い，損害保険金を支払います。
　　① 火災
　　② 落雷
　　③ 破裂または爆発

(2) 当会社は，次のいずれかに該当する事故によって保険の対象が損害（注1）（注2）を受け，その損害（注1）（注2）の額が20万円以上となった場合には，その損害（注1）（注2）に対して，この約款に従い，損害保険金を支払います。この場合において，損害（注1）（注2）の額の認定は，敷地内ごとに保険の対象のすべてについて，一括して行うものとします。
　　① 風災（注3）
　　② 雹災
　　③ 雪災（注4）
　　（注1）風，雨，雪，雹，砂塵その他これらに類するものの吹込みによって生じた損害については，建物の外側の部分（外壁，屋根，開口部等をいいます。）が①から③までの事故によって破損し，その破損部分から建物の内部に吹き込むことによって生じた損害に限ります。
　　（注2）③の事故による損害が1回の積雪期において複数生じた場合であって，おのおの別の事故によって生じたことが第34条（保険金の支払

時期）の規定に基づく確認を行ってもなお明らかでないときは，これら
の損害は，１回の事故により生じたものと推定します。この場合であっ
ても，保険契約者または被保険者は，第30条（事故の通知）および第
31条（損害防止義務および損害防止費用）の規定に基づく義務を負うも
のとします。

（注３）台風，旋風，竜巻，暴風等をいい，洪水，高潮等を除きます。

（注４）豪雪の場合におけるその雪の重み，落下等による事故または雪崩
をいい，融雪水の漏入もしくは凍結，融雪洪水または除雪作業による事
故を除きます。

(3)　当会社は，次のいずれかに該当する事故によって保険の対象について生じた
損害に対して，この約款に従い，損害保険金を支払います。

①　建物の外部からの物体の落下，飛来，衝突，接触もしくは倒壊または建
物内部での車両もしくはその積載物の衝突もしくは接触。ただし，雨，雪，
あられ，砂塵，粉塵，煤煙その他これらに類する物の落下もしくは飛来，
土砂崩れまたは(2)もしくは(6)の事故による損害を除きます。

②　次のいずれかに該当する事故に伴う漏水，放水または溢水（注１）によ
る水濡れ。ただし，(2)もしくは(6)の事故による損害または給排水設備
（注２）自体に生じた損害を除きます。

ア．給排水設備（注２）に生じた事故

イ．被保険者以外の者が占有する戸室で生じた事故

③　騒擾およびこれに類似の集団行動（注３）または労働争議に伴う暴力
行為もしくは破壊行為

（注１）水が溢れることをいいます。

（注２）スプリンクラー設備・装置を含みます。

（注３）群衆または多数の者の集団の行動によって数世帯以上またはこれ
に準ずる規模にわたり平穏が害される状態または被害を生ずる状態で
あって，次条(2)①の暴動に至らないものをいいます。

(4)　当会社は，盗難によって保険の対象である建物または家財について生じた盗
取，損傷または汚損の損害に対して，この約款に従い，損害保険金を支払いま
す。

(5)　当会社は，家財が保険の対象である場合において，保険証券記載の建物内に
おける通貨または預貯金証書の盗難によって損害が生じたときは，その損害に
対して，この約款に従い，損害保険金を支払います。ただし，預貯金証書の盗
難による損害については，次に掲げる事実がすべてあったことを条件とします。

①　保険契約者または被保険者が，盗難を知った後直ちに預貯金先あてに被
害の届出をしたこと。

②　盗難にあった預貯金証書により預貯金口座から現金が引き出されたこと。

(6)　当会社は，台風，暴風雨，豪雨等による洪水・融雪洪水・高潮・土砂崩れ・
落石等の水災によって保険の対象が損害を受け，その損害の状況が次のいずれ

かに該当する場合には，その損害に対して，この約款に従い，水害保険金を支
払います。この場合において，損害の状況の認定は，保険の対象が建物である
ときはその建物ごとに，保険の対象が家財であるときはこれを収容する建物ご
とに，それぞれ行い，また，門，塀または垣が保険の対象に含まれるときは，
これらが付属する建物の損害の状況の認定によるものとします。

①　保険の対象である建物または家財にそれぞれの保険価額の 30％ 以上の
損害が生じた場合

②　保険の対象である建物または保険の対象である家財を収容する建物が，
床上浸水（注）を被った結果，保険の対象である建物または家財にそれぞ
れの保険価額の 15％ 以上 30％ 未満の損害が生じた場合

③　① および ② に該当しない場合において，保険の対象である建物または
保険の対象である家財を収容する建物が，床上浸水（注）を被った結果，
保険の対象である建物または家財に損害が生じたとき。

（注）居住の用に供する部分の床を超える浸水をいいます。なお，「床」と
は，畳敷または板張等のものをいい，土間，たたきの類を除きます。

(7)　当会社は，(1)から(3)までの損害保険金が支払われる場合において，それぞ
れの事故によって生ずる残存物取片づけ費用に対して，この約款に従い，残存
物取片づけ費用保険金を支払います。

(8)　当会社は，次に掲げる ① の事故によって ② の損害が生じた場合には，それ
によって生ずる見舞金等の費用に対して，この約款に従い，失火見舞費用保険
金を支払います。

①　保険の対象または保険の対象を収容する建物から発生した火災，破裂ま
たは爆発。ただし，第三者（注１）の所有物で被保険者以外の者が占有す
る部分（注２）から発生した火災，破裂または爆発による場合を除きます。

②　第三者（注１）の所有物（注３）の滅失，損傷または汚損。ただし，煙
損害または臭気付着の損害を除きます。

（注１）保険契約者と被保険者が異なる保険契約の場合の保険契約者を含
み，被保険者と生計を共にする同居の親族を除きます。

（注２）区分所有建物の共用部分を含みます。

（注３）動産については，その所有者によって現に占有されている物で，
その者の占有する場所にあるものに限ります。

(9)　当会社は，地震もしくは噴火またはこれらによる津波を直接または間接の原
因とする火災によって保険の対象が損害を受け，その損害の状況が次に該当す
る場合（注１）には，それによって臨時に生ずる費用に対して，この約款に従
い，地震火災費用保険金を支払います。この場合において，損害の状況の認定
は，保険の対象が建物であるときはその建物ごとに，保険の対象が家財である
ときはこれを収容する建物ごとに，それぞれ行い，また，門，塀または垣が保
険の対象に含まれるときは，これらが付属する建物の損害の状況の認定による
ものとします。

① 保険の対象が建物である場合には，その建物が半焼以上となったとき（注2）。

② 保険の対象が家財である場合には，その家財を収容する建物が半焼以上となったとき（注2），またはその家財が全焼となったとき（注3）。

（注1）この場合においては，次条(2)②の規定は適用しません。

（注2）建物の主要構造部の火災による損害の額が，その建物の保険価額の20％以上となった場合，または建物の焼失した部分の床面積のその建物の延べ床面積に対する割合が20％以上となった場合をいいます。

（注3）家財の火災による損害の額が，その家財の保険価額の80％以上となった場合をいいます。この場合における家財には第4条（保険の対象の範囲）(3)①に掲げる物は含みません。

第3条（保険金を支払わない場合）

(1) 当会社は，次のいずれかに該当する事由によって生じた損害に対しては，保険金を支払いません。

① 保険契約者，被保険者（注1）またはこれらの者の法定代理人の故意もしくは重大な過失または法令違反

② ①に規定する者以外の者が保険金の全部または一部を受け取るべき場合においては，その者（注2）またはその者の法定代理人の故意もしくは重大な過失または法令違反。ただし，他の者が受け取るべき金額については除きます。

③ 保険契約者または被保険者が所有（注3）または運転（注4）する車両またはその積載物の衝突または接触

④ 前条(1)から(3)までの事故または(6)もしくは(9)の事故の際における保険の対象の紛失または盗難

⑤ 保険の対象である家財が屋外にある間に生じた盗難

（注1）保険契約者または被保険者が法人である場合は，その理事，取締役または法人の業務を執行するその他の機関をいいます。

（注2）①に規定する者以外の保険金を受け取るべき者が法人である場合は，その理事，取締役または法人の業務を執行するその他の機関をいいます。

（注3）所有権留保条項付売買契約により購入した場合および1年以上を期間とする貸借契約により借り入れた場合を含みます。なお，「所有権留保条項付売買契約」とは，自動車販売店等が顧客に自動車を販売する際に，自動車販売店，金融業者等が，販売代金の全額領収までの間，販売された自動車の所有権を顧客に移さず，留保することを契約内容に含んだ自動車の売買契約をいいます。

（注4）保険契約者または被保険者が法人である場合は，その理事，取締役または法人の業務を執行するその他の機関による運転を含みます。

(2) 当会社は，次のいずれかに該当する事由によって生じた損害（注1）に対し

ては，保険金を支払いません。

① 　戦争，外国の武力行使，革命，政権奪取，内乱，武装反乱その他これら
に類似の事変または暴動（注２）

② 　地震もしくは噴火またはこれらによる津波

③ 　核燃料物質（注３）もしくは核燃料物質（注３）によって汚染された物
（注４）の放射性，爆発性その他の有害な特性またはこれらの特性による
事故

（注１）① から ③ までの事由によって発生した前条の事故が延焼または
拡大して生じた損害，および発生原因がいかなる場合でも同条の事故が
これらの事由によって延焼または拡大して生じた損害を含みます。

（注２）群衆または多数の者の集団の行動によって，全国または一部の地
区において著しく平穏が害され，治安維持上重大な事態と認められる状
態をいいます。

（注３）使用済燃料を含みます。

（注４）原子核分裂生成物を含みます。

(3) 当会社は，次のいずれかに該当する損害および次のいずれかによって生じた
損害（注）に対しては，保険金を支払いません。

① 　保険の対象の欠陥。ただし，保険契約者，被保険者またはこれらの者に
代わって保険の対象を管理する者が，相当の注意をもってしても発見し得
なかった欠陥を除きます。

② 　保険の対象の自然の消耗もしくは劣化または性質による変色，変質，さ
び，かび，腐敗，腐食，浸食，ひび割れ，剥がれ，肌落ち，発酵もしくは
自然発熱の損害その他類似の損害

③ 　ねずみ食い，虫食い等

（注）前条の事故が生じた場合は，① から ③ までのいずれかに該当する
損害に限ります。

(4) 当会社は，保険の対象の平常の使用または管理において通常生じ得るすり傷，
かき傷，塗料の剥がれ落ち，ゆがみ，たわみ，へこみその他外観上の損傷また
は汚損であって，保険の対象ごとに，その保険の対象が有する機能の喪失また
は低下を伴わない損害に対しては，保険金を支払いません。

第４条（保険の対象の範囲）

(1) この保険契約における保険の対象は，日本国内に所在する保険証券記載の建
物またはこれに収容される家財（注）とします。

（注）物置，車庫その他の付属建物が保険証券記載の建物に含まれる場合は，
これに収容される家財を含みます。

(2) 次に掲げる物は，保険の対象に含まれません。

① 　自動車（注）

② 　通貨，有価証券，預貯金証書，印紙，切手その他これらに類する物

（注）自動三輪車および自動二輪車を含み，原動機付自転車を除きます。

なお，「原動機付自転車」とは，総排気量が125cc以下のものをいいます。

(3) 次に掲げる物は，保険証券に明記されていない場合は，保険の対象に含まれません。

　① 貴金属，宝玉および宝石ならびに書画，骨董，彫刻物その他の美術品で，1個または1組の価額が30万円を超えるもの

　② 稿本，設計書，図案，証書，帳簿その他これらに類する物

(4) 建物が保険の対象である場合には，次に掲げる物のうち，被保険者の所有するものは，特別の約定がないかぎり，保険の対象に含まれます。

　① 畳，建具その他これらに類する物

　② 電気，通信，ガス，給排水，衛生，消火，冷房・暖房，エレベーター，リフト等の設備のうち建物に付加したもの

　③ 浴槽，流し，ガス台，調理台，棚その他これらに類する物のうち建物に付加したもの

　④ 門，塀もしくは垣または物置，車庫その他の付属建物

(5) 家財が保険の対象である場合には，被保険者と生計を共にする親族の所有する家財で保険証券記載の建物に収容されているものは，特別の約定がないかぎり，保険の対象に含まれます。

(6) 建物と家財の所有者が異なる場合において，家財が保険の対象であるときは，(4)①から③までに掲げる物で被保険者の所有するものは，特別の約定がないかぎり，保険の対象に含まれます。

(7) 家財が保険の対象である場合において，通貨または預貯金証書に第2条（保険金を支払う場合）(5)の盗難による損害が生じたときは，(2)の規定にかかわらず，これらを保険の対象として取り扱います。この場合であっても，この約款にいう保険価額および保険金額ならびに保険証券記載の家財の保険金額は，これら以外の保険の対象についてのものとします。

第5条（損害保険金の支払額）

(1) 当会社が第2条（保険金を支払う場合）(1)から(4)までの損害保険金として支払うべき損害の額は，保険価額によって定めます。この場合において，損害が生じた保険の対象を修理することができるときには，保険価額を限度とし，次の算式（注1）によって算出した額とします。

$$\text{修理費} - \begin{array}{c}\text{修理によって保険の対象}\\\text{の価額が増加した場合は，}\\\text{その増加額（注2）}\end{array} - \begin{array}{c}\text{修理に伴って生じた}\\\text{残存物がある場合は，}\\\text{その価額}\end{array} = \text{損害の額}$$

　（注1）算式の修理費とは，損害が生じた地および時において，損害が生じた保険の対象を損害発生直前の状態に復旧するために必要な修理費をいいます。この場合，保険の対象の復旧に際して，当会社が，部分品の補修が可能であり，かつ，その部分品の交換による修理費が補修による修理費を超えると認めたときは，その部分品の修理費は補修による修理

費とします。

（注２）　再調達価額の○％に相当する額を限度とします。

(2)　盗難によって損害が生じた場合において，盗取された保険の対象を回収することができたときは，そのために支出した必要な費用は，(1)の損害の額に含まれるものとします。ただし，その保険価額を限度とします。

(3)　保険金額が保険価額の80％に相当する額以上の場合は，当会社は，保険金額を限度とし，(1)および(2)の規定による損害の額を損害保険金として，支払います。

(4)　保険金額が保険価額の80％に相当する額より低い場合は，当会社は，保険金額を限度とし，次の算式によって算出した額を損害保険金として，支払います。

$$\text{(1)および(2)の規定による損害の額} \times \frac{\text{保険金額}}{\text{保険価額の80％に相当する額}} = \text{損害保険金の額}$$

(5)　前条(3)① に掲げる物を保険証券に明記して保険の対象に含めた場合において，その物に盗難による損害が生じたときの当会社の支払うべき損害保険金の額は，1回の事故につき，1個または1組ごとに100万円を限度とします。

第6条（損害保険金の支払額—通貨または預貯金証書の盗難の場合）

(1)　第2条（保険金を支払う場合）(5)の通貨の盗難の場合には，当会社は，1回の事故につき，1敷地内ごとに20万円を限度とし，その損害の額を損害保険金として，支払います。

(2)　第2条（保険金を支払う場合）(5)の預貯金証書の盗難の場合には，当会社は，1回の事故につき，1敷地内ごとに200万円または家財の保険金額のいずれか低い額を限度とし，その損害の額を損害保険金として，支払います。

第7条（水害保険金の支払額）

(1)　当会社が第2条（保険金を支払う場合）(6)① の水害保険金として支払うべき損害の額は，第5条（損害保険金の支払額）(1)の規定による額とします。

(2)　当会社は，第2条（保険金を支払う場合）(6)① の水害保険金として，次の算式（注）によって算出した額を支払います。

$$\text{保険金額} \times \frac{\text{(1)の規定による損害の額}}{\text{保険価額}} \times \frac{\text{縮小割合}}{\text{(70％)}} = \text{水害保険金の額}$$

（注）保険金額が保険価額を超える場合は，算式の保険金額は，保険価額とします。

(3)　当会社は，第2条（保険金を支払う場合）(6)② の水害保険金として，次の算式（注）によって算出した額を支払います。ただし，1回の事故につき，1敷地内ごとに200万円を限度とします。

$$\text{保険金額} \times \text{支払割合（10％）} = \text{水害保険金の額}$$

　　（注）保険金額が保険価額を超える場合は，算式の保険金額は，保険価額
　　　　とします。

(4)　当会社は，第2条（保険金を支払う場合）(6)③の水害保険金として，次の
　　算式（注）によって算出した額を支払います。ただし，1回の事故につき，1
　　敷地内ごとに100万円を限度とします。

　　　保険金額 × 支払割合（5％）＝ 水害保険金の額

　　（注）保険金額が保険価額を超える場合は，算式の保険金額は，保険価額
　　　　とします。

(5)　(3)および(4)の規定に基づいて，当会社が支払うべき第2条（保険金を支払
　　う場合）(6)②および③の水害保険金の合計額は，1回の事故につき，1敷地
　　内ごとに200万円を限度とします。

第8条（残存物取片づけ費用保険金の支払額）

(1)　当会社は，第2条（保険金を支払う場合）(1)から(3)までの損害保険金の10
　　％に相当する額を限度とし，残存物取片づけ費用の額を同条(7)の残存物取片
　　づけ費用保険金として，支払います。

(2)　(1)の場合において，当会社は，(1)の規定によって支払うべき残存物取片づ
　　け費用保険金と他の保険金との合計額が保険金額を超えるときでも，残存物取
　　片づけ費用保険金を支払います。

第9条（失火見舞費用保険金の支払額）

(1)　当会社は，第2条（保険金を支払う場合）(8)の失火見舞費用保険金として，
　　次の算式によって算出した額を支払います。ただし，1回の事故につき，同条
　　(8)①の事故が生じた敷地内に所在する保険の対象の保険金額（注）の20％に
　　相当する額を限度とします。

$$被災世帯の数 \times \dfrac{1\,被災世帯あたりの支払額}{（20万円）} ＝ 失火見舞費用保険金の額$$

　　（注）保険金額が保険価額を超える場合は，保険価額とし，また，被保険
　　　　者が2名以上ある場合は，それぞれの被保険者に属する保険の対象に対
　　　　して割り当てられるべき保険金額をいいます。

(2)　(1)の場合において，当会社は，(1)の規定によって支払うべき失火見舞費用
　　保険金と他の保険金との合計額が保険金額を超えるときでも，失火見舞費用保
　　険金を支払います。

第10条（地震火災費用保険金の支払額）

(1)　当会社は，第2条（保険金を支払う場合）(9)の地震火災費用保険金として，
　　次の算式（注）によって算出した額を支払います。ただし，1回の事故につき，
　　1敷地内ごとに300万円を限度とします。

　　　保険金額 × 支払割合（5％）＝ 地震火災費用保険金の額

付録

　　　（注）保険金額が保険価額を超える場合は，算式の保険金額は，保険価額
　　　　とします。

(2)　(1)ただし書においては，72時間以内に生じた2以上の地震もしくは噴火ま
　　たはこれらによる津波は，これらを一括して1回の事故とみなします。

第11条（他の保険契約等がある場合の保険金の支払額）

(1)　他の保険契約等がある場合において，それぞれの支払責任額の合計額が，保
　　険金の種類ごとに支払限度額を超えるときは，当会社は，次に定める額を保険
　　金として支払います。

　　　①　他の保険契約等から保険金または共済金が支払われていない場合
　　　　　この保険契約の支払責任額
　　　②　他の保険契約等から保険金または共済金が支払われた場合
　　　　　支払限度額から，他の保険契約等から支払われた保険金または共済金の
　　　　合計額を差し引いた残額。ただし，この保険契約の支払責任額を限度とし
　　　　ます。

(2)　(1)の場合において，他の保険契約等に再調達価額を基準として算出した損
　　害の額からこの保険契約によって支払われるべき損害保険金の額を差し引いた
　　残額について保険金または共済金を支払う旨の約定があるときは，第2条（保
　　険金を支払う場合）(1)から(4)までの損害保険金および同条(6)①の水害保険
　　金については，その他の保険契約等がないものとして(1)の規定に基づいて算
　　出した額を支払います。

(3)　(1)の場合において，第2条（保険金を支払う場合）(7)の残存物取片づけ費
　　用保険金につき支払責任額を算出するにあたっては，同条(1)から(3)までの損
　　害保険金の額は，(1)または(2)の規定を適用して算出した額とします。

(4)　損害が2種類以上の事故によって生じた場合は，同種の事故による損害につ
　　いて，(1)の規定をおのおの別に適用します。

第12条（包括して契約した場合の保険金の支払額）

　　　2以上の保険の対象を1保険金額で契約した場合には，それぞれの保険価額
　　の割合によって保険金額を比例配分し，その比例配分額をそれぞれの保険の対
　　象に対する保険金額とみなし，第5条（損害保険金の支払額）(3)および(4)，
　　第7条（水害保険金の支払額）(2)から(4)までならびに第10条（地震火災費
　　用保険金の支払額）(1)の規定をおのおの別に適用します。

第3章　基本条項

第13条（保険責任の始期および終期）

(1)　当会社の保険責任は，保険期間の初日の午後4時（注）に始まり，末日の午
　　後4時に終わります。

　　　（注）保険証券にこれと異なる時刻が記載されている場合はその時刻としま
　　　　す。

(2) (1)の時刻は，日本国の標準時によるものとします。

(3) 保険期間が始まった後でも，当会社は，保険料領収前に生じた事故による損害に対しては，保険金を支払いません。

第14条（告知義務）

(1) 保険契約者または被保険者になる者は，保険契約締結の際，告知事項について，当会社に事実を正確に告げなければなりません。

(2) 当会社は，保険契約締結の際，保険契約者または被保険者が，告知事項について，故意または重大な過失によって事実を告げなかった場合または事実と異なることを告げた場合は，保険契約者に対する書面による通知をもって，この保険契約を解除することができます。

(3) (2)の規定は，次のいずれかに該当する場合には適用しません。

　① (2)に規定する事実がなくなった場合

　② 当会社が保険契約締結の際，(2)に規定する事実を知っていた場合または過失によってこれを知らなかった場合（注）

　③ 保険契約者または被保険者が，第2条（保険金を支払う場合）の事故による損害の発生前に，告知事項につき，書面をもって訂正を当会社に申し出て，当会社がこれを承認した場合。なお，当会社が，訂正の申出を受けた場合において，その訂正を申し出た事実が，保険契約締結の際に当会社に告げられていたとしても，当会社が保険契約を締結していたと認めるときに限り，これを承認するものとします。

　④ 当会社が，(2)の規定による解除の原因があることを知った時から1か月を経過した場合または保険契約締結時から5年を経過した場合

　（注）当会社のために保険契約の締結の代理を行う者が，事実を告げることを妨げた場合または事実を告げないこともしくは事実と異なることを告げることを勧めた場合を含みます。

(4) (2)の規定による解除が第2条（保険金を支払う場合）の事故による損害の発生した後になされた場合であっても，第24条（保険契約解除の効力）の規定にかかわらず，当会社は，保険金を支払いません。この場合において，既に保険金を支払っていたときは，当会社は，その返還を請求することができます。

(5) (4)の規定は，(2)に規定する事実に基づかずに発生した第2条（保険金を支払う場合）の事故による損害については適用しません。

第15条（通知義務）

(1) 保険契約締結の後，次のいずれかに該当する事実が発生した場合には，保険契約者または被保険者は，遅滞なく，その旨を当会社に通知しなければなりません。ただし，その事実がなくなった場合には，当会社への通知は必要ありません。

　① 保険の対象である建物または保険の対象を収容する建物の構造または用途を変更したこと。

　② 保険の対象を他の場所に移転したこと。

付録

③　①および②のほか，告知事項の内容に変更を生じさせる事実（注）が発生したこと。

　　（注）告知事項のうち，保険契約締結の際に当会社が交付する書面等においてこの条の適用がある事項として定めたものに関する事実に限ります。

(2)　(1)の事実の発生によって危険増加が生じた場合において，保険契約者または被保険者が，故意または重大な過失によって遅滞なく(1)の規定による通知をしなかったときは，当会社は，保険契約者に対する書面による通知をもって，この保険契約を解除することができます。

(3)　(2)の規定は，当会社が，(2)の規定による解除の原因があることを知った時から1か月を経過した場合または危険増加が生じた時から5年を経過した場合には適用しません。

(4)　(2)の規定による解除が第2条（保険金を支払う場合）の事故による損害の発生した後になされた場合であっても，第24条（保険契約解除の効力）の規定にかかわらず，解除に係る危険増加が生じた時から解除がなされた時までに発生した第2条の事故による損害に対しては，当会社は，保険金を支払いません。この場合において，既に保険金を支払っていたときは，当会社は，その返還を請求することができます。

(5)　(4)の規定は，その危険増加をもたらした事実に基づかずに発生した第2条（保険金を支払う場合）の事故による損害については適用しません。

(6)　(2)の規定にかかわらず，(1)の事実の発生によって危険増加が生じ，この保険契約の引受範囲（注）を超えることとなった場合には，当会社は，保険契約者に対する書面による通知をもって，この保険契約を解除することができます。

　　（注）保険料を増額することにより保険契約を継続することができる範囲として保険契約締結の際に当会社が交付する書面等において定めたものをいいます。

(7)　(6)の規定による解除が第2条（保険金を支払う場合）の事故による損害の発生した後になされた場合であっても，第24条（保険契約解除の効力）の規定にかかわらず，解除に係る危険増加が生じた時から解除がなされた時までに発生した第2条の事故による損害に対しては，当会社は，保険金を支払いません。この場合において，既に保険金を支払っていたときは，当会社は，その返還を請求することができます。

第16条（保険契約者の住所変更）

　　保険契約者が保険証券記載の住所または通知先を変更した場合は，保険契約者は，遅滞なく，その旨を当会社に通知しなければなりません。

第17条（保険の対象の譲渡）

(1)　保険契約締結の後，被保険者が保険の対象を譲渡する場合には，保険契約者または被保険者は，遅滞なく，書面をもってその旨を当会社に通知しなければなりません。

(2)　(1)の場合において，保険契約者がこの保険契約に適用される普通保険約款

および特約に関する権利および義務を保険の対象の譲受人に移転させるときは，(1)の規定にかかわらず，保険の対象の譲渡前にあらかじめ，書面をもってその旨を当会社に申し出て，承認を請求しなければなりません。

(3) 当会社が(2)の規定による承認をする場合には，第19条（保険契約の失効）(1)の規定にかかわらず，(2)の権利および義務は，保険の対象が譲渡された時に保険の対象の譲受人に移転します。

第18条（保険契約の無効）

保険契約者が，保険金を不法に取得する目的または第三者に保険金を不法に取得させる目的をもって締結した保険契約は無効とします。

第19条（保険契約の失効）

(1) 保険契約締結の後，次のいずれかに該当する場合には，その事実が発生した時に保険契約は効力を失います。

① 保険の対象の全部が滅失した場合。ただし，第37条（保険金支払後の保険契約）(1)の規定により保険契約が終了した場合を除きます。

② 保険の対象が譲渡された場合

(2) おのおの別に保険金額を定めた保険の対象が2以上ある場合には，それぞれについて，(1)の規定を適用します。

第20条（保険契約の取消し）

保険契約者または被保険者の詐欺または強迫によって当会社が保険契約を締結した場合には，当会社は，保険契約者に対する書面による通知をもって，この保険契約を取り消すことができます。

第21条（保険金額の調整）

(1) 保険契約締結の際，保険金額が保険の対象の価額を超えていたことにつき，保険契約者および被保険者が善意でかつ重大な過失がなかった場合には，保険契約者は，当会社に対する通知をもって，その超過部分について，この保険契約を取り消すことができます。

(2) 保険契約締結の後，保険の対象の価額が著しく減少した場合には，保険契約者は，当会社に対する通知をもって，将来に向かって，保険金額について，減少後の保険の対象の価額に至るまでの減額を請求することができます。

第22条（保険契約者による保険契約の解除）

保険契約者は，当会社に対する書面による通知をもって，この保険契約を解除することができます。ただし，保険金請求権の上に質権または譲渡担保権が設定されている場合は，この解除権は，質権者または譲渡担保権者の書面による同意を得た後でなければ行使できません。

第23条（重大事由による解除）

(1) 当会社は，次のいずれかに該当する事由がある場合には，保険契約者に対する書面による通知をもって，この保険契約を解除することができます。

① 保険契約者または被保険者が，当会社にこの保険契約に基づく保険金を支払わせることを目的として損害を生じさせ，または生じさせようとした

付録

こと。

②　被保険者が，この保険契約に基づく保険金の請求について，詐欺を行い，または行おうとしたこと。

③　保険契約者または被保険者が，次のいずれかに該当すること。

ア．反社会的勢力（注）に該当すると認められること。

イ．反社会的勢力（注）に対して資金等を提供し，または便宜を供与する等の関与をしていると認められること。

ウ．反社会的勢力（注）を不当に利用していると認められること。

エ．法人である場合において，反社会的勢力（注）がその法人の経営を支配し，またはその法人の経営に実質的に関与していると認められること。

オ．その他反社会的勢力（注）と社会的に非難されるべき関係を有していると認められること。

④　①から③までに掲げるもののほか，保険契約者または被保険者が，①から③までの事由がある場合と同程度に当会社のこれらの者に対する信頼を損ない，この保険契約の存続を困難とする重大な事由を生じさせたこと。

（注）暴力団，暴力団員（暴力団員でなくなった日から5年を経過しない者を含みます。），暴力団準構成員，暴力団関係企業その他の反社会的勢力をいいます。

(2)　(1)の規定による解除が第2条（保険金を支払う場合）の事故による損害の発生した後になされた場合であっても，次条の規定にかかわらず，(1)①から④までの事由が生じた時から解除がなされた時までに発生した第2条の事故による損害に対しては，当会社は，保険金を支払いません。この場合において，既に保険金を支払っていたときは，当会社は，その返還を請求することができます。

(3)　保険契約者または被保険者が(1)③アからオまでのいずれかに該当することにより(1)の規定による解除がなされた場合には，(2)の規定は，(1)③アからオまでのいずれにも該当しない被保険者に生じた損害については適用しません。

第24条（保険契約解除の効力）

保険契約の解除は，将来に向かってのみその効力を生じます。

第25条（保険料の返還または請求―告知義務・通知義務等の場合）

(1)　第14条（告知義務）(1)により告げられた内容が事実と異なる場合において，保険料率を変更する必要があるときは，当会社は，変更前の保険料率と変更後の保険料率との差に基づき計算した保険料を返還または請求します。

(2)　危険増加が生じた場合または危険が減少した場合において，保険料率を変更する必要があるときは，当会社は，変更前の保険料率と変更後の保険料率との差に基づき，危険増加または危険の減少が生じた時以降の期間（注）に対し日割をもって計算した保険料を返還または請求します。

（注）保険契約者または被保険者の申出に基づく，危険増加または危険の減

少が生じた時以降の期間をいいます。

(3)　当会社は，保険契約者が(1)または(2)の規定による追加保険料の支払を怠った場合（注）は，保険契約者に対する書面による通知をもって，この保険契約を解除することができます。

　　（注）当会社が，保険契約者に対し追加保険料の請求をしたにもかかわらず相当の期間内にその支払がなかった場合に限ります。

(4)　(1)または(2)の規定による追加保険料を請求する場合において，(3)の規定によりこの保険契約を解除できるときは，当会社は，保険金を支払いません。この場合において，既に保険金を支払っていたときは，当会社は，その返還を請求することができます。

(5)　(4)の規定は，危険増加が生じた場合における，その危険増加が生じた時より前に発生した第2条（保険金を支払う場合）の事故による損害については適用しません。

(6)　(1)および(2)のほか，保険契約締結の後，保険契約者が書面をもって保険契約の条件の変更を当会社に通知し，承認の請求を行い，当会社がこれを承認する場合において，保険料を変更する必要があるときは，当会社は，変更前の保険料と変更後の保険料との差に基づき計算した，未経過期間に対する保険料を返還または請求します。

(7)　(6)の規定による追加保険料を請求する場合において，当会社の請求に対して，保険契約者がその支払を怠ったときは，当会社は，追加保険料領収前に生じた事故による損害に対しては，保険契約条件の変更の承認の請求がなかったものとして，この保険契約に適用される普通保険約款および特約に従い，保険金を支払います。

第26条（保険料の返還―無効または失効の場合）

(1)　第18条（保険契約の無効）の規定により保険契約が無効となる場合には，当会社は，保険料を返還しません。

(2)　保険契約が失効となる場合には，当会社は，未経過期間に対し日割をもって計算した保険料を返還します。

第27条（保険料の返還―取消しの場合）

　　第20条（保険契約の取消し）の規定により，当会社が保険契約を取り消した場合には，当会社は，保険料を返還しません。

第28条（保険料の返還―保険金額の調整の場合）

(1)　第21条（保険金額の調整）(1)の規定により，保険契約者が保険契約を取り消した場合には，当会社は，保険契約締結時に遡って，取り消された部分に対応する保険料を返還します。

(2)　第21条（保険金額の調整）(2)の規定により，保険契約者が保険金額の減額を請求した場合には，当会社は，保険料のうち減額する保険金額に相当する保険料からその保険料につき既経過期間に対し別表2に掲げる短期料率によって計算した保険料を差し引いて，その残額を返還します。

第 29 条（保険料の返還―解除の場合）

(1)　第 14 条（告知義務）(2)，第 15 条（通知義務）(2)もしくは(6)，第 23 条（重
大事由による解除）(1)または第 25 条（保険料の返還または請求―告知義務・
通知義務等の場合）(3)の規定により，当会社が保険契約を解除した場合には，
当会社は，未経過期間に対し日割をもって計算した保険料を返還します。

(2)　第 22 条（保険契約者による保険契約の解除）の規定により，保険契約者が
保険契約を解除した場合には，当会社は，保険料から既経過期間に対し別表 2
に掲げる短期料率によって計算した保険料を差し引いて，その残額を返還しま
す。

第 30 条（事故の通知）

(1)　保険契約者または被保険者は，保険の対象について損害が生じたことを知っ
た場合は，損害の発生ならびに他の保険契約等の有無および内容（注）を当会
社に遅滞なく通知しなければなりません。

　　（注）既に他の保険契約等から保険金または共済金の支払を受けた場合には，
　　その事実を含みます。

(2)　保険の対象について損害が生じた場合は，当会社は，事故が生じた建物もし
くは敷地内を調査することまたはそれらに収容されていた被保険者の所有物の
全部もしくは一部を調査することもしくは一時他に移転することができます。

(3)　保険契約者または被保険者が，正当な理由がなく(1)の規定に違反した場合
は，当会社は，それによって当会社が被った損害の額を差し引いて保険金を支
払います。

第 31 条（損害防止義務および損害防止費用）

(1)　保険契約者または被保険者は，第 2 条（保険金を支払う場合）の事故が発生
したことを知った場合は，損害の発生および拡大の防止に努めなければなりま
せん。

(2)　(1)の場合において，保険契約者または被保険者が，第 2 条（保険金を支払
う場合）(1)の損害の発生または拡大の防止のために必要または有益な費用を
支出したときは，この保険契約に適用される普通保険約款の規定により保険金
が支払われないときを除き，当会社は，次に掲げる費用に限り，これを負担し
ます。ただし，同条(9)の損害の発生または拡大の防止のために支出した費用
は負担しません。

　　①　消火活動のために費消した消火薬剤等の再取得費用
　　②　消火活動に使用したことにより損傷した物（注 1 ）の修理費用または再
　　取得費用
　　③　消火活動のために緊急に投入された人員または器材にかかわる費用（注
　　2 ）
　　（注 1 ）消火活動に従事した者の着用物を含みます。
　　（注 2 ）人身事故に関する費用，損害賠償に要する費用または謝礼に属す
　　るものを除きます。

(3)　保険契約者または被保険者が正当な理由がなく(1)に規定する義務を履行しなかった場合は，当会社は，次の算式によって算出した額を損害の額とみなします。

$$\text{第2条（保険金を支払う場合）の事故による損害の額} - \text{損害の発生または拡大を防止することができたと認められる額} = \text{損害の額}$$

(4)　第5条（損害保険金の支払額）(4)，第11条（他の保険契約等がある場合の保険金の支払額）(1)および第12条（包括して契約した場合の保険金の支払額）の規定は，(2)に規定する負担金を算出する場合にこれを準用します。この場合において，第11条(1)の規定中「支払限度額」とあるのは「第31条（損害防止義務および損害防止費用）(2)によって当会社が負担する費用の額」と読み替えるものとします。

(5)　(2)の場合において，当会社は，(2)に規定する負担金と他の保険金との合計額が保険金額を超えるときでも，これを負担します。

第32条（残存物および盗難品の帰属）

(1)　当会社が第2条（保険金を支払う場合）(1)から(4)までの損害保険金または(6)の水害保険金を支払った場合でも，保険の対象の残存物について被保険者が有する所有権その他の物権は，当会社がこれを取得する旨の意思を表示しないかぎり，当会社に移転しません。

(2)　盗取された保険の対象について，当会社が第2条（保険金を支払う場合）(4)の損害保険金を支払う前にその保険の対象が回収された場合は，第5条（損害保険金の支払額）(2)の費用を除き，盗取の損害は生じなかったものとみなします。

(3)　保険の対象が盗取された場合に，当会社が第2条（保険金を支払う場合）(4)の損害保険金を支払ったときは，当会社は，支払った保険金の額の保険価額に対する割合によって，その盗取された保険の対象について被保険者が有する所有権その他の物権を取得します。

(4)　(3)の規定にかかわらず，被保険者は，支払を受けた損害保険金に相当する額（注）を当会社に支払って，その保険の対象の所有権その他の物権を取得することができます。

　　（注）第5条（損害保険金の支払額）(2)の費用に対する損害保険金に相当する額を差し引いた残額とします。

第33条（保険金の請求）

(1)　当会社に対する保険金請求権は，第2条（保険金を支払う場合）の事故による損害が発生した時から発生し，これを行使することができるものとします。

(2)　被保険者が保険金の支払を請求する場合は，次の書類または証拠のうち，当会社が求めるものを当会社に提出しなければなりません。

　　①　保険金の請求書
　　②　保険証券

付録

　　③　損害見積書
　　④　保険の対象の盗難による損害の場合は，所轄警察署の証明書またはこれ
　　　　に代わるべき書類
　　⑤　その他当会社が次条(1)に定める必要な事項の確認を行うために欠くこ
　　　　とのできない書類または証拠として保険契約締結の際に当会社が交付する
　　　　書面等において定めたもの
(3)　被保険者に保険金を請求できない事情がある場合で，かつ，保険金の支払を
　　受けるべき被保険者の代理人がいないときは，次に掲げる者のいずれかがその
　　事情を示す書類をもってその旨を当会社に申し出て，当会社の承認を得たうえ
　　で，被保険者の代理人として保険金を請求することができます。
　　①　被保険者と同居または生計を共にする配偶者（注）
　　②　①に規定する者がいない場合または①に規定する者に保険金を請求で
　　　　きない事情がある場合には，被保険者と同居または生計を共にする3親等
　　　　内の親族
　　③　①および②に規定する者がいない場合または①および②に規定する
　　　　者に保険金を請求できない事情がある場合には，①以外の配偶者（注）
　　　　または②以外の3親等内の親族
　　（注）法律上の配偶者に限ります。
(4)　(3)の規定による被保険者の代理人からの保険金の請求に対して，当会社が
　　保険金を支払った後に，重複して保険金の請求を受けたとしても，当会社は，
　　保険金を支払いません。
(5)　当会社は，事故の内容または損害の額等に応じ，保険契約者または被保険者
　　に対して，(2)に掲げるもの以外の書類もしくは証拠の提出または当会社が行
　　う調査への協力を求めることがあります。この場合には，当会社が求めた書類
　　または証拠を速やかに提出し，必要な協力をしなければなりません。
(6)　保険契約者または被保険者が，正当な理由がなく(5)の規定に違反した場合
　　または(2)，(3)もしくは(5)の書類に事実と異なる記載をし，もしくはその書類
　　もしくは証拠を偽造しもしくは変造した場合は，当会社は，それによって当会
　　社が被った損害の額を差し引いて保険金を支払います。

第34条（保険金の支払時期）

(1)　当会社は，請求完了日（注1）からその日を含めて30日以内に，当会社が
　　保険金を支払うために必要な次の事項の確認を終え，保険金を支払います。
　　①　保険金の支払事由発生の有無の確認に必要な事項として，事故の原因，
　　　　事故発生の状況，損害発生の有無および被保険者に該当する事実
　　②　保険金が支払われない事由の有無の確認に必要な事項として，保険金が
　　　　支払われない事由としてこの保険契約において定める事由に該当する事実
　　　　の有無
　　③　保険金を算出するための確認に必要な事項として，損害の額（注2）お
　　　　よび事故と損害との関係

④　保険契約の効力の有無の確認に必要な事項として，この保険契約において定める解除，無効，失効または取消しの事由に該当する事実の有無

⑤　①から④までのほか，他の保険契約等の有無および内容，損害について被保険者が有する損害賠償請求権その他の債権および既に取得したものの有無および内容等，当会社が支払うべき保険金の額を確定するために確認が必要な事項

（注1）被保険者が前条(2)および(3)の規定による手続を完了した日をいいます。

（注2）保険価額を含みます。

(2)　(1)の確認をするため，次に掲げる特別な照会または調査が不可欠な場合には，(1)の規定にかかわらず，当会社は，請求完了日（注1）からその日を含めて次に掲げる日数（注2）を経過する日までに，保険金を支払います。この場合において，当会社は，確認が必要な事項およびその確認を終えるべき時期を被保険者に対して通知するものとします。

①　(1)①から④までの事項を確認するための，警察，検察，消防その他の公の機関による捜査・調査結果の照会（注3）　○日

②　(1)①から④までの事項を確認するための，専門機関による鑑定等の結果の照会　○日

③　災害救助法（昭和22年法律第118号）が適用された災害の被災地域における(1)①から⑤までの事項の確認のための調査　○日

④　(1)①から⑤までの事項の確認を日本国内において行うための代替的な手段がない場合の日本国外における調査　○日

（注1）被保険者が前条(2)および(3)の規定による手続を完了した日をいいます。

（注2）複数に該当する場合は，そのうち最長の日数とします。

（注3）弁護士法（昭和24年法律第205号）に基づく照会その他法令に基づく照会を含みます。

(3)　(1)および(2)に掲げる必要な事項の確認に際し，保険契約者または被保険者が正当な理由なくその確認を妨げ，またはこれに応じなかった場合（注）には，これにより確認が遅延した期間については，(1)または(2)の期間に算入しないものとします。

（注）必要な協力を行わなかった場合を含みます。

第35条（時効）

保険金請求権は，第33条（保険金の請求）(1)に定める時の翌日から起算して3年を経過した場合は，時効によって消滅します。

第36条（代位）

(1)　損害が生じたことにより被保険者が損害賠償請求権その他の債権を取得した場合において，当会社がその損害に対して保険金を支払ったときは，その債権は当会社に移転します。ただし，移転するのは，次の額を限度とします。

 ① 当会社が損害の額の全額を保険金として支払った場合
  被保険者が取得した債権の全額
 ② ① 以外の場合
  被保険者が取得した債権の額から，保険金が支払われていない損害の額を差し引いた額

(2) (1)② の場合において，当会社に移転せずに被保険者が引き続き有する債権は，当会社に移転した債権よりも優先して弁済されるものとします。

(3) 保険契約者および被保険者は，当会社が取得する(1)または(2)の債権の保全および行使ならびにそのために当会社が必要とする証拠および書類の入手に協力しなければなりません。この場合において，当会社に協力するために必要な費用は，当会社の負担とします。

第37条（保険金支払後の保険契約）

(1) 第2条（保険金を支払う場合）(1)から(4)までの損害保険金の支払額がそれぞれ1回の事故につき保険金額（注）の80％に相当する額を超えた場合は，保険契約は，その保険金支払の原因となった損害の発生した時に終了します。
 （注）保険金額が保険価額を超える場合は，保険価額とします。

(2) (1)の場合を除き，当会社が保険金を支払った場合においても，この保険契約の保険金額は，減額することはありません。

(3) (1)の規定により，保険契約が終了した場合には，当会社は保険料を返還しません。

(4) おのおの別に保険金額を定めた保険の対象が2以上ある場合には，それぞれについて，(1)から(3)までの規定を適用します。

第38条（保険契約の継続）

(1) 保険契約の満了に際し，保険契約を継続しようとする場合（注）に，保険契約申込書に記載した事項および保険証券に記載された事項に変更があったときは，保険契約者または被保険者は，書面をもってこれを当会社に告げなければなりません。この場合の告知については，第14条（告知義務）の規定を適用します。
 （注）新たに保険契約申込書を用いることなく，従前の保険契約と保険期間を除き同一の内容で，かつ，従前の保険契約との間で保険期間を中断させることなく保険契約を継続する場合をいいます。この場合には，当会社は新たな保険証券を発行しないで，従前の保険証券と保険契約継続証とをもって新たな保険証券に代えることができるものとします。

(2) 第13条（保険責任の始期および終期）(3)の規定は，継続保険契約の保険料についても，これを適用します。

第39条（保険契約者の変更）

(1) 保険契約締結の後，保険契約者は，当会社の承認を得て，この保険契約に適用される普通保険約款および特約に関する権利および義務を第三者に移転させることができます。ただし，被保険者が保険の対象を譲渡する場合は，第17

条（保険の対象の譲渡）の規定によるものとします。

(2) (1)の規定による移転を行う場合には，保険契約者は書面をもってその旨を当会社に申し出て，承認を請求しなければなりません。

(3) 保険契約締結の後，保険契約者が死亡した場合は，その死亡した保険契約者の死亡時の法定相続人にこの保険契約に適用される普通保険約款および特約に関する権利および義務が移転するものとします。

第40条（保険契約者または被保険者が複数の場合の取扱い）

(1) この保険契約について，保険契約者または被保険者が2名以上である場合は，当会社は，代表者1名を定めることを求めることができます。この場合において，代表者は他の保険契約者または被保険者を代理するものとします。

(2) (1)の代表者が定まらない場合またはその所在が明らかでない場合には，保険契約者または被保険者の中の1名に対して行う当会社の行為は，他の保険契約者または被保険者に対しても効力を有するものとします。

(3) 保険契約者または被保険者が2名以上である場合には，各保険契約者または被保険者は連帯してこの保険契約に適用される普通保険約款および特約に関する義務を負うものとします。

第41条（訴訟の提起）

この保険契約に関する訴訟については，日本国内における裁判所に提起するものとします。

第42条（準拠法）

この約款に規定のない事項については，日本国の法令に準拠します。

別表1　他の保険契約等がある場合の保険金の支払限度額

	保険金の種類		支払限度額
1	第2条（保険金を支払う場合）(1)から(3)までの損害保険金		損害の額
2	第2条（保険金を支払う場合）(4)の損害保険金	(1)第4条（保険の対象の範囲）(3)①に掲げる物	1回の事故につき，1個または1組ごとに100万円（注）または損害の額のいずれか低い額 （注）他の保険契約等に，限度額が100万円を超えるものがある場合は，これらの限度額のうち最も高い額とします。
		(2)上記以外の物	損害の額
3	第2条（保険金を支払う場合）(5)の損	(1)通貨	1回の事故につき，1敷地内ごとに20万円（注）または損害の額のいずれか低い額

	害保険金		（注）他の保険契約等に，限度額が20万円を超えるものがある場合は，これらの限度額のうち最も高い額とします。
		(2)預貯金証書	1回の事故につき，1敷地内ごとに200万円（注）または損害の額のいずれか低い額 （注）他の保険契約等に，限度額が200万円を超えるものがある場合は，これらの限度額のうち最も高い額とします。
4	第2条（保険金を支払う場合）(6)の水害保険金	(1)①の水害保険金	損害の額に70％（注）を乗じて得た額 （注）他の保険契約等に，縮小割合が70％を超えるものがある場合は，これらの縮小割合のうち最も高い割合とします。
		(2)②の水害保険金	1回の事故につき，1敷地内ごとに200万円（注1）または保険価額に10％（注2）を乗じて得た額のいずれか低い額 （注1）他の保険契約等に，この損害に対する限度額が200万円を超えるものがある場合は，これらの限度額のうち最も高い額とします。 （注2）他の保険契約等に，この損害に対する支払割合が10％を超えるものがある場合は，これらの支払割合のうち最も高い割合とします。
		(3)③の水害保険金	1回の事故につき，1敷地内ごとに100万円（注1）または保険価額に5％（注2）を乗じて得た額のいずれか低い額

			（注1）他の保険契約等に，この損害に対する限度額が100万円を超えるものがある場合は，これらの限度額のうち最も高い額とします。 （注2）他の保険契約等に，この損害に対する支払割合が5％を超えるものがある場合は，これらの支払割合のうち最も高い割合とします。
		(4)上記(2)および(3)の水害保険金の合計額	1回の事故につき，1敷地内ごとに200万円（注） （注）他の保険契約等に，1敷地内ごとの限度額が200万円を超えるものがある場合は，これらの1敷地内ごとの限度額のうち最も高い額とします。
		(5)上記(1)から(4)までの規定にかかわらず，他の保険契約等に損害の額を支払限度額とするものがある場合	損害の額
5	第2条（保険金を支払う場合）(7)の残存物取片づけ費用保険金		残存物取片づけ費用の額
6	第2条（保険金を支払う場合）(8)の失火見舞費用保険金		1回の事故につき，20万円（注）に被災世帯の数を乗じて得た額 （注）他の保険契約等に，1被災世帯あたりの支払額が20万円を超えるものがある場合は，これらの1被災世帯あたりの支払額のうち最も高い額とします。
7	第2条（保険金を支払う場合）(9)の地震火災費用保険金	(1)それぞれの保険契約または共済契約の支払責任額の合計額が，1回の事故につき，1敷地内ごとに300万円（注）を超える場	1回の事故につき，1敷地内ごとに300万円（注） （注）他の保険契約等に，限度額が300万円を超えるものがある場合は，こ

		合 （注）他の保険契約等に，限度額が300万円を超えるものがある場合は，これらの限度額のうち最も高い額とします。	れらの限度額のうち最も高い額とします。
		(2)上記(1)に該当しない場合であって，それぞれの保険契約または共済契約のおのおのの保険の対象についての支払責任額の合計額が，1回の事故につき，保険の対象ごとに，その保険の対象の保険価額に5％（注）を乗じて得た額を超えるとき。 （注）他の保険契約等に，支払割合が5％を超えるものがある場合は，これらの支払割合のうち最も高い割合とします。	1回の事故につき，保険の対象ごとに，その保険の対象の保険価額に5％（注）を乗じて得た額 （注）他の保険契約等に，支払割合が5％を超えるものがある場合は，これらの支払割合のうち最も高い割合とします。

別表2　短期料率表

短期料率は，年料率に下記割合を乗じたものとします。

既経過期間　　　　　　　　　　　　　　　　　　　　　　　　　割合（％）

[　　　] まで ……………………………………………… [　　　]

[　　　] まで ……………………………………………… [　　　]

[　　　] まで ……………………………………………… [　　　]

（出典：損害保険料率算出機構　火災保険標準約款（2019年10月現在）「住宅総合保険普通保険約款」（2018年5月））

資料２ 地震保険普通保険約款

第１章　用語の定義条項

第１条（用語の定義）

　この約款において，次の用語の意味は，それぞれ次の定義によります。

用語	定義
一部損	（建物の場合） 　建物の主要構造部の損害の額が，その建物の保険価額（注）の３％以上 20％未満である損害をいいます。なお，建物の主要構造部の損害の額には，次条(1)の損害が生じた建物の原状回復のため地盤等の復旧に直接必要とされる最小限の費用を含むものとします。 　（注）門，塀または垣が保険の対象に含まれる場合であっても，これらの保険価額は含みません。 （生活用動産の場合） 　生活用動産の損害の額が，その生活用動産の保険価額の10％以上 30％未満である損害をいいます。
危険	損害の発生の可能性をいいます。
危険増加	告知事項についての危険が高くなり，この保険契約で定められている保険料がその危険を計算の基礎として算出される保険料に不足する状態になることをいいます。
警戒宣言	大震法第９条（警戒宣言等）第１項に基づく地震災害に関する警戒宣言をいいます。
告知事項	危険に関する重要な事項のうち，保険契約申込書の記載事項とすることによって当会社が告知を求めたものをいいます。（注） 　（注）他の保険契約に関する事項を含みます。
敷地内	特別の約定がないかぎり，囲いの有無を問わず，保険の対象の所在する場所およびこれに連続した土地で，同一保険契約者または被保険者によって占有されているものをいいます。また，公道，河川等が介在していても敷地内は中断されることなく，これを連続した土地とみなします。
地震等	地震もしくは噴火またはこれらによる津波をいいます。
地震保険法	地震保険に関する法律（昭和 41 年法律第 73 号）をいいます。
小半損	（建物の場合） 　建物の主要構造部の損害の額が，その建物の保険価額

（注）の20％以上40％未満である損害または建物の焼失もしくは流失した部分の床面積のその建物の延べ床面積に対する割合が20％以上50％未満である損害をいいます。なお，建物の主要構造部の損害の額には，次条(1)の損害が生じた建物の原状回復のため地盤等の復旧に直接必要とされる最小限の費用を含むものとします。

　（注）門，塀または垣が保険の対象に含まれる場合であっても，これらの保険価額は含みません。

（生活用動産の場合）
　生活用動産の損害の額が，その生活用動産の保険価額の30％以上60％未満である損害をいいます。

生活用動産	生活の用に供する家具，衣服その他の生活に必要な動産をいいます。ただし，建物に収容されている物に限ります。
全損	（建物の場合） 　建物の主要構造部の損害の額が，その建物の保険価額（注）の50％以上である損害または建物の焼失もしくは流失した部分の床面積のその建物の延べ床面積に対する割合が70％以上である損害をいいます。なお，建物の主要構造部の損害の額には，次条(1)の損害が生じた建物の原状回復のため地盤等の復旧に直接必要とされる最小限の費用を含むものとします。 　（注）門，塀または垣が保険の対象に含まれる場合であっても，これらの保険価額は含みません。 （生活用動産の場合） 　生活用動産の損害の額が，その生活用動産の保険価額の80％以上である損害をいいます。
損害	地震等が生じた後における事故の拡大防止または緊急避難に必要な処置によって保険の対象について生じた損害を含みます。
大震法	大規模地震対策特別措置法（昭和53年法律第73号）をいいます。
大半損	（建物の場合） 　建物の主要構造部の損害の額が，その建物の保険価額（注）の40％以上50％未満である損害または建物の焼失もしくは流失した部分の床面積のその建物の延べ床面積に対する割合が50％以上70％未満である損害をいいます。なお，建物の主要構造部の損害の額には，次条(1)の損害が生じた建物の原状回復のため地盤等の復旧に直接必要とされる最小限の費用を含むものとします。 　（注）門，塀または垣が保険の対象に含まれる場合であっ

	ても，これらの保険価額は含みません。 （生活用動産の場合） 　生活用動産の損害の額が，その生活用動産の保険価額の60％以上80％未満である損害をいいます。
建物	土地に定着し，屋根および柱または壁を有するものをいい，門，塀，垣，タンク，サイロ，井戸，物干等の屋外設備・装置を除きます。ただし，居住の用に供する建物に限ります。
建物の主要構造部	建築基準法施行令（昭和25年政令第338号）第1条（用語の定義）第3号の構造耐力上主要な部分をいいます。
他の保険契約	（保険の対象または保険の対象を収容する建物が区分所有建物でない場合） 　この保険契約における保険の対象と同一の敷地内に所在する第5条（保険金の支払額）(2)① または ② の建物または生活用動産について締結された地震等による事故に対して保険金を支払う他の保険契約をいいます。 （保険の対象または保険の対象を収容する建物が区分所有建物である場合） 　この保険契約における保険の対象と同一の敷地内に所在する第5条（保険金の支払額）(3)① または ② の専有部分もしくは共用部分または生活用動産について締結された地震等による事故に対して保険金を支払う他の保険契約をいいます。
保険価額	損害が生じた地および時における保険の対象の価額をいいます。
保険期間	保険証券記載の保険期間をいいます。

第2章　補償条項

第2条（保険金を支払う場合）

(1)　当会社は，地震等を直接または間接の原因とする火災，損壊，埋没または流失によって，保険の対象について生じた損害が全損，大半損，小半損または一部損に該当する場合は，この約款に従い，保険金を支払います。

(2)　地震等を直接または間接の原因とする地すべりその他の災害による現実かつ急迫した危険が生じたため，建物全体が居住不能（注）に至った場合は，これを地震等を直接または間接の原因とする火災，損壊，埋没または流失によって生じた建物の全損とみなして保険金を支払います。

　　（注）一時的に居住不能となった場合を除きます。

(3)　地震等を直接または間接の原因とする洪水・融雪洪水等の水災によって建物が床上浸水（注1）または地盤面（注2）より45cmを超える浸水を被った結

果，その建物に損害が生じた場合（注3）には，これを地震等を直接または間接の原因とする火災，損壊，埋没または流失によって生じた建物の一部損とみなして保険金を支払います。

　（注1）居住の用に供する部分の床を超える浸水をいいます。なお，「床」とは，畳敷または板張等のものをいい，土間，たたきの類を除きます。

　（注2）床面が地盤面より下にある場合はその床面をいいます。

　（注3）その建物に生じた(1)の損害が全損，大半損，小半損または一部損に該当する場合を除きます。

【保険の対象または保険の対象を収容する建物が区分所有建物でない場合】

(4)　(1)から(3)までの損害の認定は，保険の対象が建物である場合には，その建物ごとに行い，保険の対象が生活用動産である場合には，これを収容する建物ごとに行います。また，門，塀または垣が保険の対象に含まれる場合には，これらが付属する建物の損害の認定によるものとします。

【保険の対象または保険の対象を収容する建物が区分所有建物である場合】

(4)　保険の対象が区分所有建物の専有部分または共用部分である場合には，(1)から(3)までの損害の認定は，専有部分については，個別に行い，また，共用部分については，その区分所有建物全体の損害の認定によるものとします。また，門，塀または垣が保険の対象に含まれる場合には，これらが付属する区分所有建物の共用部分の損害の認定によるものとします。

(5)　保険の対象が生活用動産である場合には，(1)から(3)までの損害の認定は，その生活用動産の全体について，これを収容する専有部分ごとに行います。

第3条（保険金を支払わない場合）

(1)　当会社は，地震等の際において，次のいずれかに該当する事由によって生じた損害に対しては，保険金を支払いません。

　①　保険契約者，被保険者（注1）またはこれらの者の法定代理人の故意もしくは重大な過失または法令違反

　②　①に規定する者以外の者が保険金の全部または一部を受け取るべき場合においては，その者（注2）またはその者の法定代理人の故意もしくは重大な過失または法令違反。ただし，他の者が受け取るべき金額については除きます。

　③　保険の対象の紛失または盗難

　④　戦争，外国の武力行使，革命，政権奪取，内乱，武装反乱その他これらに類似の事変または暴動（注3）

　⑤　核燃料物質（注4）もしくは核燃料物質（注4）によって汚染された物（注5）の放射性，爆発性その他の有害な特性またはこれらの特性による事故

　　（注１）保険契約者または被保険者が法人である場合は，その理事，取締役または法人の業務を執行するその他の機関をいいます。

　　（注２）①に規定する者以外の保険金を受け取るべき者が法人である場合は，その理事，取締役または法人の業務を執行するその他の機関をいいます。

　　（注３）群衆または多数の者の集団の行動によって，全国または一部の地区において著しく平穏が害され，治安維持上重大な事態と認められる状態をいいます。

　　（注４）使用済燃料を含みます。

　　（注５）原子核分裂生成物を含みます。

(2)　当会社は，地震等が発生した日の翌日から起算して10日を経過した後に生じた損害に対しては，保険金を支払いません。

【保険の対象または保険の対象を収容する建物が区分所有建物でない場合】
第４条（保険の対象の範囲）

(1)　この保険契約における保険の対象は，この保険契約が付帯されている保険契約の保険の対象のうち，建物または生活用動産に限られます。

(2)　(1)の建物が保険の対象である場合において，この保険契約が付帯されている保険契約の保険の対象に門，塀もしくは垣または物置，車庫その他の付属建物が含まれているときは，これらのものは，この保険契約の保険の対象に含まれます。

(3)　(1)の生活用動産には，建物の所有者でない者が所有する次に掲げる物を含みます。

　　①　畳，建具その他これらに類する物

　　②　電気，通信，ガス，給排水，衛生，消火，冷房・暖房，エレベーター，リフト等の設備のうち建物に付加したもの

　　③　浴槽，流し，ガス台，調理台，棚その他これらに類する物のうち建物に付加したもの

(4)　(1)および(3)の生活用動産には，次に掲げる物は含まれません。

　　①　通貨，有価証券，預金証書または貯金証書，印紙，切手その他これらに類する物

　　②　自動車（注）

　　③　貴金属，宝玉および宝石ならびに書画，骨董，彫刻物その他の美術品で，１個または１組の価額が30万円を超えるもの

　　④　稿本，設計書，図案，証書，帳簿その他これらに類する物

　　⑤　商品，営業用什器・備品その他これらに類する物

　　（注）自動三輪車および自動二輪車を含み，総排気量が125cc以下の原動機付自転車を除きます。

【保険の対象または保険の対象を収容する建物が区分所有建物である場合】

第4条（保険の対象の範囲）

(1)　この保険契約における保険の対象は，この保険契約が付帯されている保険契約の保険の対象のうち，専有部分もしくは共用部分（注）または生活用動産に限られます。

　　（注）居住の用に供されない専有部分およびその共用部分の共有持分は，保険の対象に含まれません。

(2)　(1)の共用部分が保険の対象である場合において，この保険契約が付帯されている保険契約の保険の対象に門，塀もしくは垣または物置，車庫その他の付属建物が含まれているときは，これらのものは，この保険契約の保険の対象に含まれます。

(3)　(1)の生活用動産には，専有部分の所有者でない者が所有する次に掲げる物を含みます。

　　①　畳，建具その他これらに類する物

　　②　電気，通信，ガス，給排水，衛生，消火，冷房・暖房，エレベーター，リフト等の設備のうち専有部分に付加したもの

　　③　浴槽，流し，ガス台，調理台，棚その他これらに類する物のうち専有部分に付加したもの

(4)　(1)および(3)の生活用動産には，次に掲げる物は含まれません。

　　①　通貨，有価証券，預金証書または貯金証書，印紙，切手その他これらに類する物

　　②　自動車（注）

　　③　貴金属，宝玉および宝石ならびに書画，骨董，彫刻物その他の美術品で，1個または1組の価額が30万円を超えるもの

　　④　稿本，設計書，図案，証書，帳簿その他これらに類する物

　　⑤　商品，営業用什器・備品その他これらに類する物

　　（注）自動三輪車および自動二輪車を含み，総排気量が125cc以下の原動機付自転車を除きます。

【保険の対象または保険の対象を収容する建物が区分所有建物でない場合】

第5条（保険金の支払額）

(1)　当会社は，第2条（保険金を支払う場合）の保険金として次の金額を支払います。

　　①　保険の対象である建物または生活用動産が全損となった場合は，その保険の対象の保険金額に相当する額。ただし，保険価額を限度とします。

　　②　保険の対象である建物または生活用動産が大半損となった場合は，その保険の対象の保険金額の60％に相当する額。ただし，保険価額の60％に相当する額を限度とします。

③　保険の対象である建物または生活用動産が小半損となった場合は，その保険の対象の保険金額の30％に相当する額。ただし，保険価額の30％に相当する額を限度とします。

④　保険の対象である建物または生活用動産が一部損となった場合は，その保険の対象の保険金額の５％に相当する額。ただし，保険価額の５％に相当する額を限度とします。

(2)　(1)の場合において，この保険契約の保険の対象である次の建物または生活用動産について，この保険契約の保険金額がそれぞれ次に規定する限度額を超えるときは，その限度額をこの保険契約の保険金額とみなし(1)の規定を適用します。

① 同一敷地内に所在し，かつ，同一被保険者の所有に属する建物　5,000万円

② 同一敷地内に所在し，かつ，同一被保険者の世帯に属する生活用動産　1,000万円

(3)　(2)①または②の建物または生活用動産について，地震保険法第2条（定義）第2項の地震保険契約でこの保険契約以外のものが締結されている場合において，それぞれの保険契約の保険金額の合計額が(2)①または②に規定する限度額または保険価額のいずれか低い額を超えるときは，当会社は，次の算式によって算出した額をもってこの保険契約の保険金額とみなし，(1)の規定を適用します。

① 建物

$$5{,}000\text{万円または保険価額のいずれか低い額} \times \frac{\text{この保険契約の建物についての保険金額}}{\text{それぞれの保険契約の建物についての保険金額の合計額}}$$

② 生活用動産

$$1{,}000\text{万円または保険価額のいずれか低い額} \times \frac{\text{この保険契約の生活用動産についての保険金額}}{\text{それぞれの保険契約の生活用動産についての保険金額の合計額}}$$

(4)　当会社は，(2)①の建物のうち被保険者の世帯と異なる世帯が居住する他の建物がある場合，または(2)①の建物が2以上の世帯の居住する共同住宅である場合は，居住世帯を異にするその建物または戸室ごとに(2)および(3)の規定をそれぞれ適用します。

(5)　(2)から(4)までの規定により，当会社が保険金を支払った場合には，次の残額に対する保険料を返還します。

① (2)の規定により保険金を支払った場合は，この保険契約の保険金額から(2)①または②に規定する限度額を差し引いた残額

付録

② （3）の規定により保険金を支払った場合（注）は，この保険契約の保険金額から次の算式によって算出した額を差し引いた残額
　ア．建物

$$(2)① に規定する限度額 \times \frac{この保険契約の建物についての保険金額}{それぞれの保険契約の建物についての保険金額の合計額}$$

　イ．生活用動産

$$(2)② に規定する限度額 \times \frac{この保険契約の生活用動産についての保険金額}{それぞれの保険契約の生活用動産についての保険金額の合計額}$$

（注）(2)① または ② の建物または生活用動産について，それぞれの保険契約の保険金額の合計額が(2)① または ② に規定する限度額を超える場合に限ります。
(6)　当会社が保険金を支払った場合でも，保険の対象の残存物の所有権その他の物権は，当会社に移転しません。

【保険の対象または保険の対象を収容する建物が区分所有建物である場合】
第5条（保険金の支払額）
(1)　当会社は，第2条（保険金を支払う場合）の保険金として次の金額を支払います。
　　①　保険の対象である専有部分もしくは共用部分または生活用動産が全損となった場合は，その保険の対象の保険金額に相当する額。ただし，保険価額を限度とします。
　　②　保険の対象である専有部分もしくは共用部分または生活用動産が大半損となった場合は，その保険の対象の保険金額の60％に相当する額。ただし，保険価額の60％に相当する額を限度とします。
　　③　保険の対象である専有部分もしくは共用部分または生活用動産が小半損となった場合は，その保険の対象の保険金額の30％に相当する額。ただし，保険価額の30％に相当する額を限度とします。
　　④　保険の対象である専有部分もしくは共用部分または生活用動産が一部損となった場合は，その保険の対象の保険金額の5％に相当する額。ただし，保険価額の5％に相当する額を限度とします。
(2)　専有部分および共用部分を1保険金額で契約した場合には，それぞれの部分を別の保険の対象とみなして(1)および(4)の規定を適用します。この場合において，それぞれの部分の保険価額の割合（注）によって保険金額を比例配分し，その比例配分額をそれぞれの部分に対する保険金額とみなします。

（注）専有部分の保険価額と共用部分の共有持分の保険価額との合計額に対する専有部分の保険価額の割合が保険証券に明記されていない場合には，専有部分の保険価額の割合は40％とみなします。

(3) (1)の場合において，この保険契約の保険の対象である次の専有部分の保険金額と共用部分の保険金額との合計額または生活用動産の保険金額がそれぞれ次に規定する限度額を超える場合は，その限度額をこの保険契約の保険金額とみなし(1)の規定を適用します。

① 同一敷地内に所在し，かつ，同一被保険者の所有に属する専有部分および共用部分　5,000万円

② 同一敷地内に所在し，かつ，同一被保険者の世帯に属する生活用動産　1,000万円

(4) (3)① または ② の専有部分もしくは共用部分または生活用動産について，地震保険法第2条（定義）第2項の地震保険契約でこの保険契約以外のものが締結されている場合において，それぞれの保険契約の保険金額の合計額が(3)① もしくは ② に規定する限度額または保険価額のいずれか低い額を超えるときは，当会社は，次の算式によって算出した額をもってこの保険契約の保険金額とみなし，(1)の規定を適用します。

① 専有部分

$$5,000万円または保険価額のいずれか低い額 \times \frac{この保険契約の専有部分の保険金額}{それぞれの保険契約の専有部分および共用部分についての保険金額の合計額}$$

② 共用部分

$$5,000万円または保険価額のいずれか低い額 \times \frac{この保険契約の共用部分の保険金額}{それぞれの保険契約の専有部分および共用部分についての保険金額の合計額}$$

③ 生活用動産

$$1,000万円または保険価額のいずれか低い額 \times \frac{この保険契約の生活用動産についての保険金額}{それぞれの保険契約の生活用動産についての保険金額の合計額}$$

(5) 当会社は，(3)① の専有部分および共用部分のうち被保険者の世帯と異なる世帯が居住する他の専有部分および共用部分がある場合，または(3)① の専有部分および共用部分が2以上の世帯の居住する共同住宅である場合は，居住世帯を異にするその専有部分および共用部分または戸室ごとに(3)および(4)の規定をそれぞれ適用します。

(6) (3)から(5)までの規定により，当会社が保険金を支払った場合には，次の

残額に対する保険料を返還します。

①　(3)の規定により保険金を支払った場合は，この保険契約の保険金額から(3)①または②に規定する限度額を差し引いた残額

②　(4)の規定により保険金を支払った場合（注）は，この保険契約の保険金額から次の算式によって算出した額を差し引いた残額

　ア．専有部分および共用部分

$$(3)①に規定する限度額 \times \frac{この保険契約の専有部分および共用部分についての保険金額}{それぞれの保険契約の専有部分および共用部分についての保険金額の合計額}$$

　イ．生活用動産

$$(3)②に規定する限度額 \times \frac{この保険契約の生活用動産についての保険金額}{それぞれの保険契約の生活用動産についての保険金額の合計額}$$

（注）(3)①または②の専有部分および共用部分または生活用動産について，それぞれの保険契約の保険金額の合計額が(3)①または②に規定する限度額を超えるときに限ります。

(7)　当会社が保険金を支払った場合でも，保険の対象の残存物の所有権その他の物権は，当会社に移転しません。

第6条（包括して契約した場合の保険金の支払額）

　2以上の保険の対象を1保険金額で契約した場合には，それぞれの保険価額の割合によって保険金額を比例配分し，その比例配分額をそれぞれの保険の対象に対する保険金額とみなし，おのおの別に前条の規定を適用します。

第7条（保険金支払についての特則）

(1)　地震保険法第4条（保険金の削減）の規定により当会社が支払うべき保険金を削減するおそれがある場合は，当会社は，同法およびこれに基づく法令の定めるところに従い，支払うべき保険金の一部を概算払し，支払うべき保険金が確定した後に，その差額を支払います。

(2)　地震保険法第4条（保険金の削減）の規定により当会社が支払うべき保険金を削減する場合には，当会社は，同法およびこれに基づく法令の定めるところに従い算出された額を保険金として支払います。

第8条（2以上の地震等の取扱い）

　この保険契約においては，72時間以内に生じた2以上の地震等は，これらを一括して1回の地震等とみなします。ただし，被災地域が全く重複しない場合には，おのおの別の地震等として取り扱います。

第3章　基本条項

第9条（保険責任の始期および終期）

(1)　当会社の保険責任は，保険期間の初日の午後4時（注）に始まり，末日の午後4時に終わります。

　　（注）保険証券にこれと異なる時刻が記載されている場合はその時刻とします。

(2)　(1)の時刻は，日本国の標準時によるものとします。

(3)　保険期間が始まった後でも，当会社は，この保険契約の保険料とこの保険契約が付帯されている保険契約の保険料との合計額を領収する前に生じた事故による損害に対しては，保険金を支払いません。

第10条（告知義務）

(1)　保険契約者または被保険者になる者は，保険契約締結の際，告知事項について，当会社に事実を正確に告げなければなりません。

(2)　当会社は，保険契約締結の際，保険契約者または被保険者が，告知事項について，故意または重大な過失によって事実を告げなかった場合または事実と異なることを告げた場合は，保険契約者に対する書面による通知をもって，この保険契約を解除することができます。

(3)　(2)の規定は，次のいずれかに該当する場合には適用しません。

　　①　(2)に規定する事実がなくなった場合

　　②　当会社が保険契約締結の際，(2)に規定する事実を知っていた場合または過失によってこれを知らなかった場合（注）

　　③　保険契約者または被保険者が，第2条（保険金を支払う場合）の事故による保険金を支払うべき損害の発生前に，告知事項につき，書面をもって訂正を当会社に申し出て，当会社がこれを承認した場合。なお，当会社が，訂正の申出を受けた場合において，その訂正を申し出た事実が，保険契約締結の際に当会社に告げられていたとしても，当会社が保険契約を締結していたと認めるときに限り，これを承認するものとします。

　　④　当会社が，(2)の規定による解除の原因があることを知った時から1か月を経過した場合または保険契約締結時から5年を経過した場合

　　（注）当会社のために保険契約の締結の代理を行う者が，事実を告げることを妨げた場合または事実を告げないこともしくは事実と異なることを告げることを勧めた場合を含みます。

(4)　(2)の規定による解除が第2条（保険金を支払う場合）の事故による保険金を支払うべき損害の発生した後になされた場合であっても，第20条（保険契約解除の効力）の規定にかかわらず，当会社は，保険金を支払いません。この場合において，既に保険金を支払っていたときは，当会社は，その返還を請求することができます。

付録

(5) (4)の規定は，(2)に規定する事実に基づかずに発生した第2条（保険金を支払う場合）の事故による保険金を支払うべき損害については適用しません。

第11条（通知義務）

【保険の対象または保険の対象を収容する建物が区分所有建物でない場合】

(1) 保険契約締結の後，次のいずれかに該当する事実が発生した場合には，保険契約者または被保険者は，遅滞なく，その旨を当会社に通知しなければなりません。ただし，その事実がなくなった場合には，当会社への通知は必要ありません。

　① 保険の対象である建物または保険の対象を収容する建物の構造または用途を変更したこと。

　② 保険の対象を他の場所に移転したこと。

　③ ①および②のほか，告知事項の内容に変更を生じさせる事実（注）が発生したこと。

　　（注）告知事項のうち，保険契約締結の際に当会社が交付する書面等においてこの条の適用がある事項として定めたものに関する事実に限ります。

【保険の対象または保険の対象を収容する建物が区分所有建物である場合】

(1) 保険契約締結の後，次のいずれかに該当する事実が発生した場合には，保険契約者または被保険者は，遅滞なく，その旨を当会社に通知しなければなりません。ただし，その事実がなくなった場合には，当会社への通知は必要ありません。

　① 保険の対象である専有部分もしくは共用部分または保険の対象を収容する専有部分もしくは共用部分の構造または用途を変更したこと。

　② 保険の対象を他の場所に移転したこと。

　③ ①および②のほか，告知事項の内容に変更を生じさせる事実（注）が発生したこと。

　　（注）告知事項のうち，保険契約締結の際に当会社が交付する書面等においてこの条の適用がある事項として定めたものに関する事実に限ります。

(2) (1)の事実の発生によって危険増加が生じた場合において，保険契約者または被保険者が，故意または重大な過失によって遅滞なく(1)の規定による通知をしなかったときは，当会社は，保険契約者に対する書面による通知をもって，この保険契約を解除することができます。

(3) (2)の規定は，当会社が，(2)の規定による解除の原因があることを知った時から1か月を経過した場合または危険増加が生じた時から5年を経過した場合には適用しません。

(4) (2)の規定による解除が第２条（保険金を支払う場合）の事故による保険金を支払うべき損害の発生した後になされた場合であっても，第20条（保険契約解除の効力）の規定にかかわらず，解除に係る危険増加が生じた時から解除がなされた時までに発生した第２条の事故による保険金を支払うべき損害に対しては，当会社は，保険金を支払いません。この場合において，既に保険金を支払っていたときは，当会社は，その返還を請求することができます。

(5) (4)の規定は，その危険増加をもたらした事実に基づかずに発生した第２条（保険金を支払う場合）の事故による保険金を支払うべき損害については適用しません。

【保険の対象または保険の対象を収容する建物が区分所有建物でない場合】

(6) (2)の規定にかかわらず，(1)の事実の発生によって保険の対象または保険の対象を収容する建物が居住の用に供されなくなった場合には，当会社は，保険契約者に対する書面による通知をもって，この保険契約を解除することができます。

【保険の対象または保険の対象を収容する建物が区分所有建物である場合】

(6) (2)の規定にかかわらず，(1)の事実の発生によって保険の対象である専有部分もしくは共用部分または保険の対象を収容する専有部分もしくは共用部分が居住の用に供されなくなった場合（注）には，当会社は，保険契約者に対する書面による通知をもって，この保険契約を解除することができます。

（注）共用部分が居住の用に供されなくなった場合とは，共用部分を共有する区分所有者の所有に属するこの区分所有建物の専有部分のすべてが居住の用に供されなくなった場合をいいます。

(7) (6)の規定による解除が第２条（保険金を支払う場合）の事故による保険金を支払うべき損害の発生した後になされた場合であっても，第20条（保険契約解除の効力）の規定にかかわらず，(1)の事実が生じた時から解除がなされた時までに発生した第２条の事故による保険金を支払うべき損害に対しては，当会社は，保険金を支払いません。この場合において，既に保険金を支払っていたときは，当会社は，その返還を請求することができます。

第12条（保険契約者の住所変更）

　　保険契約者が保険証券記載の住所または通知先を変更した場合は，保険契約者は，遅滞なく，その旨を当会社に通知しなければなりません。

第13条（保険の対象の譲渡）

(1) 保険契約締結の後，被保険者が保険の対象を譲渡する場合には，保険契約者または被保険者は，遅滞なく，書面をもってその旨を当会社に通知しなければなりません。

(2) (1)の場合において，保険契約者がこの保険契約に適用される普通保険約款

および特約に関する権利および義務を保険の対象の譲受人に移転させるときは，
(1)の規定にかかわらず，保険の対象の譲渡前にあらかじめ，書面をもってその旨を当会社に申し出て，承認を請求しなければなりません。

(3)　当会社が(2)の規定による承認をする場合には，第15条（保険契約の失効）
(1)の規定にかかわらず，(2)の権利および義務は，保険の対象が譲渡された時に保険の対象の譲受人に移転します。

第14条（保険契約の無効）

(1)　保険契約者が，保険金を不法に取得する目的または第三者に保険金を不法に取得させる目的をもって締結した保険契約は無効とします。

(2)　警戒宣言が発せられた場合は，大震法第3条（地震防災対策強化地域の指定等）第1項の規定により地震防災対策強化地域として指定された地域のうち，その警戒宣言に係る地域内に所在する保険の対象についてその警戒宣言が発せられた時から同法第9条第3項の規定に基づく地震災害に関する警戒解除宣言が発せられた日（注）までの間に締結された保険契約は無効とします。ただし，警戒宣言が発せられた時までに締結されていた保険契約の期間満了に伴い，被保険者および保険の対象を同一として引き続き締結された保険契約については，効力を有します。この場合において，その保険契約の保険金額が直前に締結されていた保険契約の保険金額を超過したときは，その超過した部分については保険契約は無効とします。

　　（注）その警戒宣言に係る大規模な地震が発生した場合は，財務大臣が地震保険審査会の議を経て告示により指定する日とします。

第15条（保険契約の失効）

(1)　保険契約締結の後，次のいずれかに該当する場合には，その事実が発生した時に保険契約は効力を失います。

　　①　保険の対象の全部が滅失した場合。ただし，第32条（保険金支払後の保険契約）(1)の規定により保険契約が終了した場合を除きます。

　　②　保険の対象が譲渡された場合

(2)　おのおの別に保険金額を定めた保険の対象が2以上ある場合には，それぞれについて，(1)の規定を適用します。

第16条（保険契約の取消し）

　　保険契約者または被保険者の詐欺または強迫によって当会社が保険契約を締結した場合には，当会社は，保険契約者に対する書面による通知をもって，この保険契約を取り消すことができます。

第17条（保険金額の調整）

(1)　保険契約締結の際，保険金額が保険の対象の価額を超えていたことにつき，保険契約者および被保険者が善意でかつ重大な過失がなかった場合には，保険契約者は，当会社に対する通知をもって，その超過部分について，この保険契約を取り消すことができます。

(2)　保険契約締結の後，保険の対象の価額が著しく減少した場合には，保険契約

者は，当会社に対する通知をもって，将来に向かって，保険金額について，減
少後の保険の対象の価額に至るまでの減額を請求することができます。

第18条（保険契約者による保険契約の解除）

　保険契約者は，当会社に対する書面による通知をもって，この保険契約を解
除することができます。ただし，保険金請求権の上に質権または譲渡担保権が
設定されている場合は，この解除権は，質権者または譲渡担保権者の書面によ
る同意を得た後でなければ行使できません。

第19条（重大事由による解除）

(1)　当会社は，次のいずれかに該当する事由がある場合には，保険契約者に対す
る書面による通知をもって，この保険契約を解除することができます。

　　①　保険契約者または被保険者が，当会社にこの保険契約に基づく保険金を
　　　支払わせることを目的として損害を生じさせ，または生じさせようとした
　　　こと。

　　②　被保険者が，この保険契約に基づく保険金の請求について，詐欺を行い，
　　　または行おうとしたこと。

　　③　保険契約者または被保険者が，次のいずれかに該当すること。

　　ア．反社会的勢力（注）に該当すると認められること。

　　イ．反社会的勢力（注）に対して資金等を提供し，または便宜を供与する
　　　等の関与をしていると認められること。

　　ウ．反社会的勢力（注）を不当に利用していると認められること。

　　エ．法人である場合において，反社会的勢力（注）がその法人の経営を支
　　　配し，またはその法人の経営に実質的に関与していると認められること。

　　オ．その他反社会的勢力（注）と社会的に非難されるべき関係を有してい
　　　ると認められること。

　　④　①から③までに掲げるもののほか，保険契約者または被保険者が，①
　　　から③までの事由がある場合と同程度に当会社のこれらの者に対する信
　　　頼を損ない，この保険契約の存続を困難とする重大な事由を生じさせたこ
　　　と。

　　（注）暴力団，暴力団員（暴力団員でなくなった日から５年を経過しない者
　　を含みます。），暴力団準構成員，暴力団関係企業その他の反社会的勢力を
　　いいます。

(2)　(1)の規定による解除が第２条（保険金を支払う場合）の事故による保険金
を支払うべき損害の発生した後になされた場合であっても，次条の規定にかか
わらず，(1)①から④までの事由が生じた時から解除がなされた時までに発生
した第２条の事故による保険金を支払うべき損害に対しては，当会社は，保険
金を支払いません。この場合において，既に保険金を支払っていたときは，当
会社は，その返還を請求することができます。

(3)　保険契約者または被保険者が(1)③アからオまでのいずれかに該当すること
により(1)の規定による解除がなされた場合には，(2)の規定は，(1)③アから

オまでのいずれにも該当しない被保険者に生じた損害については適用しません。

第20条（保険契約解除の効力）

保険契約の解除は，将来に向かってのみその効力を生じます。

第21条（保険料の返還または請求―告知義務・通知義務等の場合）

(1) 第10条（告知義務）(1)により告げられた内容が事実と異なる場合において，保険料率を変更する必要があるときは，当会社は，変更前の保険料率と変更後の保険料率との差に基づき計算した保険料を返還または請求します。

(2) 危険増加が生じた場合または危険が減少した場合において，保険料率を変更する必要があるときは，当会社は，変更前の保険料率と変更後の保険料率との差に基づき，危険増加または危険の減少が生じた時以降の期間（注）に対し日割をもって計算した保険料を返還または請求します。

　　（注）保険契約者または被保険者の申出に基づく，危険増加または危険の減少が生じた時以降の期間をいいます。

(3) 当会社は，保険契約者が(1)または(2)の規定による追加保険料の支払を怠った場合（注）は，保険契約者に対する書面による通知をもって，この保険契約を解除することができます。

　　（注）当会社が，保険契約者に対し追加保険料の請求をしたにもかかわらず相当の期間内にその支払がなかった場合に限ります。

(4) (1)または(2)の規定による追加保険料を請求する場合において，(3)の規定によりこの保険契約を解除できるときは，当会社は，保険金を支払いません。この場合において，既に保険金を支払っていたときは，当会社は，その返還を請求することができます。

(5) (4)の規定は，危険増加が生じた場合における，その危険増加が生じた時より前に発生した第2条（保険金を支払う場合）の事故による損害については適用しません。

(6) (1)および(2)のほか，保険契約締結の後，保険契約者が書面をもって保険契約の条件の変更を当会社に通知し，承認の請求を行い，当会社がこれを承認する場合において，保険料を変更する必要があるときは，当会社は，変更前の保険料と変更後の保険料との差に基づき計算した，未経過期間に対する保険料を返還または請求します。

(7) (6)の規定による追加保険料を請求する場合において，当会社の請求に対して，保険契約者がその支払を怠ったときは，当会社は，追加保険料領収前に生じた事故による損害に対しては，保険契約条件の変更の承認の請求がなかったものとして，この保険契約に適用される普通保険約款および特約に従い，保険金を支払います。

第22条（保険料の返還―無効，失効等の場合）

(1) 第14条（保険契約の無効）(1)の規定により保険契約が無効となる場合には，当会社は，保険料を返還しません。

(2) 第14条（保険契約の無効）(2)の規定により保険契約の全部または一部が無

効となる場合には，当会社は，その無効となる保険金額に対応する保険料を返還します。

⑶　保険契約が失効となる場合には，当会社は，未経過期間に対し日割をもって計算した保険料を返還します。

⑷　この保険契約が付帯されている保険契約がその普通保険約款の規定により保険金が支払われたために終了した結果，この保険契約が第 33 条（付帯される保険契約との関係）⑵の規定により終了する場合には，当会社は，未経過期間に対し日割をもって計算した保険料を返還します。

第 23 条（保険料の返還—取消しの場合）

第 16 条（保険契約の取消し）の規定により，当会社が保険契約を取り消した場合には，当会社は，保険料を返還しません。

第 24 条（保険料の返還—保険金額の調整の場合）

⑴　第 17 条（保険金額の調整）⑴の規定により，保険契約者が保険契約を取り消した場合には，当会社は，保険契約締結時に遡って，取り消された部分に対応する保険料を返還します。

⑵　第 17 条（保険金額の調整）⑵の規定により，保険契約者が保険金額の減額を請求した場合には，当会社は，保険料のうち減額する保険金額に相当する保険料からその保険料につき既経過期間に対し別表に掲げる短期料率によって計算した保険料を差し引いて，その残額を返還します。

第 25 条（保険料の返還—解除の場合）

⑴　第 10 条（告知義務）⑵，第 11 条（通知義務）⑵もしくは⑹，第 19 条（重大事由による解除）⑴または第 21 条（保険料の返還または請求—告知義務・通知義務等の場合）⑶の規定により，当会社が保険契約を解除した場合には，当会社は，未経過期間に対し日割をもって計算した保険料を返還します。

⑵　第 18 条（保険契約者による保険契約の解除）の規定により，保険契約者が保険契約を解除した場合には，当会社は，保険料から既経過期間に対し別表に掲げる短期料率によって計算した保険料を差し引いて，その残額を返還します。

第 26 条（事故の通知）

⑴　保険契約者または被保険者は，保険の対象について損害が生じたことを知った場合は，損害の発生ならびに他の保険契約の有無および内容（注）を当会社に遅滞なく通知しなければなりません。

（注）既に他の保険契約から保険金の支払を受けた場合には，その事実を含みます。

⑵　保険の対象について損害が生じた場合は，当会社は，その保険の対象もしくはその保険の対象が所在する敷地内を調査することまたはその敷地内に所在する被保険者の所有物の全部もしくは一部を調査することもしくは一時他に移転することができます。

⑶　保険契約者または被保険者が，正当な理由がなく⑴の規定に違反した場合は，当会社は，それによって当会社が被った損害の額を差し引いて保険金を支

付録

払います。

第 27 条（損害防止義務）

　保険契約者または被保険者は，地震等が発生したことを知った場合は，自らの負担で，損害の発生および拡大の防止に努めなければなりません。

第 28 条（保険金の請求）

(1)　当会社に対する保険金請求権は，第 2 条（保険金を支払う場合）の事故による損害が発生した時から発生し，これを行使することができるものとします。

(2)　被保険者が保険金の支払を請求する場合は，保険証券に添えて次の書類または証拠のうち，当会社が求めるものを当会社に提出しなければなりません。

　　①　保険金の請求書

　　②　損害見積書

　　③　その他当会社が次条 (1) に定める必要な事項の確認を行うために欠くことのできない書類または証拠として保険契約締結の際に当会社が交付する書面等において定めたもの

(3)　被保険者に保険金を請求できない事情がある場合で，かつ，保険金の支払を受けるべき被保険者の代理人がいないときは，次に掲げる者のいずれかがその事情を示す書類をもってその旨を当会社に申し出て，当会社の承認を得たうえで，被保険者の代理人として保険金を請求することができます。

　　①　被保険者と同居または生計を共にする配偶者（注）

　　②　① に規定する者がいない場合または ① に規定する者に保険金を請求できない事情がある場合には，被保険者と同居または生計を共にする 3 親等内の親族

　　③　① および ② に規定する者がいない場合または ① および ② に規定する者に保険金を請求できない事情がある場合には，① 以外の配偶者（注）または ② 以外の 3 親等内の親族

　　（注）法律上の配偶者に限ります。

(4)　(3) の規定による被保険者の代理人からの保険金の請求に対して，当会社が保険金を支払った後に，重複して保険金の請求を受けたとしても，当会社は，保険金を支払いません。

(5)　当会社は，事故の内容または損害の額等に応じ，保険契約者または被保険者に対して，(2) に掲げるもの以外の書類もしくは証拠の提出または当会社が行う調査への協力を求めることがあります。この場合には，当会社が求めた書類または証拠を速やかに提出し，必要な協力をしなければなりません。

(6)　保険契約者または被保険者が，正当な理由がなく (5) の規定に違反した場合または (2)，(3) もしくは (5) の書類に事実と異なる記載をし，もしくはその書類もしくは証拠を偽造しもしくは変造した場合は，当会社は，それによって当会社が被った損害の額を差し引いて保険金を支払います。

第 29 条（保険金の支払時期）

(1)　当会社は，請求完了日（注 1）からその日を含めて 30 日以内に，当会社が

保険金を支払うために必要な次の事項の確認を終え，保険金を支払います。
① 保険金の支払事由発生の有無の確認に必要な事項として，事故の原因，事故発生の状況，損害発生の有無および被保険者に該当する事実
② 保険金が支払われない事由の有無の確認に必要な事項として，保険金が支払われない事由としてこの保険契約において定める事由に該当する事実の有無
③ 保険金を算出するための確認に必要な事項として，損害の額（注２）および事故と損害との関係
④ 保険契約の効力の有無の確認に必要な事項として，この保険契約において定める解除，無効，失効，取消しまたは終了（注３）の事由に該当する事実の有無
⑤ ①から④までのほか，他の保険契約の有無および内容，損害について被保険者が有する損害賠償請求権その他の債権および既に取得したものの有無および内容等，当会社が支払うべき保険金の額を確定するために確認が必要な事項
（注１）被保険者が前条(2)および(3)の規定による手続を完了した日をいいます。
（注２）保険価額を含みます。
（注３）第33条（付帯される保険契約との関係）(2)において定める終了に限ります。
(2) (1)の確認をするため，次に掲げる特別な照会または調査が不可欠な場合には，(1)の規定にかかわらず，当会社は，請求完了日（注１）からその日を含めて次に掲げる日数（注２）を経過する日までに，保険金を支払います。この場合において，当会社は，確認が必要な事項およびその確認を終えるべき時期を被保険者に対して通知するものとします。
① (1)①から④までの事項を確認するための，警察，検察，消防その他の公の機関による捜査・調査結果の照会（注３）　○日
② (1)①から④までの事項を確認するための，専門機関による鑑定等の結果の照会　○日
③ 災害救助法（昭和22年法律第118号）が適用された災害の被災地域における(1)①から⑤までの事項の確認のための調査　○日
④ 災害対策基本法（昭和36年法律第223号）に基づき設置された中央防災会議の専門調査会によって被害想定が報告された首都直下地震，東海地震，東南海・南海地震またはこれらと同規模以上の損害が発生するものと見込まれる地震等による災害の被災地域における(1)①から⑤までの事項の確認のための調査　○日
⑤ (1)①から⑤までの事項の確認を日本国内において行うための代替的な手段がない場合の日本国外における調査　○日
（注１）被保険者が前条(2)および(3)の規定による手続を完了した日をいい

付　録

（注２）複数に該当する場合は，そのうち最長の日数とします。

（注３）弁護士法（昭和24年法律第205号）に基づく照会その他法令に基づく照会を含みます。

⑶　⑴および⑵に掲げる必要な事項の確認に際し，保険契約者または被保険者が正当な理由なくその確認を妨げ，またはこれに応じなかった場合（注）には，これにより確認が遅延した期間については，⑴または⑵の期間に算入しないものとします。

（注）必要な協力を行わなかった場合を含みます。

⑷　当会社は，第7条（保険金支払についての特則）の規定により保険金（注）を支払う場合には，⑴から⑶までの規定にかかわらず，支払うべき金額が確定した後，遅滞なく，これを支払います。

（注）概算払の場合を含みます。

第30条（時効）

　　保険金請求権は，第28条（保険金の請求）⑴に定める時の翌日から起算して3年を経過した場合は，時効によって消滅します。

第31条（代位）

⑴　損害が生じたことにより被保険者が損害賠償請求権その他の債権を取得した場合において，当会社がその損害に対して保険金を支払ったときは，その債権は当会社に移転します。ただし，移転するのは，次の額を限度とします。

　　①　当会社が損害の額の全額を保険金として支払った場合
　　　　被保険者が取得した債権の全額

　　②　①以外の場合
　　　　被保険者が取得した債権の額から，保険金が支払われていない損害の額を差し引いた額

⑵　⑴②の場合において，当会社に移転せずに被保険者が引き続き有する債権は，当会社に移転した債権よりも優先して弁済されるものとします。

⑶　保険契約者および被保険者は，当会社が取得する⑴または⑵の債権の保全および行使ならびにそのために当会社が必要とする証拠および書類の入手に協力しなければなりません。この場合において，当会社に協力するために必要な費用は，当会社の負担とします。

第32条（保険金支払後の保険契約）

⑴　当会社が第5条（保険金の支払額）⑴①の保険金を支払った場合は，この保険契約は，その保険金支払の原因となった損害が生じた時に終了します。

【保険の対象または保険の対象を収容する建物が区分所有建物でない場合】

⑵　⑴の場合を除き，当会社が保険金を支払った場合においても，この保険契約の保険金額は，減額することはありません。ただし，第5条（保険金の支払額）⑸の規定が適用される場合には，保険金額から同条⑸①または

②の残額を差し引いた金額を同条(5)の規定を適用する原因となった損害が生じた時以後の未経過期間に対する保険金額とします。

【保険の対象または保険の対象を収容する建物が区分所有建物である場合】

(2)　(1)の場合を除き，当会社が保険金を支払った場合においても，この保険契約の保険金額は，減額することはありません。ただし，第5条（保険金の支払額）(6)の規定が適用される場合には，保険金額から同条(6)① または② の残額を差し引いた金額を同条(6)の規定を適用する原因となった損害が生じた時以後の未経過期間に対する保険金額とします。

(3)　(1)の規定により，この保険契約が終了した場合には，当会社は保険料を返還しません。

(4)　おのおの別に保険金額を定めた保険の対象が2以上ある場合には，それぞれについて，(1)から(3)までの規定を適用します。

第33条（付帯される保険契約との関係）

(1)　この保険契約は，保険契約者，被保険者および保険の対象を共通にする地震保険法第2条（定義）第2項第3号に規定する保険契約に付帯して締結しなければその効力を生じないものとします。

(2)　この保険契約が付帯されている保険契約が保険期間の中途において終了した場合は，この保険契約も同時に終了するものとします。

第34条（保険契約の継続）

(1)　保険契約の満了に際し，保険契約を継続しようとする場合（注）に，保険契約申込書に記載した事項および保険証券に記載された事項に変更があったときは，保険契約者または被保険者は，書面をもってこれを当会社に告げなければなりません。この場合の告知については，第10条（告知義務）の規定を適用します。

　　（注）新たに保険契約申込書を用いることなく，従前の保険契約と保険期間を除き同一の内容で，かつ，従前の保険契約との間で保険期間を中断させることなく保険契約を継続する場合をいいます。この場合には，当会社は新たな保険証券を発行しないで，従前の保険証券と保険契約継続証とをもって新たな保険証券に代えることができるものとします。

(2)　第9条（保険責任の始期および終期）(3)の規定は，継続保険契約の保険料についても，これを適用します。

第35条（保険契約者の変更）

(1)　保険契約締結の後，保険契約者は，当会仕の承認を得て，この保険契約に適用される普通保険約款および特約に関する権利および義務を第三者に移転させることができます。ただし，被保険者が保険の対象を譲渡する場合は，第13条（保険の対象の譲渡）の規定によるものとします。

(2)　(1)の規定による移転を行う場合には，保険契約者は書面をもってその旨を

付録

当会社に申し出て，承認を請求しなければなりません。

⑶　保険契約締結の後，保険契約者が死亡した場合は，その死亡した保険契約者の死亡時の法定相続人にこの保険契約に適用される普通保険約款および特約に関する権利および義務が移転するものとします。

第36条（保険契約者または被保険者が複数の場合の取扱い）

⑴　この保険契約について，保険契約者または被保険者が2名以上である場合は，当会社は，代表者1名を定めることを求めることができます。この場合において，代表者は他の保険契約者または被保険者を代理するものとします。

⑵　⑴の代表者が定まらない場合またはその所在が明らかでない場合には，保険契約者または被保険者の中の1名に対して行う当会社の行為は，他の保険契約者または被保険者に対しても効力を有するものとします。

⑶　保険契約者または被保険者が2名以上である場合には，各保険契約者または被保険者は連帯してこの保険契約に適用される普通保険約款および特約に関する義務を負うものとします。

第37条（訴訟の提起）

　この保険契約に関する訴訟については，日本国内における裁判所に提起するものとします。

第38条（準拠法）

この約款に規定のない事項については，日本国の法令に準拠します。

別表　短期料率表

　短期料率は，年料率に下記割合を乗じたものとします。

既経過期間　　　　　　　　　　　　　　　　　　　　　　　　　　　割合（%）

□　まで ……………………………………………………… □

□　まで ……………………………………………………… □

□　まで ……………………………………………………… □

（出典：損害保険料率算出機構　地震保険標準約款（2019年10月現在）「地震保険普通保険約款」（2019年5月））

資料3　耐用年数（建物／建物附属設備）

主な減価償却資産の耐用年数（建物／建物附属設備）
〈建物〉

構造・用途	細目	耐用年数
木造・合成樹脂造のもの	事務所用のもの	24
	店舗用・住宅用のもの	22
	飲食店用のもの	20
	旅館用・ホテル用・病院用・車庫用のもの	17
	公衆浴場用のもの	12
	工場用・倉庫用のもの（一般用）	15
木骨モルタル造のもの	事務所用のもの	22
	店舗用・住宅用のもの	20
	飲食店用のもの	19
	旅館用・ホテル用・病院用・車庫用のもの	15
	公衆浴場用のもの	11
	工場用・倉庫用のもの（一般用）	14
鉄骨鉄筋コンクリート造・鉄筋コンクリート造のもの	事務所用のもの	50
	住宅用のもの	47
	飲食店用のもの	—
	延べ面積のうちに占める木造内装部分の	—
	面積が30%を超えるもの	34
	その他のもの	41
	旅館用・ホテル用のもの	—
	延べ面積のうちに占める木造内装部分の	—
	面積が30%を超えるもの	31
	その他のもの	39
	店舗用・病院用のもの	39
	車庫用のもの	38
	公衆浴場用のもの	31
	工場用・倉庫用のもの（一般用）	38
れんが造・石造・ブロック造のもの	事務所用のもの	41
	店舗用・住宅用・飲食店用のもの	38
	旅館用・ホテル用・病院用のもの	36

	車庫用のもの	34
	公衆浴場用のもの	30
	工場用・倉庫用のもの（一般用）	34
金属造のもの	事務所用のもの	—
	骨格材の肉厚が、（以下同じ。）	—
	4 mm を超えるもの	38
	3 mm を超え、4 mm 以下のもの	30
	3 mm 以下のもの	22
	店舗用・住宅用のもの	—
	4 mm を超えるもの	34
	3 mm を超え、4 mm 以下のもの	27
	3 mm 以下のもの	19
	飲食店用・車庫用のもの	—
	4 mm を超えるもの	31
	3 mm を超え、4 mm 以下のもの	25
	3 mm 以下のもの	19
	旅館用・ホテル用・病院用のもの	—
	4 mm を超えるもの	29
	3 mm を超え、4 mm 以下のもの	24
	3 mm 以下のもの	17
	公衆浴場用のもの	—
	4 mm を超えるもの	27
	3 mm を超え、4 mm 以下のもの	19
	3 mm 以下のもの	15
	工場用・倉庫用のもの（一般用）	—
	4 mm を超えるもの	31
	3 mm を超え、4 mm 以下のもの	24
	3 mm 以下のもの	17

（出典：国税庁「確定申告等作成コーナー――耐用年数〈建物〉」）

資料4　減価償却資産の償却率表

耐用年数	平成 19 年 4 月 1 日以後取得				耐用年数	平成 19 年 3 月 31 日以前取得	
	定額法償却率	定率法				旧定額法償却率	旧定率法償却率
		償却率	改定償却率	保証率			
2	0.500	1.000	—	—	2	0.500	0.684
3	0.334	0.833	1.000	0.02789	3	0.333	0.536
4	0.250	0.625	1.000	0.05274	4	0.250	0.438
5	0.200	0.500	1.000	0.06249	5	0.200	0.369
6	0.167	0.417	0.500	0.05776	6	0.166	0.319
7	0.143	0.357	0.500	0.05496	7	0.142	0.280
8	0.125	0.313	0.334	0.05111	8	0.125	0.250
9	0.112	0.278	0.334	0.04731	9	0.111	0.226
10	0.100	0.250	0.334	0.04448	10	0.100	0.206
11	0.091	0.227	0.250	0.04123	11	0.090	0.189
12	0.084	0.208	0.250	0.03870	12	0.083	0.175
13	0.077	0.192	0.200	0.03633	13	0.076	0.162
14	0.072	0.179	0.200	0.03389	14	0.071	0.152
15	0.067	0.167	0.200	0.03217	15	0.066	0.142
16	0.063	0.156	0.167	0.03063	16	0.062	0.134
17	0.059	0.147	0.167	0.02905	17	0.058	0.127
18	0.056	0.139	0.143	0.02757	18	0.055	0.120
19	0.053	0.132	0.143	0.02616	19	0.052	0.114
20	0.050	0.125	0.143	0.02517	20	0.050	0.109
21	0.048	0.119	0.125	0.02408	21	0.048	0.104
22	0.046	0.114	0.125	0.02296	22	0.046	0.099
23	0.044	0.109	0.112	0.02226	23	0.044	0.095
24	0.042	0.104	0.112	0.02157	24	0.042	0.092
25	0.040	0.100	0.112	0.02058	25	0.040	0.088
26	0.039	0.096	0.100	0.01994	26	0.039	0.085
27	0.038	0.093	0.100	0.01902	27	0.037	0.082
28	0.036	0.089	0.091	0.01866	28	0.036	0.079
29	0.035	0.086	0.091	0.01803	29	0.035	0.076
30	0.034	0.083	0.084	0.01766	30	0.034	0.074
31	0.033	0.081	0.084	0.01688	31	0.033	0.072
32	0.032	0.078	0.084	0.01655	32	0.032	0.069
33	0.031	0.076	0.077	0.01585	33	0.031	0.067
34	0.030	0.074	0.077	0.01532	34	0.030	0.066
35	0.029	0.071	0.072	0.01532	35	0.029	0.064
36	0.028	0.069	0.072	0.01494	36	0.028	0.062
37	0.028	0.068	0.072	0.01425	37	0.027	0.060
38	0.027	0.066	0.067	0.01393	38	0.027	0.059
39	0.026	0.064	0.067	0.01370	39	0.026	0.057
40	0.025	0.063	0.067	0.01317	40	0.025	0.056
41	0.025	0.061	0.063	0.01306	41	0.025	0.055
42	0.024	0.060	0.063	0.01261	42	0.024	0.053
43	0.024	0.058	0.059	0.01248	43	0.024	0.052
44	0.023	0.057	0.059	0.01210	44	0.023	0.051
45	0.023	0.056	0.059	0.01175	45	0.023	0.050
46	0.022	0.054	0.056	0.01175	46	0.022	0.049
47	0.022	0.053	0.056	0.01153	47	0.022	0.048
48	0.021	0.052	0.053	0.01126	48	0.021	0.047
49	0.021	0.051	0.053	0.01102	49	0.021	0.046
50	0.020	0.050	0.053	0.01072	50	0.020	0.045

（出典：国税庁「減価償却資産の償却率表」）

付録

事 項 索 引

条 文 索 引

判 例 索 引

ガイドライン等索引

著者略歴

金 子　　玄（かねこ　げん）

　弁護士（第一東京弁護士会所属）。平成 19 年弁護士登録。慶福法律事務所。
火災保険・地震保険をはじめとする保険分野に関する法律相談等については，
保険の法律相談（http://hokenbengoshi.com/）のサイトを運営している。

神 戸　靖一郎（かんべ　せいいちろう）

　弁護士（第二東京弁護士会所属）。平成 19 年弁護士登録。麹町パートナーズ
法律事務所。

Q&A　火災・地震保険に関する法律と実務
—保険価額・補償範囲・自然災害・特約・免責事由・
相続・告知義務・代位・時効・評価基準—

2019年12月13日　初版発行

著　者	金　子　　　玄	
	神　戸　靖一郎	
発行者	和　田　　　裕	

発行所　日本加除出版株式会社

本　　社　郵便番号 171-8516
　　　　　東京都豊島区南長崎 3 丁目 16 番 6 号
　　　　　T E L　(03)3953-5757(代表)
　　　　　　　　　(03)3952-5759(編集)
　　　　　F A X　(03)3953-5772
　　　　　U R L　www.kajo.co.jp

営 業 部　郵便番号 171-8516
　　　　　東京都豊島区南長崎 3 丁目 16 番 6 号
　　　　　T E L　(03)3953-5642
　　　　　F A X　(03)3953-2061

組版・印刷　㈱亨有堂印刷所　／　製本　牧製本印刷㈱

Q&A 業務委託・企業間取引
における法律と実務
下請法、独占禁止法、不正競争防止法、役務委託取引、大規模小売業・運送業・建設業・フリーランスにおける委託

波光巖・横田直和 著
2019年5月刊 A5判 336頁 本体3,400円＋税 978-4-8178-4556-6

商品番号：40767
略　　号：Q委託

●公正取引委員会出身の執筆陣が下請法を中心に、「どのような場合に優越的地位の濫用行為に当たるか」「発注書面はどのようにすべきか」等の判断を解説。一般企業のほか、大規模小売業者、運送業者、建設業者、フランチャイズと契約店など、様々な取引形態の実務解説をまとめた全105問。

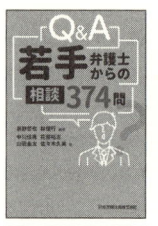
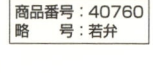

Q&A
若手弁護士からの相談374問

京野哲也・林信行 編著
中川佳男・山田圭太・花房裕志・佐々木久実 著
2019年4月刊 A5判 412頁 本体4,000円＋税 978-4-8178-4555-9

商品番号：40760
略　　号：若弁

●「若手弁護士が簡単に調べにくい」「本を読んだだけでは不安に思う」「あまり本に書かれていない」問題について、374問のQ&Aで経験豊富な弁護士が解説した「何を調べどう考えたらよいか？」が身に付く一冊。各章の冒頭に「定番文献」掲載し、個別のQについても参考文献を参照可能。

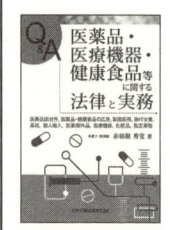

Q&A 医薬品・医療機器・
健康食品等に関する法律と実務
医薬品該当性、医薬品・健康食品の広告、製造販売、添付文書、薬局、個人輸入、医薬部外品、医療機器、化粧品、指定薬物

赤羽根秀宜 著
2018年8月刊 A5判 316頁 本体3,000円＋税 978-4-8178-4495-8

商品番号：40727
略　　号：Q医薬

●薬機法、健康増進法、景品表示法、製造物責任・医療過誤等の民事責任や刑事責任等、様々な法律・問題が複雑に絡み合う医薬品・医療機器・健康食品等に関する法律実務を、判例・通達・通知等の根拠を明確にした100問のQ&Aで丁寧に解説。

日本加除出版

〒171-8516　東京都豊島区南長崎3丁目16番6号
TEL（03）3953-5642　FAX（03）3953-2061　（営業部）
www.kajo.co.jp